猛兽 总是 独行

鲁迅与他的朋友圈

孙玉祥————著

江苏凤凰文艺出版社
JIANGSU PHOENIX LITERATURE AND ART PUBLISHING, LTD

图书在版编目（CIP）数据

猛兽总是独行：鲁迅与他的朋友圈 / 孙玉祥著. —南京：江苏凤凰文艺出版社，2018.9
ISBN 978-7-5594-2847-9

Ⅰ. ①猛… Ⅱ. ①孙… Ⅲ. ①鲁迅（1881-1936）—人物研究 Ⅳ. ①K825.6

中国版本图书馆 CIP 数据核字(2018)第 202640 号

书　　名	猛兽总是独行：鲁迅与他的朋友圈
著　　者	孙玉祥
责 任 编 辑	黄孝阳　唐　婧
出 版 发 行	江苏凤凰文艺出版社
出版社地址	南京市中央路 165 号，邮编：210009
出版社网址	http://www.jswenyi.com
印　　刷	徐州绪权印刷有限公司
开　　本	880×1230 毫米　1/32
印　　张	8.75
字　　数	217 千字
版　　次	2018 年 9 月第 1 版　2018 年 9 月第 1 次印刷
标 准 书 号	ISBN 978-7-5594-2847-9
定　　价	38.00 元

（江苏文艺版图书凡印刷、装订错误可随时向承印厂调换）

目　录

第一辑　亲人

鲁迅与鲁瑞：孝顺中的反思 …………………… 003
鲁迅与朱安：决绝中的眷顾 …………………… 018
鲁迅与许广平：热恋后的寂寞 ………………… 032
鲁迅与海婴：期许中的现实 …………………… 046

第二辑　友人

鲁迅与蔡元培：贵人亦分是非 ………………… 065
鲁迅与陈仪：远去依然是朋友 ………………… 082
鲁迅与郁达夫：和而不同 ……………………… 095

第三辑　故人

鲁迅与周作人：愤怒中的欣赏 ………………… 115
鲁迅与钱玄同：从至交到路人 ………………… 131
鲁迅与胡适：可以接近，却无法亲近 ………… 146
鲁迅与林语堂：从朋友，到熟悉的陌生人 …… 163

第四辑　敌人

鲁迅与梁实秋：谁更理性公正？……………… *179*
鲁迅与施蛰存："恶少"的典型性……………… *195*
鲁迅与邵洵美：贫富之间……………………… *211*
鲁迅与顾颉刚：厌恶中的节制………………… *227*

第五辑　猛人

鲁迅与章士钊：对巧宦者的鄙夷……………… *245*
鲁迅与周扬：沉默是最高的轻蔑……………… *261*

| 第一辑　亲人 |

鲁迅设计的《心的探险》封面

鲁迅与鲁瑞：孝顺中的反思

一

要论鲁迅一生跟哪个女人的关系最为长久也最为纠结，大概非他母亲鲁瑞莫属。从时间上看，鲁迅生于1881年，卒于1936年；而母亲鲁瑞则生于1858年，卒于1943年。换言之，鲁迅出生时，母亲已是二十三岁，而鲁迅逝世时，母亲七十二岁。在鲁迅逝世后，母亲又在这人间生活了七年。鲁迅的一生，可谓都包含在母亲的岁月中。数量上的包含也许还算不上什么，更重要的是，母亲对鲁迅一生的影响可谓巨大，甚至超过了父亲。具体说来表现在下面几个方面。

这首先是因为鲁迅父亲早逝。鲁迅的祖父周福清是清朝的官员，周家在周福清时代日子过得很好。鲁迅的父亲周伯宜是周福清的大儿子，读书至秀才，但考试总是不中。老爸看在眼里急在心上，就想用非常手段来助儿子一臂之力——这非常手段就是贿赂考官作弊。1893年周福清因母亲去世回乡服丧，正好遇上儿子赶考。而这年浙江乡试主考官殷如璋恰好是自己同科进士，老同学好帮忙，周福清便在殷如璋抵达苏州时，派家人陶阿顺登上官船，递上一封密信和一万两银票。而此时殷如璋正在与副主考周某聊天。他明白来者用意，便收下信件示意陶及时退下。这陶阿顺是老粗，不知随机应变，见这大佬收了银票不给收条怕回去不能交差，就大声叫了起来："怎么只收银钱不开收条？"这一叫，殷如璋怕自己牵连其中，不敢再装蒜，立马翻脸，连人带信一并拿下，押送苏州府查办。这下周家惨了，先是还在考场等结果的周伯宜现场被拘。其时周福清在上海，听说儿子被抓就迅速回到绍兴，主动向会稽县衙自首，这样周伯宜被放归。在清代，考场作弊是死罪。好在当时清朝已气息奄奄，法制自然也就看在钱的面上可松可紧，于是周家变卖资产，向官府层层送礼，几经波折，周福清由死刑变为"监候斩"，也就是说，周福清的命可以暂时保住，但每年行刑的时候他仍有被处斩的危险。于是家里人为保全他的性命，每年都要用大量的钱财去送礼，去贿赂官员。这无底洞六七年填下来，周家遂由小康转入了困顿。

而鲁迅父亲周伯宜因遭此难，不仅被拘捕审讯，又被革去秀才，在精神上蒙受沉重打击，忧郁恼怒，肝失疏泄。日久郁怒成积。加上忧愁无处发泄，借酒浇愁，酒后常甩筷扔碗，大怒伤肝，酒精对肝脏损害更大。周伯宜爱用水果作下酒物，鲁迅常去街上买鸭梨、苹果、花红之类给父亲下酒；根据绍兴人的饮酒习惯，凡用水果作下酒物者多饮的是白酒（烧酒），白酒含酒精浓度大，因此对肝脏损害尤为严重，而他在生病期间照样喝酒，从不忌口。故造成病况每下。这个时候，鲁迅只有十三四岁，他每天都要奔走于药铺与当铺之间。花了无数的钱，父亲的病仍未医好，周伯宜于1896年10月鲁迅十五岁时就离开了人世。十五岁正是一个人人生观、世界观形成的关键时期，这时候少年失去父亲，就好比船失舵、车失辙，人生下一步该往何处去，顿成迷津。幸运的是，鲁迅有一位明智决断的母亲鲁瑞，也因此走上了自己那条"我以我血荐轩辕"的"民族魂"道路。

鲁瑞是绍兴乡下安桥头人。她没有正式上过学，幼时，塾师给她的兄弟上课，她只能站在门外偷听。不久，连这个权利也被剥夺了。她就自己找些书看，遇到不认识的字，问问别人，终于以自修获得看书的能力。从这件小事上，我们不难看出鲁瑞的决断与明智——不妨就这方面将她和她为鲁迅挑选的媳妇朱安做个比较：

1901年4月3日，鲁老太太在没有征得大儿子鲁迅同意的情况下，贸然去一个叫朱安的女子家中"请庚"，为自己儿子定下一门亲事。鲁迅对那既不识字又缠脚的女方当然是一百个不满意，可不愿拂了母亲的好意，只好通过母亲，向朱家提出了一些要求：要朱安放脚，然后进学堂读书。鲁迅的这一要求，明显是为了万不得已跟朱安在一起生活留下些许余地。可朱安最后以年纪已大为由，拒绝放脚，也拒绝读书识字，结果这唯一一点双方在一起生活的可能也因此失去，间接造成自己跟对方的婚姻悲剧。

也就是仗了这样的决断与明智，在家道中落、丈夫生病、孩子尚小的窘境之中，鲁瑞没有退缩，而是咬着牙坚强挺住。为了给丈夫治病，她拿出了自己的首饰和所有值钱的衣物，让长子鲁迅到当铺里换了钱再去给父亲抓药，母子因此受尽屈辱。鲁迅后来在《呐喊》自序中回忆这段生涯时这么写道："我有四年多，曾经常常，——几乎是每天，出入于质铺和药店里，年纪可是忘却了，总之是药店的柜台正和我一样高，质铺的是比我高一倍，我从一倍高的柜台外送上衣服或首饰去，在侮蔑里接了钱，再到一样高的柜台上给我久病的父亲去买药。回家之后，又须忙别的事了，因为开方的医生是最有名的，以此所用的药引也奇特：冬天的芦根，经霜三年的甘蔗，蟋蟀要原对的，结子的平地木，……多不是容易办到的东西。然而我的父亲终于日重一日的亡故了。"鲁迅是坚强的，可在坚强的鲁迅背后，不是还有一个更加坚强的母亲在支撑着这个家么？也因此，在经历了中年丧夫之后，鲁瑞仍能泰然处之，沉着应付，毅然挑起了全家生活的重担。虽家庭破落，生活贫困，但她在极其艰难的条件下，仍一心要把三个儿子培养成才。所以，当鲁迅提出求学要求时，她顶住来自各方面的非议，变卖首饰，送鲁迅去南京的洋务学堂读书，以后又让鲁迅东渡日本去留学，接着鲁迅的二弟周作人、三弟周建人也一一走出了家门。

其次，则表现在鲁瑞对鲁迅性格品质上的影响。跟父亲比，在品格上,似乎母亲对鲁迅的影响更大。这除了因为父亲患病,脾气又大不易接近外,还因为在性格上,鲁迅跟母亲更接近,更容易彼此影响。比如,鲁瑞待人和蔼、宽仁而富于同情心。她时常把自己不多的零用钱,送给急需的人。家里人有时对佣人说话不和气,她总是说:"不要大声小气说他们,即使他们做错了,可以同他讲么!"据1901年4月到1929年8月在鲁迅家做工二十九年的王鹤照回忆,鲁瑞不仅为他做鞋、袜、衣服,还热心教王鹤照识字,并说:"我就苦得不会写,你学起来,可以记记账。"王鹤照因此到街上花了三十个铜元,买了一本《实用杂字》,书上有文有图。鲁老太太除了教王学《实用杂字》外,还讲《水浒传》《封神演义》等。由于老太太耐心教导,慢慢地王鹤照也认识了好几百个字,豆芽小菜账也会记了。后来,鲁迅先生的《朝花夕拾》等他也能看懂了。而这种对穷人的态度,显然也影响到了鲁迅:不但在作品中鲁迅对弱势群体(如孔乙己、祥林嫂、阿Q)充满悲悯同情,在现实中,他也对诸如车夫、穷人、青年学生能帮就帮。这当然是由他自己的人生观价值观决定的,但这其中能说没有母亲的影响么? 又比如,在疾恶如仇上,鲁迅显然也继承了母亲的品质。青年女作家萧红,有次跟鲁迅母亲聊天,老太太这么对她说:"大先生太劳苦了,又好生气,他骂人虽然骂得很厉害,但都是人家去惹他的。他在未写骂人的文章之前,自己已气得死去活来。所以,他实在是气极了才骂人的。"其实,她自己何尝不是这样? 鲁瑞被接到北京后,每天开始学习看报纸。清早起来,抢先把儿子要看的报纸拿过来,戴起老花镜细看一遍。遇到不平之处,大有慷慨激昂、骂倒一切之状。反而惹得儿子好笑起来,说:"娘,何必这样的气呢?"周作人曾在文章中提及鲁瑞乐观、开朗。有时,媳妇们因生气不吃饭时,她便说:"你们每逢生气的时候,便不吃饭了,这怎么行呢? 这时候正需要多吃饭才好呢,我从前和你们爷爷吵架,便要多吃两碗,这样才有气力说话呀。"用周作人的话来说:"这虽然一半是戏言,却也不难看出她强健性格的一斑。而这显然也跟鲁迅主张的'壕堑战'一脉相承。"鲁迅曾对朋友感慨:"我的母亲如果年轻二三十岁,也许要成为女英雄呢!"

此外,鲁瑞思想开明,容易接受新事物。清末天足运动兴起,她就放了脚。本家中有人扬言:"某人放了大脚,要去嫁给外国鬼子了。"她听到这话,不屑置辩:"可不是么,那倒真是很难说的呀。"1902年,鲁迅在日本给母亲写信,要她放足、剪发,她回信说:"老大,我年纪已大,头发以后剪,足已放了。"后来鲁瑞又剪了头发。绍兴光复后,她还劝有的男人把辫子剪掉。在她七十多岁时,看到青年人织毛衣,她也要学,织得不好就拆掉重织,一次又一次,日日夜夜,坐下就拿着织针,终于,连复杂的花纹都给织出来了,衣服也编织成功了。这显然也跟鲁迅主张"拿来主义"大有渊源。

当然母亲对鲁迅最大、最直接的影响还在于硬给他找了一个其实是母亲自己喜欢的妻子——朱安。此事的前因后果在《鲁迅与朱安:决绝中的眷顾》一文中涉及,此处不赘。需要特别强调的是,这事对鲁迅一生的影响怎么估计都不过分:不但影响了鲁迅半辈子的生活,也影响到他对社会、人生和女性的评价。鲁迅曾对许寿裳说:"朱安是母亲给我的一件礼物,我只能好好的供养她,爱情是我所不知道的。"可以说,母亲给鲁迅的这个"礼物",成为鲁迅一生这局"棋"的"棋眼",所谓"牵一发而动其全身,着一子而改其全局"是也。

二

因为深谙母亲抚育自己的不易,更因为自己在品格上与母亲的一脉相承,使得鲁迅在对自己母亲的态度上可以说是百依百顺——这除了表现在对那份自己万分不愿领受、母亲却硬塞给自己的"礼物"默默接受外,还表现在对母亲无微不至的孝顺上——晚年鲁迅曾感激地对许广平地说:"在这个世界上,除了母亲,我只爱你一个人!"可见,鲁迅一生最爱的人是母亲,其次才是妻子。

雨果在《九三年》中有这样一句名言:"在一个绝对正确的革命

上面,还有一个绝对正确的人道主义。"对鲁迅而言,可以说是"在一个绝对正确的革命上面,还有一个绝对正确的母亲"。所以,就有了下面这样一个故事:1903年秋,鲁迅加入光复会,积极参与反清革命活动。既然入了会,就得按会规办。当时的光复会,可是热衷于搞暗杀的组织。于是,光复会领导人就找到鲁迅,打算派他回国暗杀满清要员。鲁迅没有反对,只是提了一个疑问:"我可以去,也可能会死,死后丢下母亲,怎么办?"领导始料不及,生气地说:"不用去了,你算了吧!"这事足见领导对鲁迅的欣赏与信任,不然这样的重任也不会派到他身上。可他没想到的是:平时慷慨激昂的鲁迅,关键时刻竟以母亲为由推卸光荣使命。由于这件未遂事件,鲁迅在当时激进革命者中广受诟病,给他一生留下了洗刷不净的"污点"。二十多年后的1925年,他致友人赵其文信中还说:"我有时很想冒险,破坏,几乎忍不住,而我有一个母亲,还有些爱我,愿我平安,我因为感激他的爱,只能不照自己所愿意做的做,而在北京寻一点糊口的小生计,度灰色的生涯。因为感激别人,就不能不慰安别人,也往往牺牲了自己,——至少是一部分。"在鲁迅心目中,母亲的分量与地位至高无上,什么革命,什么推翻满清,都不应该以牺牲母亲的利益为代价!

  为了母亲,鲁迅愿意做一切:比如娶一个自己不爱的"妻子",又比如做自己死去弟弟的模特——鲁迅曾有一个四弟名叫椿寿,六岁时就患病夭折了,母亲当然不胜悲伤,时刻缅怀。为了缓减母亲的思念之苦,鲁迅想请画师为四弟画一张遗像,可惜没有参照的照片,画师感到为难。鲁迅说:"四弟的面容很像我,照我的脸画就行!"李霁野在《鲁迅先生两次回北京》中回忆说:"鲁迅的书房兼卧室的外间一角,挂着一幅儿童的画像,他原有一个弟弟,母亲极为钟爱,不幸六岁时害病死了,母亲伤心难过,久久不能忘怀。就为死去的弟弟画了这样一张像,母亲聊以自慰,一直很珍爱这张画。"有趣的是,画师按鲁迅的面貌画出来的小孩,结果不伦不类,一点也不像四弟。

俞芳疑惑地问："这幅画像有大人脸、孩子身的缺点,太师母会看不出来么?"鲁迅回答说:"我至今没告诉过母亲这像是怎么来的,既然画像是为了安慰她的,只要她满意,精神有所寄托就好了,何必一定要告诉她像是怎么来的呢!"——只要能安慰母亲,自己做死去弟弟的模特又有什么关系呢。

也就是因为这份孝顺,才有了鲁迅刚在北京站住脚,就张罗着把一家人都搬到北京团聚,实现其大家庭团圆的梦想。在理论上,鲁迅是十足的反传统主义者,他说自己在赴日本留学之前即已"绝望于孔夫子和他之徒";等到新文化运动起来,更写下了《狂人日记》,"暴露家族制度和礼教的弊害"。然而,正像钱钟书调侃的那样"理论是为不实践的人而制定的"。在实际生活中,鲁迅仍然躬行传统的孝道,讲究"修身、齐家",宁可自己吃许多辛苦,也要把母亲服侍好,一切顺着她的意思来,又要对两个弟弟以及他们的家小,全心全意地尽到一个大哥的责任。于是,在1919年,鲁迅购下八道湾住宅,年底就回绍兴,接母亲和眷属返京。一路上,鲁迅让老太太坐卧车,自己却坐二等车。到了南京,安顿母亲一行在旅馆住下,他就跑到街上买来南京有名的小吃——肴肉和羊膏,孝敬老人家。定居北京后,家里大小事务全由鲁迅一人操持,不需母亲为家务而操心。每当节假日,并不喜欢旅游的鲁迅,在百忙之中,还是陪母亲到香山、碧云寺、钓鱼台等地游览。鲁迅生怕母亲没钱用,每月另给二十六元零花钱,让母亲自由支配。1924年5月,因为跟周作人闹翻,鲁迅携妻子朱安与母亲搬离八道湾,迁居阜成门内西三条胡同二十一号。鲁迅知道母亲喜欢花木,精心修整了一个小花圃:在院子南端,栽种了紫、白丁香各两株;母亲居室的窗前,栽了碧桃一株,榆叶梅两株,让母亲隔着窗户就能看到花卉——鲁迅考虑得多细心、周到啊!由于居室不够宽敞,鲁迅把最大的房子让给母亲住,旁边的中房给朱安,自己则蜗居在后屋狭长的小房里,还形象地称之为"老虎尾巴"。每天外出上班,鲁迅还像小时候一样跟母亲道别:"阿娘,我出去哉!"回家时,必向母亲说声:"阿娘,我回来哉!"晚餐后,不论多忙,他都要挤出时间陪母亲聊一会天,然后再回书房写作。曾借住在鲁迅家的许羡苏回忆说:"大先生大概每月从北大领薪水的时候,要路过一个法国面包房,他就买两块钱的洋点心,一块钱二十个,上面有用奶油堆成的各种形状的花,装在两个厚纸盒里拿回来。一进门,照例叫一声'阿娘!我回来哉',接着把点心请老太太自己选择放进她的点心盒里,然后他又把点心拿到朱氏房里请她也选留,最后把选剩的放在中屋大木柜内,也把一小部分放在朝珠盒内留作自己用,这是每月一次,平常则吃点小花生或者别的一般的点心如'萨其马'之类。"鲁迅对母亲日常生活可谓关怀备至。

前面讲到过,鲁瑞靠自修获得看书能力。因而,为母亲找适合看的书,也成为鲁迅孝顺的一个内容。鲁迅母亲爱看的不是儿子参与创立的"新文学"作品,而是张恨水的言情小说,比如《再生缘》《广陵潮》《今古奇观》《古今奇闻》之类。虽然鲁迅对张恨水那些言情小说毫不赞赏,甚至语含讽刺,但因为母亲爱看,鲁迅还是无条件地顺从老人的阅读兴趣,积极为她提供丰富的书源。胡风在回忆录《鲁迅先生》中记载道:"一天,他偶进鲁迅房间目睹,他正包扎好了几本预备付邮的书。他告诉我,这是《啼笑因缘》,寄给母亲看的。又补了一句,'她的程度刚好能读这种书,'接着笑了笑,'我的版税就是这样用掉的。'"鲁迅所谓"我的版税就是这样用掉的",是玩笑话,也多少是实情:比如,《金粉世家》《美人恩》两部共十五本书,鲁瑞不到三个月就全看完了,于是鲁迅又张罗着给她买书。1934年8月21日他写信给母亲:"张恨水们的小说,已托人去买去了,大约不出一礼拜之内,当可由书局直接寄上。"8月31日又在信中说:"小说已于前日买好,即托书店寄出,计程瞻庐作的二种,张恨水作的三种,想现在当已早到了。"这次寄出的五种小说书,总共定价二十元,鲁瑞觉得太贵而过意不去。鲁迅为了让母亲安心,又两次写信解释说,上海的一些书籍,若是托熟人直接去书店买,价格和别的门市上是不一样的,可以打六折甚至对折,所以那些书只花了十元钱,这样一来其实就不算贵了。鲁迅非常理解:老太太寂寞地过日子,没有人陪她出门看戏、看电影,只有看看言情小说消遣光阴。

鲁迅这种对母亲无微不至的孝顺,我们还可以从他给母亲的家书中看出来。鲁迅在离开母亲去广州、上海时,几乎每月一封家书,从不间断。从1930至1936年秋鲁迅逝世,六年间他共给母亲写了一百一十六封书信! 在殷勤的家书里,鲁迅不仅向母亲报平安,还经常把近照,尤其是海婴的照片寄给母亲,以慰相思。母亲收到孙子的照片,看过之后放在枕边,想念时又拿出来看。鲁迅给母亲写信的格式与称谓,简直客气得近于迂腐。信的开头一般是:"母亲大人膝下敬禀者",信末一般写"恭请金安""男树叩上,广平及海婴随叩";信中的内容,也是刻意用母亲能理解的半白半文的特殊语言。你看,被誉为"新文化主将"的鲁迅,给自己母亲写信,竟然采用如此传统的格式、烦琐的称谓——足见他对母亲多么虔诚、多么孝敬!在信中,鲁迅对母亲自然是关怀备至。一次,母亲来信谈到修绍兴祖坟之事,建议所有开销,三兄弟共同分担。鲁迅立即回信说:"此项经费,已由男预先寄去五十元,大约已所差无几,请大人不必再向八道湾(指周作人)提起,免得因为一点小事,或至于淘气也。"鲁迅情愿独自承担全部费用,也不愿让母亲受一丁点气。鲁迅身体不好,经常得病,但怕母亲操心自己的健康,影响身体,就一直瞒着她。譬如,他从青年时起就患了肺结核,但一直没告诉母亲,直到临终前,鲁迅知道瞒不过去了,才写信道出实情:"男所生的病,报上虽说是神经衰弱,其实不是,而是肺病,且已生了二三十年。……男自己也不喜欢多讲,令人担心,所以很少人知道。"为防母亲担忧,还故意把病情说得无关紧要:"肺病是不会断根的病,痊愈也不能的,但四十以上的人,却无生命危险,况且一发即医,不要紧的,请放心为要。"为了孝顺,为了免除母亲担忧,鲁迅不惜编造善意的谎言——这也正是他在《我要骗人》一文中所谓:"倘使我那八十岁的母亲,问母亲大人膝下,敬禀者,一月十三日信,早收到。海婴上月放假,在家里玩,这一两天,送去上课。但他考了一个第一,好像小孩子也要摆阔,竟说来说去,附上一张,上半是他自己写的,也说看这件事,今附上。他大约已经读了二百字,曾对男说,如果字写不出来了,只要回我就是。

丈量家屋的事,大约不过要一些饿鬼之上去诈索佩了。上海连日天报冷,大有过年景象,这里也还是阴历十二月底像过年。海婴以写三食物,大家吃了。男人宝马与海婴均好,请勿念。

莹先很会写字,但男而记得的,都送去一个小孩子。他们回信,请邮再写。专此布达,并请

金安。

男树叩上 百二十一日

致母亲(1936年1月21日)

母亲(鲁瑞,1858—1943)对鲁迅一生有重大影响。当时坊间谣传鲁迅被捕,母亲因而从北平来信询问实情,此为鲁迅回信,以释母亲远念。

我天国是否真有,我大约是会毫不踌躇,答道真的有的罢。"他对母亲的孝心到了无私无求、无怨无悔的地步。然而,事实终究是瞒不过的,1936年9月22日,鲁迅发出了给母亲的最后一封信,信中写道:"男近日情形,比先前又好一点,脸上的样子,已经恢复了病前的状态了,但有时还要发低热,所以仍在注射。大约再过一星期,就停下来看一看。"在北平的家人正为鲁迅渐趋痊复而甚感欣慰,却未料10月19日凌晨他溘然长逝。

三

鲁迅对母亲的孝顺无微不至,让人感动,然而我们更应该看到:对因为这种孝顺给自己也给别人带来的不幸(比如接受朱安)鲁迅也是有深刻反思的——毕竟,鲁迅拥有的是二十世纪中国最沉痛最深刻的灵魂。

据荆有麟回忆,鲁迅的《呐喊》出版后,章衣萍的夫人吴曙天女士曾将《呐喊》送给鲁老太太看,而且告诉她《故乡》一篇最好。可是鲁老太太读完这篇小说后却说:"没啥好看,我们乡间,也有这样事情,这怎么也可以算小说呢?"所以荆有麟说,在思想上,母子是相离太远了。但先生对于家事,多半还是依了老太太的主张。鲁迅曾对荆说过:"她们的成见,比什么都深,你费了九牛二虎之力,顶多只能改变十之一二,但没有多少时候,仍旧复原了。你若再想改革,那她们简直不得了。真没办法。"可见,在思想上,鲁迅对母亲是有自己的看法的,并不因为她是自己母亲,孝顺就不讲是非原则。

而更毋庸讳言的是,鲁迅对母亲硬塞给自己的那桩婚姻,是一直痛苦在心反思再三的。我们不妨就发表于1919年11月《新青年》月刊第六卷第六号的《我们现在怎样做父亲》一文来看个究竟。这篇文章,虽然题目是讲怎样做父亲的,但其内容更像是在教训老妈怎样做老妈的——所以这样曲径通幽,当然还是因为大先生孝顺,不愿直接跟硬把"礼物"送给自己的老妈冲突,毕竟,"在一个绝对正确的革命上面,还有一个绝对正确的母亲。"但文章中的论点却处处跟母亲有关。我们不妨来看个究竟。比如"论到解放子女,本是极平常的事,当然不必有什么讨论。但中国的老年,中了旧习惯旧思想的毒太深了,绝对悟不过来。……本位应在幼者,却反在长者;置重应在将来,却反在过去。前者做了更前者的牺牲,自己无力生存,却苛责后者又来专做他的牺牲,毁灭了一切发展本身的能力。"这几乎就是对母亲只顾自己喜好,不管儿子感受,硬将儿子不喜欢的女人娶为其妻子一事的强烈抗议! 又比如这段:"'父子间没有什么"恩"'这一个断语,实是招致'圣人之徒'面红耳赤的一大原因。他们的误点,便在长者本位与利己思想,权力思想很重,义务思想和责任心却很轻。以为父子关系,只需'父兮生我'一件事,幼者的全部,便应为长者所有。尤其堕落的是因此责望报偿,以为幼者的全部,理该做长者的牺牲。殊不知自然界的安排,却件件与这要求反对,我们从古以来,逆天行事,于是人的能力,十分萎缩,社会的进步,也就跟着停顿。我们虽不能说停顿便要灭亡,但较之进步,总是停顿与灭亡的路相近。"这讲的是"父子之间",可我们读出的不更是"母子之间"么? 毕竟,"以为幼者的全部,理该做长者的牺牲",太像鲁瑞在鲁迅婚姻一事上的独断专行了。而鲁迅不就为这样的独断专行而过了二十年古寺僧人般的生活,感受着"没有爱的悲哀""无所可爱的悲哀"么?

在文章中,鲁迅还专门写了这样一段:

> 易卜生做的《群鬼》(有潘家洵君译本,载在《新朝》一卷五号)虽然重在男女问题,但我们也可以看出遗传的可怕。欧士华本是要生活,能创作的人,因为父亲的不检,先天得了病毒,中途不能做人了。他又很爱母亲,不忍劳他服侍,便藏着吗啡,想待发作时候,由使女瑞琴帮他吃下,毒杀了自己;可是瑞琴走了。他于是只好托他母亲了。

欧:"母亲,现在应该你帮我的忙了。"

阿夫人:"我吗?"

欧:"谁能及得上你。"

阿夫人:"我!你的母亲!"

欧:"正为那个。"

阿夫人:"我,生你的人!"

欧:"我不曾教你生我。并且给我的是一种什么日子?我不要他!你拿回去罢!"

这一段,不仅直接引用母亲所作所为给儿子带来的伤害,而且鲁迅还加上了这样的评论:"这一段描写,实在是我们做父亲的人应该震惊戒惧佩服的;决不能昧了良心,说儿子理应受罪。"说的虽然是"父亲",但其抱怨母亲照自己意愿,"昧了良心",硬把自己不喜欢的女人娶为妻子,让自己"受罪"的潜台词,还是不难读出来的。

在文章结尾,鲁迅语重心长地写道:"总而言之,觉醒的父母,完全应该是义务的,利他的,牺牲的,很不易做;而在中国尤不易做。中国觉醒的人,为想随顺长者解放幼者,便须一面清结旧账,一面开辟新路。就是开首所说的'自己背着因袭的重担,肩扛住了黑暗的闸门,放他们到宽阔光明的地方去;此后幸福的度日,合理的做人。'这是一件极伟大的要紧的事,也是一件极困苦艰难的事。但世间又有一类长者,不但不肯解放子女,并且不准子女解放他们自己的子女;就是并要孙子曾孙都做无谓的牺牲。这也是一个问题;而我是愿意平和的人,所以对于这问题,现在不能解答。"从中,我们自不难读出鲁迅对母亲的希望,以及对这种希望的渺茫感——也的确该感到渺茫:母亲不连他的小说都不感兴趣么?更何况这些言论呢?"她们的成见,比什么都深,你费了九牛二虎之力,顶多只能改变十之一二,但没有多少时候,仍旧复原了!"

由于自己特殊的经历,对"母爱"一事,鲁迅可以说反思了大半生。1918年挚友许寿裳丧妻,幼子失去母爱,鲁迅于同年8月20日致函开导他。其中说道:"人有恒言:'妇人弱也,而为母则强。'仆为一转曰:'孺子弱也,而失母则强。'此意久不语人,知君能解此意,故敢言之矣。"从这里不难看出,他对母爱是有所保留,并非无条件赞同的——事实上,他自己不就是因为母爱而痛苦了一辈子,连带朱安也因此而痛苦了一辈子么?因此说出"孺子弱也,而失母则强"的绝情话,也算是有感而发了。当然,这样的话只能私下对自己好友讲,不敢宣之于众,这不仅有关于自己的"孝道",更有关于大众的接受水平。鲁迅自己就说过:"伟大,也需要有人懂。"1932年12月,黎烈文出任《申报》副刊《自由谈》主编时,长子出生两周后夫人因产褥热病逝。于是黎烈文于1933年1月25日在《申报·自由谈》发表《写给一个在另一世界的人》一文,悼念亡妻。黎烈文的爱妻叫严冰之,两人在法国留学五载,于1931年结婚,不幸为沪西某医院美国庸医所误。黎烈文在文章中认为婴儿失母是一个"终身莫补的缺陷",并表示:"等到孩子能够说话时,我便会教他每天早上起来对着你(指妻子严冰之)的照片叫一声:'Bonjour, Petitemaman!'(早安,亲爱的妈妈!)每天晚上临睡时叫一声:'Bonne-nuit, Petitemaman!'(晚安,亲爱的妈妈!)我要教他思念你,教他爱你。"黎烈文特意给孩子取名为"念之",就是要他终生怀念母亲。鲁迅读了这篇文章后,不以为然,便在《伪自由书·前记》中表示:"倘有慈母,或是幸福,然若生而失母,却也并非完全的不幸,他也许倒成为更加勇猛,更无挂碍的男儿的。"

  许广平在1926年11月22日致鲁迅的信说道,"我将要说:你的苦了一生,就是一方为旧社会牺牲。换句话,即为一个人牺牲了你自己。而这牺牲虽似自愿,实不啻旧社会留给你的遗产。……你自身是反对遗产制的,不过觉得这份遗产如果抛弃了,就没人打理,所以甘心做一世农奴,死守遗产。……我们是人,天没有叫我们专吃苦的权利,我们没有必吃苦的义务,得一日尽人事求生活,即努力做去。我们是人,天没有硬派我们履险的权力,我们有坦途有正道为什么不走,我们何苦为了旧社会而为一人牺牲几个,或牵连至多数人。"信中所谓"为一个人牺牲了你自己"就是指鲁迅为了对母亲的爱牺牲掉自己婚姻一事。对此,鲁迅在六天后的回信中这样的反思:"我一生的失计,即在向来不为自己生活打算,一切听人安排,因为那时预料是活不久的。后来预料并不确中,仍能活下去,遂致弊病百出,十分无聊。再后来,思想改变了,但还是多所顾忌,这些顾忌,大部分自然是为生活,几分也为地位,就是指我历来的一点小小工作而言。怕因我的行动的巨变而失力量。""我也决计不再敷衍了。……离开此地之后,我必须改变我的农奴生活。""我觉得现在H.M.比我有决断得多……"一个多月以后,他更明白表示:"我对于名誉,地位,什么都不要,只要枭蛇鬼怪够了。"这所谓"枭蛇鬼怪",就是指许广平。显然,此时的鲁迅已经挣脱了母爱的束缚,走上了自己该走的道路——只是,这其中真正牺牲的不是母爱,而是那个没有能力和机会走自己人生道路的朱安。

鲁迅与朱安：决绝中的眷顾

在鲁迅一生中，有一个人是他无从回避而又绝不愿提起的——这就是他的原配妻子朱安。按东汉班固《白虎通义》中的定义："妻者齐也，与夫齐体，自天子至庶人，其义一也。"这原配妻子鲁迅当然无从回避，可是，鲁迅却对这个女人不愿提及，公开场合固然如此，便是私下与人通信或者记日记，不得不涉及到自己这个"齐体"的人时，也简单以"妇"代之，好像对方就是个一般的妇人，跟自己没多大关系。有人因此感慨：一代文豪留下一千多万字的文字，而"朱安"二字从未写过，即使以别的称谓代之的，也不过这几次，真令人心生悲怆，为鲁迅，更为朱安！那么，他跟这个"妇"究竟是种什么关系？他们之间又有多少"如鱼饮水，冷暖自知"的酸甜苦辣呢？

一

1878年6月，浙江绍兴一户姓朱的商人家中，添了个女孩，取名为"安"。跟旧中国很多中上家庭的女子一样，她从小被教养成一个切合传统要求的典型：脾气和顺，会做针线，擅长烹饪，不识字，小脚。因为朱安的祖上曾做过知县一类的官，而鲁迅的祖父也做过京官，后来因科场贿赂而锒铛入狱，家道中落，两家算是门当户对。当时在周家做主的鲁迅母亲鲁瑞（当时鲁迅父亲已逝）觉得这个叫"安姑"的女孩子听话顺从，一手好菜尤其受老太太喜欢。对此，许钦文在《〈鲁迅日记〉中的我》一书中有这样的描述："朱夫人是很细心的，他煎炒的蔬菜,切得很均匀,老太太要和她生活在一起才觉得舒适,看来不仅由于习惯的相同,她做的饭菜味美可口,总也是个原因。"再加上绍兴斯时传统以妻子比丈夫大两三岁为佳,老太太认定朱安是自己大儿子鲁迅(此时还叫"周树人")的佳配。于是,通过亲戚的介绍,1901年4月3日,老太太在没有征得儿子同意的情况下,贸然去朱家"请庚"。定下了这门亲事。

对这门亲事,鲁迅是知道的,开始也曾拒绝,但后来却无可无不可地拖了下来——这有几个方面的原因:首先,在那个时代,没有婚姻自主一说,结婚嫁人全凭"父母之命,媒妁之言",老娘定下的媳妇,自己没有选择余地;其次,因为父亲早死,鲁迅对把自己和两个弟弟拉扯成人的母亲有一种非同寻常的深厚感情,而自己又是家中老大,不忍强拂母亲之意;此外,鲁迅对自己身体状况一直持悲观态度,又身处革命时代,自以为死无定期,也因此对自己的婚姻状况采取一种不那么认真严肃的态度——所谓"我躬不阅,遑恤我后"是也。当然,他也通过母亲,向朱家提出了一些要求:要朱安放脚,然后进学堂读书。斯时的鲁迅,大概也还希望通过一些后天的努力,缩短二人之间的距离,为以后万不得已在一起生活留有余地。然而,这些在今天看来十分合理的要求,对思想保守的朱家来说,不啻是异想天开:女子缠足,乃天经地义。女子缠足在当时的人们看来是财富、权势、荣耀的表征,为了表示是出自上层的富贵人家,为使女儿能嫁入豪门,家家户户争相为女儿缠脚;此外缠足也是官宦世家的淑女必备的美容术,是中下阶层少女走入高阶层家庭的晋身之阶。在那个时代娶妻托媒人探听女方的重点,除了对方的家庭之外,最重要的就是一双脚的大小,只要拥有一双傲人的小脚,必然成为争相说媒的对象;在新婚过门的时候,众亲友聚集争睹的焦点,也是新娘的脚。在新娘下轿的刹那,要是伸出一对尖生细小的金莲,能立刻换来众人的赞叹;要是一双大黄鱼脚,恐怕难免遭人讪笑。至于让朱安读书,也是多此一举,"女子无才便是德",还读什么书?

所以，朱家对鲁迅的"不情之请"，置之不理。

　　转眼到了1906年，此时鲁迅已二十五岁，而朱安更是二十八岁的大龄女青年，更要命的是，当时还在绍兴城风传鲁迅已经在日本私下娶了日本女人，还生了小孩，都有人看到他带着日本女人和杂种小孩在日本街头散步了！这下，朱家不干了，便到周家讨说法。鲁瑞百口莫辩，只好定下逼婚奇计。于是，这年7月6日，还在日本忧国忧民忧自己，"寄意寒星荃不察，我以我血荐轩辕"的鲁迅接到家中打来的电报一封："母病速归！"这几个大字让大孝子鲁迅别无选择，马上启程回国。结果一回到绍兴就傻了眼：这儿哪有因老母病危而弥漫的悲伤之情、抽泣之声？有的倒是张灯结彩、欢天喜地！鲁迅知道自己是掉进陷阱里了——自己一直拖着，家里一直催着的婚事，迫在眼前！怎么办？一走了之么？自己倒是可以逃到日本去，可送上门来的新娘怎么办？那个年代，新娘送上门，新郎却溜之大吉，结果只能是大家以为那新娘准有什么"七出"之过，是会闹出人命来的。而无辜的新娘要出了人命，那主持这一切的老母亲大概也不会有什么好日子过。于是，一向做事果决的鲁迅犹豫了，接下来，就像他在后来的小说《孤独者》中描写的魏连殳一样，"什么都可以的"，不吵不闹，装了一条假辫子，穿上了新郎服，乖乖地走完了所有的婚礼流程。

　　然而，接下来看到的更让他绝望。为了这场婚礼，朱安的娘家人也是费心费力，知道鲁迅不喜欢缠足的小脚女人，所以在上花轿之前给朱安换了一双大的绣花鞋，为了能穿得合脚，便往鞋子里面塞了很多棉絮。然而，在花轿到的时候，由于花轿比较高，朱安一时踏空脚没踩到地面，绣花鞋却掉了出来，这下就露馅了：原来她拥有的是一双不折不扣的小脚——鲁迅嘱咐朱家人，让这女子放足的要求并没有被当回事！而当新娘从花轿里走出来时，那矮小的身材，松垮的新娘服，更让鲁迅对她的体态失望。进入新房揭开新娘红色的头盖，看到她那脸型修长、面色黄白、上额突出、下颏尖的形象后，新郎的绝望已接近顶点。不用说什么读书之类，这个新娘更不会照办了。鲁迅三弟周建人后来回忆说："结婚以后，我大哥发现新娘子既不识字，也没有放足，他以前写来的信，统统都是白写。新娘名叫朱安，是玉田叔祖母的内侄女，媒人又是谦婶，她们婆媳俩和我母亲都是极要好的，总认为媒妁之言靠不住，自己人总是靠得住的，既然答应这样一个极起码的要求，也一定会去做的，而且也不难做到的，谁知会全盘落空呢？"

希望完全落空的鲁迅表现得十分决绝。据从十三岁起就在周家当佣工的王鹤照回忆：当时他是第一次看到这位周家大少爷。鲁迅新婚第二天早上，他就发现，印花被的靛青染青了他的脸，让人想到他那晚很可能把头埋在被子里哭了。两三天后，鲁迅住到了母亲的房间里，然后便匆匆携二弟周作人返回日本。结婚后他很少向外人诉说自己的这段"人生大事"，只是对自己好友许寿裳说过这么一句沉痛的话："这是母亲给我的一件礼物，我只能好好供养，爱情是我所不知道的。"同为鲁迅好友的孙伏园在回忆鲁迅这段经历时，有这样一段话："家中屡次要他回国去结婚，他不愿放弃学业不肯回去。后来家中打电报来了，说母病危，先生回国了，到家一瞧，房已修理好，家具全新，一切结婚的布置都已停当，只等他回来做新郎了。鲁迅先生一生对事业奋斗勇猛，待人则非常厚道。他始终不忍对自己最亲切的人予以残酷的待遇，所以他屈服了。"这里的"勇猛"与"厚道"，恰好可以作为鲁迅性格中"决绝中的眷顾"的注脚。

二

生活还在继续，人物性格也在生活中继续展现。

1909年8月，鲁迅从日本回国，在杭州一所师范学校任教。翌年七月回到绍兴，任绍兴浙江省立第五中学教务长，后任学监，后又任绍兴师范学校校长。这段时间，鲁迅虽然人在绍兴，但却很少回家，他住在学校。星期日白天，他有时回去，但主要是为了看望母亲,偶尔星期六晚上回家,也是通宵批改学生的作业或读书、抄书、整理古籍。鲁迅有意不与朱安接触。从日本回国后的两年,鲁迅的心情十分沉郁,他因发蓝衫、不修边幅的形象,使他显得苍老,而他实际上只不过刚刚三十岁。这一时期他拼命抽烟喝酒,近于自暴自弃。他在给自己的终生挚友许寿裳的信中说:"仆(我)荒落殆尽。"又说:"又翻类书,汇集古逸书数种,此非求学,以代醇酒妇人者也。"说得很坦率,也很沉痛。确实毫无感情,只有供养的义务。可见,这一时期的鲁迅对朱安,基本上是不闻不问不接触的。

1912年初,时任国民政府教育总长的蔡元培邀鲁迅到南京教育部工作,后来随着临时政府前往北平,鲁迅也孤身一人前往赴任,开始了长达十四年在北平的生活。朱安只能留在绍兴老家,照顾周家老太太,这段时间长达七年。鲁迅在《〈呐喊〉自序》中,是这么描写这段经历的:"只是我自己的寂寞是不可不驱除的,因为这于我太痛苦。我于是用了种种法,来麻醉自己的灵魂,使我沉入于国民中,使我回到古代去,后来也亲历或旁观过几样更寂寞更悲哀的事,都为我所不愿追怀,甘心使他们和我的脑一同消灭在泥土里的,但我的麻醉法却也似乎已经奏了功,再没有青年时候的慷慨激昂的意思了。S会馆里有三间屋,相传是往昔曾在院子里的槐树上缢死过一个女人的,现在槐树已经高不可攀了,而这屋还没有人住;许多年,我便寓在这屋里抄古碑。客中少有人来,古碑中也遇不到什么问题和主义,而我的生命却居然暗暗的消去了,这也就是我唯一的愿望。"这里,有对人生的决绝,当然更有对自己婚姻的决绝。

转机出现在1919年。这年11月,鲁迅在北京西直门内公用库八道湾置了一套院子,共花了三千五百元钱,来源主要是他向朋友借的钱加上自己的积蓄和卖了老家房子凑起来的。经过一番装修,鲁迅回绍兴将一大家人都搬到了北京的新家里,开始了新的生活。新家是一个三进院,分为内中外三院,内院住了两个兄弟周作人和周建人,中院留给了母亲和妻子朱安,而鲁迅自己则住在了外院。

从住房的分配来看,他住的是最差的房子,而把最好的房子留给了母亲和朱安——这其间,我们或许也能多少看出他对朱安的些许暖意,当然,些许而已。事实上,他对朱安的态度依旧冷漠,两人平日里除了必要的交流以外听不到任何亲密交谈,更谈不上夫妻之间的情趣依偎。鲁迅还时常冲朱安发脾气,嫌她做的饭菜不合口,缝的衣服不合身,反正就是怎么闹腾怎么来。

1923年,巨大的变故降临在这个看似平静的大家庭中。这一年的7月19日,周作人致信鲁迅,表示从此断绝兄弟情谊。具体原因是什么,至今众说纷纭,莫衷一是。这可以说是鲁迅一生经历中最沉痛的一次打击。他必须要搬出八道湾,但问题是朱安怎么办?于是,他给了朱安这样的选择:"你是留在八道湾,还是回绍兴朱家?如果要回,我一定按月给你寄钱的。"这两种选择都是朱安无法接受的。留在八道湾,兄弟失和,丈夫搬出去,自己留下来算怎么回事?回绍兴朱家,结婚十六年,无缘无故被送回去,那不是同被休了一样,怎么面对娘家的亲人?朱安虽然软弱,但是并不糊涂,她明白自己的位置,也清楚丈夫的真实想法,她只能带着恳求的语气说:"八道湾我不能住,因为你搬出去,娘娘(太师母)迟早也要跟你去的,我独个人跟叔婶侄儿侄女过,算什么呢?……绍兴朱宅我也不想去。你搬到砖塔胡同,横竖总要人替你烧饭、缝补、洗衣、扫地的,这些事我可以做,我想和你一起搬出去。"不知别人怎么样,反正我看到这名义夫妻二人的这段对话,甚觉悲凉。就鲁迅而言,他对朱安是决绝的——只给了她这样的选择:要么留在八道湾,要么回绍兴老家。根本就没有给她与自己一起生活的选择。然而,这其中也有眷顾,因为他同时还表示,"如果要回,我一定按月给你寄钱的"。而朱安的回答更是悲苦,对这个名义上的丈夫给出的两种选择她都不接受,她希望的恰恰是这个名义上的丈夫不愿给她的:"我想和你一起搬出去。"对此,鲁迅无法拒绝——这当然也是鲁迅的厚道之处。于是,在这年8月2日的日记上,鲁迅写道:"下午携妇迁居砖塔胡同六十一号。"俞芳在文章中还有这样一段评述:"当时大师母的唯一希望是拽着大先生,和她一起做封建婚姻的牺牲者……实际上既害自己又害了大先生。"然而,我们设身处地地为朱安想一想:她当时除了这样的选择外,还能有什么其他的选择?而她所以能做这样的选择,也是因为她知道,在这个世界上,也唯有这个其实并不爱她的"大先生"还可以供她"拽拽",这是她的不幸,也是她的幸运。

不妨看看他们搬家后,邻居俞家三姐妹中的俞芳眼中的朱安是个什么形象:"大师母个子不高,身材瘦小;脸型狭长,脸色微黄,前额、颧骨均略突出,看上去似带几分病容。眼睛大小适中,但不大有神,而且有些下陷,梳发髻。脚缠得很小,步履缓慢不稳。她当时虽只有四十多岁(比大先生大两岁),可是穿着打扮比较老式,除夏天穿白夏布大襟短衣,下系黑色绸裙外,其他季节的衣服都是色泽较暗的,朴素整洁。从外形看,是旧式妇女的典型模样。平日少言寡语,少有笑容。"至于她跟鲁迅的关系,友人荆有麟有这样的回忆,"那家庭,可就太怕人了。鲁迅常年四季,除例话外,不大与太太谈天。据他家老妈讲:大先生与太太每天只有三句话,早晨太太喊先生起来,先生答应一声'哼',太太喊先生吃饭,先生又是'哼',晚上先生睡觉迟,太太睡觉早,太太总要问:门关不关?这时节,先生才有一句简单话:'关',或者'不关',要不,是太太向先生要家用钱,先生才会讲较多的话,如'要多少?'或者再顺便问一下,什么东西添买不添买?但这种较长的话,一月之中,不过一两次。"

还有许多细节可以看出他们之间关系的冷淡决绝。比如,俞家姐妹经常来看鲁迅,鲁迅也很喜欢她们,就教她们做些简单的运动(鲁迅当年上过海军学校)。姐妹俩很漂亮,又年轻,做起运动来让鲁迅十分赏心悦目。朱安看了也想学学,让鲁迅也高兴高兴。于是也在一旁做了起来。可是,自己裹着小脚,年纪又大,做起年轻人做来赏心悦目的动作就不免淮南之橘化为淮北之枳,鲁迅见了不仅没有高兴，倒心生厌恶。又比如，一次和母亲吃饭，鲁迅乘兴谈到某种食品很美味，朱安为了能多说上几句话，就附和道自己也吃过，确实很好吃。没想到鲁迅听了以后很不高兴，因为这个食物是日本的，中国没有。而鲁老太太同情这个自己一手娶进来的儿媳妇，难免对她讲你要是有个儿子，他(指鲁迅)就会对你好一些。对此，朱安只能苦笑："老太太嫌我没有儿子，大先生终年不同我讲话，怎么会生儿子呢？"鲁迅母亲曾对人说过："他俩(鲁迅和朱安)既不吵嘴也不打架，但是没有感情，不像夫妻。"老人曾问过鲁迅，为什么总是这样。鲁迅摇摇头说："和她谈不来，没趣味，不如不谈。"

当然，毕竟住在一起，相互的关照与眷顾还是有的。这方面朱安更主动。她很关心鲁迅的身体，她知道鲁迅的烟瘾很重，经常深夜听到对门房间里传来咳嗽的声音，心里也万分不好受，等到天明鲁迅走后，朱安会偷偷地看一看鲁迅留下的痰迹里的血丝有没有增加。后来，鲁迅肺病发作，病情严重，只能食流质食物。接下来一个多月，朱安竭尽所能地照顾丈夫。她当然感到忧心，但这也是她非常珍惜的一段时日，因为经过了十七年的婚姻，她终于有机会和丈夫单独相处，成了他身边唯一照顾他的人。鲁迅卧病一个多月，不会看不出朱安对他的悉心照料。虽然两人仍然分房而居，但鲁迅日间用朱安的卧室作为书房，也算是打破了过去楚河汉界式的生活。鲁迅上街回来，总要买些点心来，总是先送到母亲房里，请母亲挑选，再送给朱安挑选，剩下的自己留吃。但朱安每次挑选，总是挑最次、最小的两三块。从中，我们也不难看出他们彼此的眷顾。而当朱安生病的时候，鲁迅也会雇人力车送她到医院，还扶着她上下车，带她去看病住院。1925年9月29日，鲁迅在给许钦文的信中就写到："内子进病院约有五六天(现)已出来，本是去检查的，因为胃病；现在颇有胃癌嫌疑，而是慢性的，实在无法(因为此病现在无药可医)，只能随时对付而已。"这里的"内子"即是指朱安，她因严重胃病在山本医院住了五六天。值得指出的是，这一年的八九月正是鲁迅和许广平定情热恋之际,而这显然是朱安致病的原因之一。许钦文是鲁迅的同乡和学生,与朱安的关系较好,所以鲁迅在信中提到妻子的病。其实朱安这次生病很可能是病由心生,她得的也不是胃癌。朱安于1947年因心脏病去世,享年六十九岁。鲁迅几次到医院和医生商讨病情,并在信中和朋友谈起,他的心里也是相当纠结的。

三

许广平的出现,的确使得鲁迅与朱安之间死水一潭没有希望也没有绝望的关系平添波澜。

其实,朱安对此应该不是毫无准备。据说,在1923年8月2日,鲁迅携朱安迁居砖塔胡同六十一号的前一天,钱玄同、刘半农等几位好友到鲁迅家做客,正叙谈间,朱安突然闯进来,扑通一声跪倒在地,当着众人的面痛哭流涕地说:"我是配不上大先生,大先生要娶妻纳妾,全凭他自己;但我生是周家的人,死是周家的鬼,老太太活着一天,我服侍她一天,老太太百年以后,我吃斋念佛,决不离开周家……"面对此情此景,鲁迅愕然,目瞪口呆,半天说不出一句话来。诸位好友耐心劝朱安回自己房里,有人还责怪鲁迅。不过,这种心理上的准备跟已经出现的事实还不是一回事——就跟担心自己患上疾病跟确诊自己的疾病不同一样。

应该说,鲁迅接受许广平也不是没有顾虑,这其中有年龄代沟的顾虑,有社会舆论的顾虑,也有师生恋不伦的顾虑……当然,更大的顾虑还来自于鲁迅已经成婚,朱安是他哪怕是名义上却也名正言顺的妻子这一事实。然而,鲁迅到底是决绝的,所以他很快抛弃了这些顾虑和犹豫,跟许广平结合在了一起——在1927年1月11日给许广平的信中,鲁迅这么写到:"我先前偶一想到爱,总立刻自己惭愧,怕不配,因而也不敢爱某一个人,但看清了他们的言行的内幕,便使我自信我绝不是必须自己贬抑到那样的人了,我可以爱。"在《两地书》的序言中,鲁迅又说:"回想六七年来,环绕我们的风波也可谓不少了,在不断的挣扎中,相助的也有,下石的也有,笑骂诬蔑的也有,但我们紧咬了牙关,却也已经挣扎着生活了六七年。其间,含沙射影者却逐渐自己没入更黑暗的处所去了,而好意的朋友也已有两个不在人间。我们以这一本书为自己纪念,并以感谢好意的朋友,并且赠我们的孩子,给将来知道我们所经历的真相,其实大致是如此的。"

对鲁迅的这一选择,有人质疑:鲁迅要追求自己的爱情没错,他跟自己心爱的人结合也没错,但他不该在还没跟朱安离婚时就跟许广平结合——这不脚踏两只船么?还有人因此斥责鲁迅为"渣男"!这种指责站在今天的角度不无道理。问题是,这放在鲁迅、朱安那个时代就成了空话。试想,鲁迅当年如果真的一纸休书跟朱安离婚,朱安这个没有文化、没有经济来源,没有谋生本领又是离过婚的弱女子将如何在这个世界上生存?这不是将她推向死亡么?有人也许会说,徐志摩当年不是为了跟新欢结合而与原配张张幼仪离婚么?我们且不说张幼仪父亲张润之行医为业,家境殷实,她的二哥张君劢早年留学日本是著名教授,四哥张公权,从事银行业二十二年,历任中国银行总经理、中央银行副总裁、中央信托局长等职。这些都不是朱安能比的。单单就受过的教育与自己的谋生手段而言,二人也不能相提并论。可以比较的倒是胡适的太太江冬秀,1923年,胡适到杭州烟霞洞养病,恰逢婚礼上的伴娘曹诚英。这曹诚英又年轻又漂亮教养又好,胡适对她一见钟情。于是二人躲在杭州过起了神仙眷侣般的小日子。不久,曹还怀孕了。于是胡适鼓足勇气,向自己不喜欢的老婆提出了离婚。江冬秀的选择也不是现在这些时髦青年所谓"只要曾经拥有,何必天长地久"而友好分手。而是顺手拿起桌上的一把裁纸刀,奋力向他掷去。还撂狠话一句:"要离婚可以,我先杀死两个儿子,然后自杀!"胡适闻言,抱头鼠窜,从此不敢再提离婚话头。其实,相同的一幕在当初鲁迅从八道湾中搬出,要朱安在留在八道湾跟回绍兴老家中做选择,朱安当着鲁迅朋友跪在地上表示自己"生是周家的人，死是周家的鬼"时，不也上演过么？只是，因为性格关系，朱安不可能演得像江冬秀那么生猛。

深谙世情的鲁迅对此当然也有深切的认识，1923年，鲁迅在北京女子高等师范学校文艺会上《娜拉出走后》的讲演中，就有这样的说法："所以为娜拉计，钱，——高雅的说罢，就是经济，是最要紧的了。自由固不是钱所能买到的，但能够为钱而卖掉。人类有一个大缺点，就是常常要饥饿。为补救这缺点起见，为准备不做傀儡起见，在目下的社会里，经济权就见得最要紧了。第一，在家应该先获得男女平均的分配；第二，在社会应该获得男女相等的势力。可惜我不知道这权柄如何取得，单知道仍然要战斗；或者也许比要求参政权更要用剧烈的战斗。"所以，当女子在社会上没有获得平均分配权时，昌言离婚，只能把"娜拉"们推向深渊。1919年初，鲁迅拆阅来稿，一位不相识的青年寄来的题为《爱情》的散文诗深深地打动了他，他忍不住写道："爱情是什么东西？我也不知道！"但有一点他知道："在女性一方面，本来也没有罪，现在是做了旧习惯的牺牲。我们既然自觉着人类的道德，良心上不肯犯他们少的老的罪，又不能责备异性，也只好陪着做一世牺牲，定结了四千年的旧账。"

还应该指出的是，虽然鲁迅坚决地跟许广平结合，但他对朱安仍一如既往地负责，不仅按时寄上生活费，而且也默许了她在家中是自己名义上妻子的身份。也因此，有了这样的事：鲁迅逝世后，其好友许寿裳为撰写《鲁迅先生年谱》，写信给许广平说："年谱上与朱女士结婚一层，不可不提，希弟谅察。关于弟个人婚事，弟拟依照事实，真书'以爱情相结合……'"云云。许广平则回信表示："关于我和鲁迅先生的关系，我们以为两性生活，是除当事人之外，没有任何方面可以束缚，……不必要有任何的俗套。我们不是一切旧的礼教都要打破吗？"所以也不用写什么"以爱情相结合，成为伴侣"了，直接写成"……与许广平同居"。最后许寿裳在"许广平"之前加了个"番禺"，在"许广平"之后加了个"女士"！也就是说，鲁迅跟许广平的关系,只是"同居",而与朱安的关系,才是夫妻。这应该也是鲁迅对朱安的眷顾之处。也就是因为有着这样的眷顾,朱安才会有这样的说法:"我好比是一只蜗牛,从墙底一点一点往上爬,爬得虽慢,总有一天会爬到墙顶的。可是现在我没有办法了,我没有力气爬了,我待他再好,也是没用。看来我这一辈子只好服侍娘娘一个人了,万一娘娘归了西天,从大先生一向的为人看,我以后的生活他是会管的。"

四

朱安指望"万一娘娘归了西天,从大先生一向的为人看,我以后的生活他是会管的",然而,事实上最先走的却是鲁迅,1936年10月19日,鲁迅在上海去世。

消息传回北京,听闻之后的朱安悲痛不已,几次想要南下给大先生料理后事,毕竟她是正室。然而事与愿违,当时周老太太已经年逾八十,身体也一直不好,需要朱安的陪伴和照顾。最后朱安选择在南屋给鲁迅设置了灵堂,为鲁迅先生守灵,南屋曾经是鲁迅的书房,有鲁迅在北京生活的点点滴滴。"她穿着白鞋白袜,并用白带扎着腿,头上挽着一个小髻,也用白绳束着,眼泪盈眶,哀痛之意流露无遗"。

鲁迅逝世后,朱安的生活成了问题,以前都是鲁迅照顾接济,如今斯人已逝,朱安的生活费用则由许广平接济,每月汇款至北京。朱安对此心存感激,她多次对人表示:"许先生待我极好,她懂得我的想法。她肯维持我,不断寄钱来,物价飞涨,自然是不够的,我只有更苦一点自己,她的确是个好人。"但随着中日战争的爆发,在上海的许广平遭监禁,生活费一度中断,在生活濒于绝境的情况下,朱安打算"卖书还债,维持生命"。消息传出,鲁迅的学生宋琳带着从上海赶来的唐弢与刘哲民,一同去拜访朱安,希望能妥善地保管这些遗物,但朱安一时情绪激动地说道:"你们总说鲁迅遗物,要保存,要保存！我也是鲁迅遗物，你们也得保存保存我呀！"朱安没有文化，然而这话说得何等之好，是啊，朱安才是鲁迅遗物，鲁迅最大的遗物，在她身上，负载了鲁迅一生无尽的哀怨、悲愤决绝与眷顾，为什么不好好"保存"？据说，此言一出，当时目睹每天只能吃点窝窝头、青菜寡汤，然后再吃点自己做的腌菜的朱安，宋琳他们不禁热泪潸然。可是，在大家的劝说下，尤其是获悉许广平在上海受到的严刑拷打之后，朱安的心就软了下来，此后也就不提卖藏书之事了，同时还把这些遗物的继承权全部交给了周海婴。海婴在《鲁迅与我七十年》中回忆说："有个报馆的人愿赠她一笔钱，条件是只要交给他父亲的遗作。她当场表示'逊谢不收'。同时拒绝提供我父亲的任何文稿字迹。"同月里，又有个艺术团体的理事长要送她一笔钱，她也断然婉谢："自己的生活'虽感竭蹶，为顾念汝父名誉''故宁自苦，不愿苟取'。"没有朱安的悉心呵护，我们很难想象今天鲁迅在北京的故居和遗物能保存得这么完好！

1947年6月29日，朱安在北京的住处去世，前一天的时候，鲁迅的学生宋琳去看望朱安，那时的她已不能起床，但神态清醒，她泪流满面地向宋琳说道："请转告许广平，希望死后葬在大先生之旁。另外，再供一点水饭，念一点经。"她还说，她想念大先生，也想念许广平和海婴。然而，就是她这个最后的卑微要求也不可能实现，朱安最后被安葬在西直门外保福寺的一片私地里，没有墓碑没有题字，仿佛这个世界，她不曾来过。

朱安去世前一日，对前来探访的南京《新民报》记者还有这么一段让人唏嘘不已的话："周先生对我并不算坏，彼此间并没有争吵，各人有各人的人生，我应该原谅他。"对鲁迅的决绝，表示"原谅"，对鲁迅的眷顾，表示感谢，这是何等宽广的胸怀！而"各人有各人的人生"一句，又是何等的见道省悟，鲁迅知之，亦当欣然！鲁迅生前曾多次对友人说："她（指朱安）是我母亲的太太，不是我的太太。这是母亲送给我的一件礼物，我只负有一种赡养的义务，爱情是我所不知道的。"将朱安视为母亲送给自己的"一件礼物"(这跟朱安表示"我也是鲁迅遗物"相对应),表现出鲁迅的"决绝"甚至某种冷酷;而其表示自己对她"负有一种赡养的义务"则又表现出自己对她的"眷顾"。鲁迅就是怀着这种"上下四旁无不冰冷,青白。而一切青白冰上,却有红影无数,纠结如珊瑚网。我俯瞰脚下,有火焰在"的"死火"心态,走完了自己跟朱安的一生。

鲁迅与许广平：热恋后的寂寞

鲁迅的最后十年是在许广平陪伴下度过的。这一方面可以说是鲁迅生活中最为安定与温暖的十年，有了女主人的照顾，他的生活可以更有规律、更丰富（尤其是有了海婴之后）。我们只要读读萧红回忆鲁迅的文章，就不难发现，结婚后，在家里忙碌的总是许广平：来了客人，许广平下厨房，菜食丰富，鱼肉齐全，少则四五碗，多则七八碗。鲁迅喜欢北方口味，许广平就提议请个北方厨子，十五元的工钱鲁迅觉得贵，请不得，此后依然许广平下厨。鲁迅生病，在楼上单吃，许广平每回送菜上楼时，都是在楼下仔细挑选，要拣嫩的菜，只要叶，不要茎，鱼肉拣烧得软的，没刺的。鲁迅不陪的客人全由许广平代陪。许广平带孩子，帮鲁迅抄写稿子，打毛线衣。在鲁迅深夜写作时，她则在一边躺下睡了，之所以早睡是第二天要早起忙家务。有了这贤内助，鲁迅算是彻底结束了得过且过的单身汉生活，可以在激扬文字之余，享受一下人生余闲，体会一番生活趣味了。也就是因为这个缘故，1934年12月9日，鲁迅购得《芥子园画谱三集》后十分喜欢，便将其赠送给许广平，并在上面题诗一首："十年携手共艰危，以沫相濡亦可哀；聊借画图怡倦眼，此中甘苦两心知。"但另一方面我们也应看到，家庭生活在给鲁迅温暖平安的同时，也给他带来了家庭烦恼与创作上的短板。鲁迅的挚友孙伏园在《哭鲁迅》一文中曾写到过这么一件事：成名后的鲁迅极其简朴，穿的还是留学时的裤子，鲁迅的母亲让孙伏园劝劝鲁迅穿新做的棉裤,鲁迅的回答是:"一个独身的生活,绝不能常往安逸方面着想的。岂但不穿棉裤而已,你看我的棉裤,也是多少年没换的老棉花,我不愿换。你看我的铺板,我从来不愿意换藤绷或棕绷,我从来不愿意换褥子,生活太安逸了,工作就被生活所累。"然而,与许广平成家后的鲁迅,大概免不了要穿棉裤睡棕绷床吧?当然,更重要的是:由心仪走进同居,或许都难免会产生实现后的悲哀、热恋后的寂寞吧?

一

其实,他们能走到一起并不容易。这不仅因为二人在年纪上相差十七岁,一个青春年少,一个却已近中年,无论相貌气质,都存在不少的代沟。这一点,我们或许可以从许广平对鲁迅的第一印象中看出来——在许广平笔下,她第一次看到的鲁迅是这样的:"突然,一个黑影子投进教室来了,首先惹人注意的便是他那大约有两寸长的头发,粗而且硬,笔挺的竖立着,真当得'怒发冲冠'的一个'冲'字。一向以为这句话有点夸大,看到了这,也就恍然大悟了。褪色的暗绿夹袍,褪色的黑马褂,差不多打成一片。手弯上,衣身上许多补钉,则炫着异样的新鲜色彩,好似特制的花纹。皮鞋的四周也满是补钉。人又鹘落,常从讲坛跳上跳下,因此两膝盖的大补钉,也遮盖不住了。一句话说完:一团的黑。那补钉呢,就是黑夜的星星,特别熠眼耀人。小姐们哗笑了!'怪物,有似出丧时那乞丐的头儿。'也许有人这么想。讲授功课,在迅速的进行。当那笑声还没有停止的一刹那,人们不知为什么全都肃然了。没有一个人逃课,也没有一个人在听讲之外,拿出什么东西来偷偷做。钟声刚止,还来不及包围著请教,人不见了,那真是'神龙见首不见尾'。许久许久,同学们醒过来了,那是初春的和风,新从冰冷的世间吹拂著人们,阴森森中感到一丝丝的暖气。不约而同的大家吐了一口气回转过来了。"课是讲得不错,可讲课人的落拓与难以接受,也是一目了然的。当然,更重要的还在于二人相识之时,都在情感上受挫,可谓身心憔悴。

　　许广平跟鲁迅一样,险些受"父母之命"的戕害。在她出生后的第三天,父亲许炳枟就在外面的宴会上"碰杯为婚",将她许给了姓马的绅士家。马家是典型的土豪劣绅的行径,照那时的眼光看,马家与许家结亲很是门不当、户不对,何况马家横行乡里名声很坏。好在许广平对父亲的独断专行,不像鲁迅对母亲的独断专行那样唯命是从,而是愤加反抗。她懂事之后,知道婚姻不是儿戏,也不是可以用来显示孝心的方式(**这点她比老师鲁迅强**),所以就坚决反对这门亲事。马家还真没办法,最后一纸诉状将许广平告到了官府。官府还真认可了马家的"冤情",硬要许广平遵守"父母之命媒妁之言"嫁给马少爷——许广平在回忆这段经历时有"官府之催迫,皂隶之临门"之语。后来,许广平的三哥出面,不知经过怎样的周折,总算退掉了这门亲事,许广平才北上来到天津的姑母家,并于当年考入天津女子师范学校。

　　许广平进入女高师不久,就结识了在北京大学就读的广东青年李小辉。他们原有表亲的关系,在异地他乡,从相互关心,到往来密切,逐渐产生了感情。许广平称他是"一位热情、任侠、豪爽、廉洁、聪明、好学"的青年。好事多磨,甚至好事多伤。1923年春节前几天,许广平因照料在天津求学时的同学常瑞麟的两个相继患病的妹妹而患病。随后到常瑞麟在"医专"的校医室去诊病,医生诊断为扁桃腺炎,就吃了些普通的消炎药。因校医室没有病房,就住在瑞麟家里。不料广平高烧不断,喉痛加剧。李小辉打听到许广平患病住在常家,就焦虑地前来探望,一连探望三次,第三次探望时带来了西藏青果,说是可以清火治喉痛,他自己也留了一点,因也有一点喉痛的感觉。到患病的第六天,也就是春节初五,许广平竟由昏迷而进入弥留状态。这时常瑞麟的父亲请来了外国医生,诊断为猩红热。经过治疗,许广平的病情一天一天地好转起来,但始终没有见到李小辉,问周围的人,他们总是支支吾吾地说:"小辉也患病了,但已好了。"或说:"等你全好了再去看他吧。"直到许广平身体康复才得知李小辉已在正月初七夜里去世了。这是许广平的初恋,也是她第一次勇敢地追求婚姻自由,她好长时间都沉浸在悲痛中。事隔十八年,许广平还这样回忆着:"到了第十八年纪念的今天,也许辉的家里早已忘了他罢?然而每到此时此际,霞的怆痛,就像那患骨节酸痛者的遇到节气一样,自然会敏感到记忆到,因为它曾经摧毁了一个处女纯净的心,永远没有苏转。"

而鲁迅当然就更不用说了,如前所述:硬被母亲塞了一个自己不爱的女人当"礼物","也只好陪着做一世牺牲,完结了四千年的旧账"。

二

然而,该来的终究会来——天地虽然离得远,不也有雨丝连接其间么?

1925年,在听了鲁迅一年多的课后,3月11日,许广平忍不住向这个能让人在"阴森森中感到一丝丝的暖气"的"乞丐头儿"写出一封信。原因除了这个老头讲课有趣、名声大外,还因为当时学校里有些动荡,加上再一年她要毕业了。她有一些问题和苦闷,希望能得到老师的指点。这事她与同学林卓凤说了,林君为她壮胆,很赞成她写。信的开头这样写道:"现在执笔写信给你的,是一个受了你快要两年的教训,是每星期翘盼着希有的,每星期三十多点钟中一点钟小说史听课的,是当你授课时坐在头一排的坐位,每每忘形地直率地凭其相同的刚决的言语,在听讲时好发言的一个小学生。他有许多怀疑而愤懑不平的久蓄于中的话,这时许是按抑不住了罢,所以向先生陈诉。"对于学校中的种种现象,她认为是教育的失败,是青年的倒退。她写道:"先生!你放下书包,洁身远引的时候,是可以'立地成佛'的了!然而,先生!你在仰首吸那卷着一丝丝醉人的黄叶,喷出一缕缕香雾迷漫时,先生,你也垂怜、注意、想及有在蛰盆中展转待拔的么?"她"希望先生收录他作个无时地界限的指南诱导的! 先生,你可允许他?"对于这些责问和要求,先生或许不会恼怒,但他很忙,他会允许收下这么一个"无时地界限"的随时加以诱导的学生么? 她还认为,"苦闷之果是最难尝的",不像嚼苦果、饮苦茶,还有一点回味。信中她竟提出:"先生,有什么法子在苦药中加点糖分? 有糖分是否即绝对不苦?"大概,对这样的信,尤其是女学生写来的信,所有的老师,尤其是男老师都愿在第一时间回复吧? 所以,在两天后的3月13日一早,许广平就收到了鲁迅的复信。信的开头是"广平兄"三字——这"兄"字有些触目惊心,好像写信人一下从老师辈就降成了同辈的"哥们"。就这么通过称谓的你来我往,将各自的言外之意表露无遗。此信鲁迅写得很长,谈了学风,谈了女师大校中的事,又着重谈了他的处世方法。关于"加糖"的问题,鲁迅也写到了:"苦茶加'糖',其苦之量如故,只是聊胜于无'糖',但这糖就不容易找到,我不知道在那里,只好交白卷了。"

好的开头等于成功了一半。在接到鲁迅这封连夜写成的长信后,许广平立即写第二封信。信的开头当然是要弄清啥叫"广平兄"? 于是,她写道:"先生吾师,原谅我太愚小了! 我值得而且敢配当'兄'吗? 不! 不! ……绝无此勇气而且更无此斗胆当吾师先生的'兄'的。先生之意何居?"除此之外,自然还对教育现状、学校情形和人生道路提出种种看法和疑问。鲁迅也很快复信,自然也先得就"广平兄"称呼进行解释——"旧日或近来所认识的朋友,旧同学而至今还在来往的,直接听讲的学生,写信的时候我都称'兄'。其余较为生疏、较需客气的,就称先生,老爷,太太,少爷,小姐,大人……之类。总之,我这'兄'字的意思,不过比直呼其名略胜一筹,并不如许叔重先生所说,真含有'老哥'的意义。"鲁迅的意思当然是许广平属于"直接听讲的学生",所以被称作"兄"。也许是顾及许广平的面子,鲁迅还在信中表示这是"自己制定,沿用下来的例子"。事实上当然不是这样——五四前夕钱玄同就在《论应用之文亟宜改良》一文中这么写道:"书札之款,或称谓,务求简明确当。……弟个人之意见以为除家族及姻亲中有称论者外,其余皆可以'先生''君''兄'三名词称之。大抵文执、师兄、年高者、学富者,我所崇敬者,可称'先生'。年若相者、道相似者、不客气之朋友、泛交、后辈,可称'君'或'兄'。"初次通信的许广平属于"泛交、后辈",当然可以称"兄"了,这应该是很正常的。换言之,鲁迅称许广平为"兄",倒并非像现在那些"倒鲁者"所谓"先生提笔的时候,不单对她灵魂,对她的肉体也并不无充满觊觎之心的"。

当然,事情是发展的。提笔之时没有,不等于以后也没有。随着通信的进行,双方感情也在增进。差不多一个月后,许广平于4月10日信上署上了"(鲁迅先生所承认之名)小鬼许广平"之名。语云"阎王好见,小鬼难缠",于是便有了紧接着4月12日许广平拜访鲁迅在西三条的住所,在16日许广平致鲁迅的信中她这么写道:

"秘密窝"居然探险(?)过了!归来的印象,觉得在熄灭了的红色的灯光,而默坐在那间全部的一面满镶玻璃的室中时,偶尔出神地听听雨声的嘀嗒,看看月光的幽寂:在枣树发叶结果的时候,领略它风动叶声的沙沙和打下来熟枣的勃勃,再四时不绝的"个多个多"!"戈戈戈戈戈"的鸡声,晨夕之间,或者负手在这小天地中徘徊俯仰,这其中定有一番趣味,是味为何?——在丝丝的浓烟卷中曲折的传入无穷的空际,升腾,分散,是消灭!?是存在!?(小鬼向来不善推想和描写,幸恕唐突!)……

小鬼许广平

这封信在《两地书》中公开发表时给改成了这样:

"尊府"居然探检过了!归来后的印象,是觉得熄灭了通红的灯光,坐在那间一面满镶玻璃的室中时,是时而听雨声的淅沥,时而窥月光的清幽,当枣树发叶结实的时候,则领略它微风振枝,熟果坠地,还有鸡声喔喔,四时不绝。晨夕之间,时或负手在这小天地中徘徊俯仰,盖必大有一种趣味,其味如何,乃一一从缕缕的烟草烟中曲折的传入无穷的空际,升腾,分散……是消灭!? 是存在!? ……

细味这改动,除了"秘密窝"代之以"尊府";"探险""变成了""探检"外,文字显得更加简洁生动,然而也少了许广平初次到"阎王"家探险的惊喜敏感和那么一丝丝的自得——如果不是对"阎王"有特殊的好感,大概不会有这么细微的体验吧?细读此信,的确没有了师生之间的严肃与庄重,倒多了一种亲昵与无拘。

此后,感情就更近了。不妨再看看鲁迅4月28日给许广平的信。

广平兄:……割舌之罚,早在我预料之中……近来整天的和人谈话,颇觉得有点苦了,割去舌头,则一者免得教书,二者免得陪客,三者免得做官,四者免得讲应酬话,五者免得演说……岂不舒服。所以你们应该趁我还未割去舌头之前听完《苦闷之象征》,前回的不肯听讲而逼上午门,也就应该记大过若干次……窃闻小姐之类,大抵容易"潸然泪下"……但这次试验,我却可以自认失败,因为我太过大意,以为广平少爷未必如此"细心",题目出得太容易了。现在也只好任凭占卦抽签……装作舌头已经割去之状。惟报仇题目,却也不再交卷,因为时间太严。那信是星期一上午收到的,午后即上课……一经上课,则无论答的如何正确,也必被冤为"临时预备夹带然后交卷",倒不如拼出,交了白卷便宜……鲁迅这其中文字上的放浪形骸、泼辣大胆,确实已渐渐超越师生界限,而有了情人之间的亲昵。再后来,就更"海阔天空任我飞"了,彼此出题"考试";在鲁迅"即称之为'少爷',刺之以'细心'",在许广平则"敬领,骂好";以至鲁迅因"小鬼何以屡次诚惶诚恐的赔罪不已"而不安,而"辟谣",而声明"我并不受有何种'戒条'。我的母亲也并不禁止我喝酒。""虽是太师母,观察也未必就对,虽是太太师母,观察也未必就对"。异性间相愉悦、相亲爱,而唯恐产生误解以至相离异的微妙心理,实已入木三分、跃然纸上了。而到6月25日这一天,是旧历端午,鲁迅请许广平、几位女师大学生和俞氏姊妹(俞芬、俞芳、俞藻)吃饭,她们向鲁迅劝酒,鲁迅因高兴而稍多喝了一点,于是"以拳击'某籍'小姐两名之拳骨",又"按小鬼之头",于是许广平等以为鲁迅喝醉了而"逃"走。当天晚上或次日早晨许广平给鲁迅写了封信,大概很做了一番文章。鲁迅27日上午收到此信,于28日写了回信,前半赫然是一篇"训词"(编入《两地书》时已删去,只存于原信),反复申辩:"又总之,端午这一天,我并没有醉,也未尝'想'打人;至于'哭泣',乃是小姐们的专门学问,更与我不相干。特此训谕知之!"王得后先生指出,这篇"训词"最大的价值,大概是足可以证明鲁迅和许广平的感情已经相当深厚,别致的格式、轻松的笔调、无拘无束的谈吐,都是亲昵的表现,从这以后的书信,是真正的一般人所谓的"情书"了。至于这之后有一年多没有通信,并非感情有变化,而是两人定情后的相互信任。

三

当然,他们的结合也不是一帆风顺的。毕竟,有那么多距离。更何况,鲁迅还有那么多的论敌。所以,他们在一起的消息传出后,各色人等对他们进行了长时间的令人难堪的非议与指责,有人说,元配夫人朱安才是鲁迅先生的合法"佳偶",许广平不过是一个姨太太;也有人说,鲁迅与朱安破裂,是因为许广平从中作梗。连鲁迅的弟弟周作人,也公开表示他们的婚姻不合法,不予以承认。在《两地书》的序言中,鲁迅说:"回想六七年来,环绕我们的风波也可谓不少了,在不断的挣扎中,相助的也有,下石的也有,笑骂诬蔑的也有,但我们紧咬了牙关,却也已经挣扎着生活了六七年。其间,含沙射影者却逐渐自己没入更黑暗的处所去了,而好意的朋友也已有两个不在人间。我们以这一本书为自己纪念,并以感谢好意的朋友,并且赠我们的孩子,给将来知道我们所经历的真相,其实大致是如此的。"

这其间,还穿插了一次让人啼笑皆非的"高长虹事件"。高长虹与许广平同岁,1925年5月,许广平曾给高长虹去信,欲购买其诗集,两人从此开始通信。以后的几个月里,双方通信七八次。或许彼此表示过倾慕之情,或许许广平仅仅表示过欣赏高长虹的文采,高长虹却以为许广平已经爱上他。1925年7月,高长虹在鲁迅家里见到许广平,凭着诗人的敏感,他知道许广平已经中意于鲁迅,因此决定停止与许广平通信。妒意加醋意,使得他在鲁迅与许广平南下不久忽然撰文声称,他对鲁迅感到"瘟臭",甚至想为之"呕吐"。还写了《1925北京出版界形势指掌图》,把鲁迅热心支持青年创办文学刊物,说成是为了"得到一个'思想界的权威者'的空名",到后来,则"戴其纸糊的权威者的假冠入于身心交病之状况矣!"对于高长虹的突然攻击,鲁迅开始稀里糊涂,不知所为何来。直到1926年11月底,高长虹在《狂飙》上发表一首题为《给——》,其中有"我在天涯行走/太阳是我的朋友/月儿我交给他了""带她向夜归去/夜是阴冷黑暗/他嫉妒那太阳/太阳丢开他走了"的句子,韦素园告诉当时远在厦门的鲁迅,这里的太阳是高长虹自喻,黑夜代表鲁迅,月亮就是许广平。鲁迅恍然大悟,原来,高长虹漫骂鲁迅的真正原因不是想过河拆桥,也不是因为《莽原》的内部纠纷,而是因为认为鲁迅对他横刀夺爱。鲁迅立即给在广州的许广平去了一信,说:"《狂飙》上有一首诗,太阳是自比,我是夜,月是她。我这才明白高长虹原来在害景宋"女士"学席：程门飞雪，贻误多时，愧悚之至。无方幸骏才之易教，而乃年届结束，南北东西，雖尺素之能通，或下问之不易言，念及此，不禁凄然。下面條吾生倘能救兹，恩为便师得俑薄饼于月十七日午十二時假宫门口西三條胡同二十一號周宅一叙，俾罄愚诚，不胜厚幸。顺颂

時綏

師魯迅謹订

八月十五日早

致许广平(1926年8月15日)

这是一封邀请信。当时鲁迅将离北京南下，故请许广平和其他几位女生举行家宴以作告别。此信行文幽默风趣，书法雍容，颇有汉隶气韵。

'单相思病',以及川流不息到我这里来的原因,他并不是为'莽原',却在等月亮。但对我竟毫不表示一些敌对的态度,直待我到了厦门,才从背后骂得我一个莫名其妙,真是卑怯得可以。我是夜,则当然要有月亮了,还要做什么诗,也低能得很。"后来鲁迅在《故事新编》的《奔月》中,写了善射的后羿打猎回来后,遭到了徒弟逢蒙暗算的故事,不言而喻,故事中的逢蒙就是影射高长虹。

1929年5月26日,鲁迅在给许广平的一封信中写道:"(韦)丛芜告诉我,长虹写给冰心情书,已阅三年,成一大捆。今年冰心结婚后,将该捆交给她的男人,他于旅行时,随看而随抛入海中,数日而毕云。"鲁迅这番转述,有对高长虹的调侃,也不乏对他《给——》一诗的回击,意思是:你看这个人,到处找"月亮",结果他的大作只能被"月亮"们找人抛入大海水葬而已。也有人,比如陈漱渝,也质疑鲁迅的这种说法,理由是:首先,冰心是1929年6月15日在燕京大学临湖轩跟社会学家吴文藻结婚。鲁迅5月26日写此信时,冰心的婚礼还在筹备阶段。其次,冰心婚后回上海和江阴省亲,途经杭州,游了一天西湖,还到莫干山住了几天,又匆匆赶回北京。其间根本没有漂洋过海,因此绝不可能将高长虹的一捆情书陆续抛入海中。第三,冰心与吴文藻于1923年8月17日相识,婚前热恋了将近六年。婚后的五十六年,他们风雨同舟,感情坚贞不渝。所以,冰心和高长虹之间完全不可能发生真正的绯闻。如果这种质疑有道理的话,那么更可以看出鲁迅对高长虹的厌恶,自然也可以看出他对许广平的爱。毕竟,伟人也有常人一样的感情。

应该说,他们婚后的感情是不错的。在许广平的回忆中,我们可以看到,当鲁迅伏案写作时,许广平会坐在旁边看报或做手工,当鲁迅感到疲倦时,两人也会放下手头的事,一边饮茶,一边谈天。空闲的时候,一起外出散步,有时去看画展,有时去看电影。所以鲁迅常说:"我们的感情算好的。"许广平生海婴时,鲁迅在旁边守了整整一天一夜。当医师产前检查出婴孩的心律不太正常,甚至流出了濒死前的污便时，问鲁迅："留小孩还是留大人？""留大人！"鲁迅不假思索地说。幸好只是一场虚惊，一会儿婴孩就呱呱坠地。鲁迅微笑着对许广平说："是男的，怪不得这样可恶！"许广平还曾这样记述两人的生活：鲁迅因工作太忙，没有多聚谈的机会，每每赎罪似地在我睡前陪几分钟；临到我要睡下了，他总是说："我陪你抽一支烟，好吗？""好的。"这时，他会躺在旁边，很从容地谈些国家大事，或友朋往来，或小孩与家务，或文坛情形。谈得起劲，他就要求说："我再抽一支烟，好吗？"同意了，他会谈得更高兴。……这么温馨的场景，看不出一点不爱的痕迹。

四

然而，生活毕竟是严峻的，而做一个文学家的妻子也实在不容易。进入家庭生活后的鲁迅与许广平，也自有其凡人的寂寞与分歧。

比如，在职业的选择上。虽然鲁迅在《娜拉走后怎样》的讲演中旗帜鲜明地表示过："所以为娜拉计，钱，——高雅的说罢，就是经济，是最要紧的了。自由固不是钱所能买到的，但能够为钱而卖掉。人类有一个大缺点，就是常常要饥饿。为补救这缺点起见，为准备不做傀儡起见，在目下的社会里，经济权就见得最要紧了。"但理论归理论，在与许广平定居上海后，他不再允许许广平出去找工作。许广平曾托朋友找到一份编辑工作。然而，当她把寻工之事告诉鲁迅后，鲁迅放下笔慨叹地说："那你出去我又要过我原来的生活了。"许广平没争辩，干脆地放弃了。当然，鲁迅虽然反对妻子找工作，但对她的前途还是认真考虑过的，鲁迅想让妻子做点翻译工作，并亲自教她学日语，还亲自编校了《尼罗河之草》作为她的启蒙教材，选了一本口语文法及日文版的《马克思读本》做参考，并且付诸行动，每晚教读妻子一小时，大约坚持了一年半时间。后来，因许广平忙于家务，无法坚持，尤其是海婴出生后，理想即告泡汤。

不知是不是因为这个缘故,两人晚年时,常常发生冷战。鲁迅一面不满于她甘于平庸的变化,一面又对她为自己做出的牺牲怀有负罪感,这种矛盾的纠缠使两人时常爆发"冷战"。许广平是这么回忆他们之间的"冷战"的:"他可以沉默到一句话不说,最厉害的时候,连烟也不抽,茶也不喝,像大病一样。或者在半夜里大量地喝酒,或者走到没有人的空地里蹲着或睡倒。有一个夜晚,他就睡到阳台的暗处,年幼的海婴起来撒尿,发现了躺在一角的父亲,就一声不响地并排睡在父亲旁边……"每一次冷战后,鲁迅都会抱歉地说:"我这个人的脾气真不好。"许广平也说不出责备的话。

由于年龄、智力和性情上的差异,鲁迅与许广平的隔膜也日益加深。电视剧本《中国文豪》的作者谷白回忆了这样一件事:鲁迅去世前不久想迁居租界,由许广平和胡风陪着去淮海路一条新式里弄看房子,许广平看到房子的三楼天花板上有一只挂蚊帐的铁钩,非常满意。出了门,鲁迅跟胡风说:"这么好的房子,她就只看到一只钩子。"这一细节极富意味,反映两人审美情趣上的差距。鲁迅曾就"结婚然否问题"复信李秉中,道出了自己的婚后感受:"结婚之后,也有大苦,有大累,怨天尤人,往往不免。"

这种热恋后的寂寞曾预言般出现在鲁迅此前写的小说《伤逝》之中。小说写到处处情投意合,在一起"谈家庭专制,谈打破旧习惯,谈男女平等,谈伊孛生,谈泰戈尔,谈雪莱……"的年轻人涓生与子君,同居后却因子君的满足于家庭生活、不思进取,而让涓生慢慢觉得"就连最初的那点温情与默契也不复存在了。她不再是那个纯真,坚强,透彻的子君了,柴米油盐抹去了她的灵气,只剩下一个'为我而活'的躯壳。那个家中冰冷的躯壳还是我爱的子君吗?不是了,那个女人陌生的可怕,慢慢的,我也不再回家,我不想再留守那个冰冷的牢笼。我知道,我不爱她了,因着她的改变。她对于爱情的执念令我心生厌烦"。

有时,甚至一些细微的事情也会引发彼此的不满。1936 年 8 月

23日,病重中的鲁迅写了《这也是生活……》,其中就有这样的文字:

> 有了转机之后四五天的夜里,我醒来了,喊醒了广平。
>
> "给我喝一点水。并且去开开电灯,给我看来看去的看一下。"
>
> "为什么?……"她的声音有些惊慌,大约是以为我在讲昏话。
>
> "因为我要过活。你懂得么?这也是生活呀。我要看来看去的看一下。"
>
> "哦……"她走起来,给我喝了几口茶,徘徊了一下,又轻轻的躺下了,不去开电灯。
>
> 我知道她没有懂得我的话。
>
> ……为了不给我开电灯,我对于广平很不满。

可见,病危中的鲁迅,精神失去了弹性,再没了以前的那种理解与包容。两人关系既有亲密的关爱,也有难言的隔膜。对此,许广平在回忆录中也有反省:"自己多限于起居饮食之类,而对一个精神战士的心路历程,尤其晚年的状况几乎一无所知——完全变成了一个纯粹的家庭主妇。"

1936年10月19日,婚后的第十年,鲁迅病逝于上海大陆新村寓所。生命的最后一刻,他握着许广平的手,对她说:"忘记我,管自己的生活。"然而,她终究是违背了他的遗愿。许广平以后的人生,一直为鲁迅活着,自己的生活究竟是什么,她早已不在乎了。

鲁迅的寂寞是有道理的。

鲁迅与海婴：期许中的现实

父子关系也许是人伦关系中最为期许最为焦虑最为骄傲也最为矛盾的一组关系。之所以如此复杂，乃是因为父亲一方面可以从儿子身上看到自己过去的影子，另一方面又在儿子身上寄托了自己对未来的希望——儿子连着自己生命的两头，而自己则不过是这两者之间的"现实存在"，或者，用鲁迅的话来说就是"中间物"。因为在儿子身上寄托着自己对未来的希望，所以最为期许最为骄傲；又因为在儿子身上看到了自己过去的影子，所以也最为焦虑最为矛盾。鲁迅跟我们一般人一样，一方面，对自己唯一的儿子海婴有作为父亲对他的期许甚至骄傲，因而对他充满爱与赞赏，"儿子是自己的好"；但另一方面，作为一个敏感的作家与深刻的思想家，他又对自己儿子的天生素质与成长环境有清醒的认识，所以对他的未来也有冷静的观察与现实的考量——这或许就是我们一般人做不到的，"儿子不一定就是自己的好"。我们不妨就此对鲁迅与海婴的关系做一些粗略的观察。

一

鲁迅开始是不想要这小孩的。之所以不想要并不是因为他不爱小孩，讨厌小孩；倒是相反，他是太爱小孩把小孩视为人间希望了。

关于鲁迅对小孩的爱以及将孩子视为人间希望，例子很多。

1917年周作人来北京,鲁迅就打算在北京买房子,把整个大家都接来北京团聚。他在北京看了好多房子,最后选了新街口八道湾十一号。选择这个院子除了因为它有三进,正好供兄弟三个居住外。一个根本原因是这个院子空地很大,便于孩子玩耍——虽然那时他还没有孩子,但已很自觉地为自己两个弟弟的孩子们考虑了。增田涉在《鲁迅的印象》一书中记载:"还记起他曾经说的一件事,他在北京和周作人同住的时候,他常买糖果给周作人的小孩(他自己那时没有小孩),周作人夫人不让他们接受而抛弃掉。他用充满感慨的话说:好像穷人买来的东西也是脏的。"我们从自传色彩极浓的小说《孤独者》的主人翁魏连殳对小孩的态度中,也不难看出鲁迅对小孩的爱:"门外一阵喧嚷和脚步声,四个男女孩子闯进来了。大的八九岁,小的四五岁,手脸和衣服都很脏,而且丑得可以。但是连殳的眼里却即刻发出欢喜的光来了,连忙站起,向客厅间壁的房里走,一面说道:'大良,二良,都来!你们昨天要的口琴,我已经买来了。'孩子们便跟着一齐拥进去,立刻又各人吹着一个口琴一拥而出,一出客厅门,不知怎的便打将起来。有一个哭了。'一人一个,都一样的。不要争呵!'他还跟在后面嘱咐。"在鲁迅的开山之作,号称"以一篇短的小说而成为时代精神所居的大宫阙者,是极其少见的"《狂人日记》中,我们更可以看到孩子在他心目中的地位。这篇小说的结尾是短短两句话:"没有吃过人的孩子,或者还有?救救孩子……"从中,我们自不难看出作者对那些"没有吃过人的孩子"的希望,以及对他们在这样一个社会生活还能不能保持纯洁的担心。

正是因为担心自己如果不小心把孩子带到这样一个不仁不义的社会会对不起他,鲁迅对一个父亲该为自己孩子担负的责任有很清楚的认识。在1919年10月写就的《我们怎样做父亲》一文中,他就明言:"觉醒的父母,完全应该是义务的、利他的、牺牲的,很不易做;只能先从觉醒的人开手,各自解放了自己的孩子。自己背着因袭的重担,肩住了黑暗的闸门,放他们到宽阔光明的地方去;此后幸福地度日,合理地做人。"原因是"我现在心以为然的道理,极其简单。便是依据生物界的现象,一、要保存生命;二、要延续这生命;三、要发展这生命(就是进化)。生物都这样做,父亲也就是这样做"。因此,父亲的职责除了"没有将什么精神上体质上的缺点交给子女,又不遇意外的事,子女便当然健康"外,"还须教这新生命去发展。凡动物较高等的,对于幼雏,除了养育保护以外,往往还教他们生存上必需的本领。例如飞禽便教飞翔,鸷兽便教搏击。人类更高几等,便也有愿意子孙更进一层的天性。这也是爱。上文所说的是对于现在,这是对于将来。只要思想未遭锢蔽的人,谁也喜欢子女比自己更强,更健康,更聪明高尚——更幸福;就是超越了自己,超越了过去。超越便须改变,所以子孙对于祖先的事,应该改变,'三年无改于父之道可谓孝矣',当然是曲说,是退婴的病根。假使古代的单细胞动物,也遵着这教训,那便永远不敢分裂繁复,世界上再也不会有人类了"。而在当时的中国,要做到这点,显然不可能——在《随想录二十五》中,鲁迅曾引用严复的话:"在北京道上,看见许多孩子,辗转于车轮马足之间,很怕把他们碰死了,又想起他们将来怎样得了,很是害怕。"鲁迅佩服严复是十九世纪末中国感觉敏锐的人。鲁迅接下来说:穷人的孩子蓬头垢面地在街上转,阔人的孩子妖势娇声娇气地在家里转。转得大了,都昏天黑地地在社会上转,和他们的父亲一样,或者还不如。他因此把男人分为"父男"和"嫖男"两类。"父男"可以分为两类,其一是孩子之父,其一是"人"之父。第一种只会生,不会教,还带有点嫖男的气息。第二种是生了孩子,还要想怎样教育,才能使这生下来的孩子,将来成为一个完全的人。中国多的是孩子之父,缺少"人"之父。

鲁迅有没有担心自己做了父亲却不能像自己倡导的那样把孩子放在阳光中自由地做人?应该还是有吧——因为要做到这一点,不光取决于自身的见解立场,还要看这个社会的性质。在1931年2月18日致李秉中的信中,鲁迅就感慨:"生丁此时此地,真如处荆棘中,中国人竟有贩人命以自肥者,尤可愤叹。"4月15日的信中又如是说:"生今之世,而多孩子,诚为累坠之事,然生产之费,问题尚轻,大者乃在将来之教育,国无常经,个人更无所措手。我本以绝后顾之忧为目的,而偶失注意,遂有婴儿,念其将来,亦常惆怅,然而事已如此,亦无奈何,长吉诗云:己身须己养,荷担出门去,只得加倍服劳,为孺子牛耳,尚何言哉。"也许,这就是所谓"先驱者的悲哀"了:他们不是不知道在一个正常合理的社会中,该如何做父亲做长辈,然而当时就不存在这样一个正常合理的社会,在这种情况下,该如何选择?恐怕就是不要孩子了。鲁迅就在给友人李秉中的信中表达过:"我不信人死而鬼存,亦无求于后嗣,虽无子女,素不介怀。后顾无忧,反以为快。"

其实这种"无后主义"在那一代先驱者中,是一种普遍心理。譬如,另一位先驱胡适也曾是这样的"无后主义"信奉者。胡适十七岁读中国公学时,于1908年10月5日在第二十九期的《竞业旬报》发表了一篇时评《论继承之不近人情》,该文论述的是,鉴于他儿时眼见三哥出继给珍伯父家的痛苦情景,认真地"从一个真问题上慢慢的想出的一些结论"。那么,他得出怎样的结论呢?"如今要荐一个极孝顺永远孝顺的儿子给我们中国四万万同胞。这个儿子是谁呢?便是社会。""你看那些英雄豪杰仁人志士的名誉,万古流传,永不湮灭,全社会都崇拜他们,纪念他们,无论他们有子孙没有子孙,我们纪念着他们,总不少减。""一个人能做许多有益于大众有功于大众的事业,便可以把全社会都成了他的孝子贤孙。"换言之,与其求绵延子孙而不朽,还不如贡献社会而不朽。1914年,留学美国的胡适著文《家庭的个人主义》,批判中国封建家族嗣续传统的六个流弊,公开提出"无后"和"遗产不传子孙"的主张,推崇英国大哲学家培根的"社会为妻为子""无后者乃最能传后"的"无后"主张,又从《左传》(鲁襄公二十四年)的叔孙豹"立德、立功、立言"的对话中获得启发,确立了"三W的不朽主义"("三W"即Worth、Work、Words)。1918

年 11 月，因为母亲逝世，胡适于次年 2 月 15 日发表《不朽——我的宗教》一文，提出："'小我'是会消灭的，'大我'是永远不灭的。'小我'是会死的，'大我'是永远不死，永远不朽的。'小我'虽然会死，但是每一个'小我'的一切作为，一切功德罪恶，一切言语行事，无论大小，无论是非，无论善恶，一一都永远留存在那个'大我'之中……故一切'小我'的事业、人格、一举一动、一言一笑、一个念头、一场功劳、一桩罪恶，也都永远不朽，这便是社会的不朽。"

二

然而，"理论是灰色的，生活之树长青"。先说胡适，他不仅跟和自己没有多少共同语言的江冬秀在 1917 年 12 月 30 日结婚，还在一年多后的 1919 年 3 月 16 日生下长子胡祖望，在这个儿子出生四个多月后，胡适无不解嘲地写了一首新诗《我的儿子》：

> 我实在不要儿子，
> 儿子自己来了。
> "无后主义"的招牌，
> 于今挂不起来了！
> 譬如树上开花，
> 花落天然结果。
> 那果便是你，
> 那树便是我。
> 树本无心结子，
> 我也无恩于你。
> 但是你既来了，
> 我不能不养你教你，
> 那是我对人道的义务，
> 并不是待你的恩谊。

将来你长大时，
这是我所期望于你：
我要你做一个堂堂的人，
不要你做我的孝顺儿子。

是呀，人是感性的存在，不可能一直生活在理性之中，"无心结子"的观念敌不住"儿子要来"的现实——用鲁迅自己的话来说，就是："我本以绝后顾之忧为目的，而偶失注意，遂有婴儿。"而海婴在《鲁迅与我七十年》一书的开头是这么写的："我是意外降临于人世的。原因是母亲和父亲避孕失败。父亲和母亲商量要不要保留这个孩子，最后还是保留下来了。……由于我母亲是高龄产妇，生产的时候很困难，拖了很长时间生不下来。医生问我父亲是保留大人还是要孩子，父亲的答复是留大人。这个回答的结果是大人孩子都留了下来。"而许广平在1939年回忆海婴出生时，又是这么说的："1929年9月25日夜，鲁迅先生因为工作过度之后有些发热，但仍然照常工作。到睡的时候已经不算早，他刚睡熟不久，正是26日晨三时，那腹中的小生命不安静起来了，有规律地阵痛，预示了他的将要'来到人间'，我忍耐着痛楚，咬住牙齿不使他惊醒，直到上午十时才告诉他，事情是再不能拖延下去了，冒着发热，他同我去办妥住医院的一切手续。护士通知他马上要生产了，预备好了小床，浴盆，热水；一次又一次，除了回家吃饭，他没有片刻离开我……9月27日大清早，经过了二十七八小时的阵痛，狼狈不堪的我，看到医生来了，觉得似乎有些严重……终于赤红的小身体出来了，呱呱的哭声向这人间报了到。之后，鲁迅先生带着欣慰的口吻说：'是男的，怪不得这样可恶'"（见《鲁迅与海婴》）！

但无论如何，孩子生下来后，鲁迅是很兴奋的——毕竟，不论前面有什么样的坎坷与苦难，孩子都是希望与寄托。所以，当周建人去看海婴时，鲁迅将孩子抱起来，让他看。其他朋友来看，鲁迅也是一样，将孩子抱起来，像展示自己的作品一样。有时候海婴睡着了，鲁迅也照旧抱出来给人看，孩子便醒了，大声哭闹一番。而在给母亲和友人的信中，鲁迅又兴致勃勃地写道："平于九月廿六日午后三时腹痛，即入福民医院，至次日晨八时生一男孩。大约因年龄关系，而阵痛又不逐渐加强，故分娩颇慢。幸医生颇熟手，故母子均极安好。"

"我们有了一个男孩，已一岁另四个月，他生后不满两个月之内，就被'文学家'在报上骂了两三回，但他却不受影响，颇壮健。"因为关心与疼爱，在产后第四天的早晨，鲁迅跟许广平闲谈时，就有意问她有没有想给孩子起个名字。许广平还来不及回答，他就说出了自己心中酝酿已久的腹案："想倒想起两个字，你看怎样？因为是在上海生的，是个婴儿，就叫他海婴。这名字读起来颇悦耳，字也通俗，但绝不会雷同。译成外国名字也简便，而且古时候的男人也有用婴字的。如果他大起来不高兴这个名字，自己随便改过也可以，横竖我也是自己再另起名字的，这个暂时用用也还好。"名字取得平常，但颇用心，也独具一格，他希望自己的儿子成为"海之子"，其中大概也不乏胡适所谓"将来你长大时，这是我所期望于你：我要你做一个堂堂的人，不要你做我的孝顺儿子"的期许吧。

正是因为有了对儿子的期许与希望，做了父亲的鲁迅忽然多了很多对家庭生活的热情，也不大看书写文章了。专心钻研做父亲这件事情。善于读书的他当然主要还是靠购买阅读那些如何抚养孩子的书来养儿，难免犯本本主义的错误。比如哺乳，因为许广平乳水不足，原先医生建议雇一位奶妈，并劝告说在医院找奶妈检查身体更方便。但鲁迅不放心奶妈，要自己来喂牛奶。夫妇俩按照听来的和在育儿书上看到的知识，每两小时一次，每次花费五分钟来给海婴喂奶，谁知行不通。过了两个多月，孩子的体重只有两三个星期的婴儿大。后来在医生指导下，采用了母乳加牛乳加米汤，间隔定时喂养，孩子才慢慢胖起来。又比如给孩子洗澡，在住院期间，是由护士洗的。回家后,夫妇俩亲自动手,且特别小心,先把水烧开再凉成温水后洗。10月的上海秋风渐起,洗澡水很快就凉了,海婴冷得小脸发青、身体发抖,随后就感冒发烧。此后几十天,他俩也不敢为孩子洗澡,虽然每隔一小时观察小海婴的尿布,但屁股还是脱皮了,只得再请护士帮忙洗,一直持续到孩子七个多月大。

海婴三岁前,身体不是很好,鲁迅夫妇经常定期带孩子去医院检查、打防疫针。海婴三岁后还多次去医院洗肠,四岁后,服用开胃的药丸和纯鱼肝油。医生提出孩子要经常晒太阳,这样皮肤可以结实,冬天不至于受寒感冒。鲁迅夫妇认真照办,每日上午让海婴裸晒太阳一小时——用现在的话来说就是日光浴。上海的夏天闷热,那个年代没有空调,人们往往会生痱子,唯独海婴痱子很少。鲁迅请保姆带孩子,是以对孩子好不好为主要标准。1934年,他在给母亲的一封信中谈到,带孩子的女工"人虽固执,但从不虐待小孩,所以我们是不去回复他的"。据周海婴晚年回忆,他叫许妈的这位女工是江苏南通人,健壮、勤劳、善良。有一时期海婴犯哮喘病,不能平卧,许妈就把他扶抱在胸前坐着,直到天亮。1935年春季的一天,许妈准备去求神拜佛、访友探亲,便找了一个替工。那天,她们俩都在家,却误以为对方会管孩子的,结果两人都不管,任凭海婴奔进厨房去玩耍,不慎被开水烫伤了脚。鲁迅见状颇镇定,立刻从楼梯边的柜子里取出外伤药水,用纱布替海婴包扎,并不怎么责怪保姆,反而觉得对于孩子来说,痛的经验是应该有一点的。鲁迅认为,海婴幼时身体欠佳也许与住所的朝向有关。他们夫妇到上海后,开始住在横浜路景云里,1930年迁至北四川路的北川公寓。公寓朝北,按照鲁迅的说法,空气虽不太坏,但阳光照不进屋,很不好,孩子的病特别多,令人发愁,决心要搬个朝南的房子。经过五个月左右的寻找、奔波,1933年4月迁居至施高塔路(今山阴路)近北四川路的大陆新村。新寓光线和空气较旧居为佳,鲁迅高兴地说:"于孩子似殊有益。"到新居后,鲁迅充分利用新环境,尽量让海婴"常在明堂里游戏,或到田野里去"。明堂就是大陆新村寓所进门后用矮墙围起来的露天小院子,那是海婴玩耍的好天地。那时的山阴路,走不了多远就是农村。因此,每天除了上午按照父母的要求"裸体晒太阳"一小时外,其余的时间,海婴都是自由玩耍,即使是夏天遍体流汗,依然嬉戏不停。鲁迅夫妇还常常陪着海婴玩,有时领他到公园去,有时带着他散步,甚至还有一次,在夜间携海婴坐摩托车去江湾兜一转。当时摩托车是很稀罕的交通工具,江湾也还是典型的郊野,这应该是颇为时髦的玩法了。过不久,海婴的身体也确实好得多了。

这种爱不仅表现在对海婴成长的关怀上,更体现在鲁迅对海婴一言一行的观察理解与满怀兴致的记载上。在鲁迅笔下,海婴是个"真难办"的家伙。为什么呢?因为他"现在每天很忙,专门吵闹,以及管闲事"。(1934年9月16日致母亲)鲁迅不胜其"烦",却又无可奈何:"要吃东西,要买玩具,闹个不休。客来他要陪(其实是来吃东西的),小事也要管,怎么还会胖呢。他只怕男一个人,不过在楼下闹,也仍使男不能安心看书,真是没有法子想。"(1934年8月21日致母亲)"搬家以后,海婴很健康,但更顽皮,在家时常有暴动之虑,真难办。"(1934年2月12日致增田涉)上幼稚(儿)园后好些,可一放假又家无宁日了:"海婴是够活泼的了,他在家里每天总要闯一两场祸,阴历年底,幼稚园要放两礼拜假,家里的人都在发愁。……他只怕男一个人,但又说,男打起来,声音虽然响,却不痛。"(1936年1月8日致母亲)遇到海婴以不肯吃饭消极抵抗的时候:"这时我也往往只好对他说几句好话,以息事宁人。我对别人就从来没有这样屈服过。如果我对父母能够这样,那就是一个孝子,可上'二十五孝'的了。"(1935年3月19日致萧军)于是,只好这样希望:"孩子也好,但他大了起来,越加捣乱,出去,就惹祸,我已经受了三家邻居的警告……但在家里,却又闹得我静不下来,我希望他快过二十岁,同爱人一起跑掉,那就好了。"(1935年6月7日致萧军)

三

因为对孩子的期许与厚望,鲁迅对孩子的每一处有趣与每一点进步,都念念不忘形诸笔墨——或许,鲁迅是现代作家中为自己儿子留下最多"传神写照"文字的作家。譬如他说:"海婴这家伙反而非常顽皮,两三日前竟发表了颇为反动的宣言,说:'这种爸爸,什么爸爸!'真难办。"(1934年8月7日致增田涉)后来又补充:"他去年还问:'爸爸可以吃么?'我的答复是,'吃也可以吃,不过还是不吃罢。'今年就不再问,大约决定不吃了。"(1934年12月20日致萧军、萧红)鲁迅还因此幽默道:"过了一年,孩子大了一岁,但我也大了一岁,这么下去,恐怕我就要打不过他,革命也就要临头了。这真是叫作怎么好。"(1935年1月4日致萧军、萧红)但小家伙已经学会欺负妈妈了:"男孩子大都是欺负妈妈的,我们的孩子也是这样;非但不听妈妈的话,还常常反抗。及至我也跟着一道说他,他反倒觉得奇怪:'为什么爸爸这样支持妈妈呢?'"(1934年7月23日致山本初枝)

小家伙对父母还有这样的不满:"……还发牢骚,说没有弟弟,太寂寞了,是个颇伟大的不平家。"(1934年7月30日致山本初枝)"他同玛利很要好,因为他一向是喜欢客人,爱热闹的,平常也时时口出怨言,说没有兄弟姊妹,只生他一个,冷静得很。"(1936年9月22日致母亲)

除了对海婴这些有趣的想法说法津津乐道外,鲁迅对孩子在学习上的每一点进步都满怀欣喜:"惟每晚必须听故事,讲狗熊如何生活,萝卜如何长大等等,颇为费去不少工夫耳。"(1933年11月12日致母亲)"海婴仍不读书,专在家里捣乱,拆破玩具,但比去年懂事得多,且较为听话了。"(1933年12月19日致母亲)"他现仍在幼稚园,认识几个字,说'婴'字下面有'女'字,要换过了。"(1935年10月29日致萧军)"他什么事情都想模仿我,用我来做比,只有衣服不肯学我的随便,爱漂亮,要穿洋服了。"(1935年11月15日致母亲)知道钱的用处了,这是上幼稚园的收获。"海婴的顽皮颇有进步,最近看了电影,就想上非洲去,旅费已经积蓄了两角来钱。"(1935年2月17日致增田涉)"孩子从上月送进幼稚园,已学到铜板是可以买零食的知识了。"(1935年10月25日致增田涉)"他学到的宝贵知识是铜板有多么重要。因为看到同学在买各种东西吃的缘故。"(1935年12月3日致山本初枝)而海婴如果在幼儿园的学习有所进步,鲁迅也会为之欣然。他在1936年1月18日的日记里就这么郑重记载:"上午海婴以第一名毕幼稚园第一期。"三天后,他在给母亲的信中写道:"他考了一个第一,好像小孩子也要摆阔,竟说来说去,附上一笺,上边是他自己写的……他大约已认识了二百字,曾对男说,你如果字写不出来了,只要问我就是。"在1936年7月6日给母亲的信中说:"海婴已以第一名在幼稚园毕业,其实亦不过'山中无好汉猢狲称霸王'而已。"虽然是自谦,但是也看得出他内心的喜悦。

有时,鲁迅还能从孩子的表现看出某些宏大主题来。譬如,他说:"海婴是好的,但捣乱得可以,现在是专门在打仗,可见世界是一时不会平和的。"(1935年2月9日致萧军、萧红)真是暴行累累!这怎么行呢?父亲要引导啊教育啊,结果适得其反:"但我这里的海婴男士,却是个不学习的懒汉,不肯读书,总爱模仿士兵。我以为让他看看残酷的战争影片,可以吓他一下,多少会安静下来,不料上星期带他看了以后,闹得更起劲了。真使我哑口无言,希特拉(即希特勒)有这么多党徒,盖亦不足怪矣。"(1935年2月6日致增田涉)

海婴五六岁开始,爱看电影了,夫妇俩经常带他去看电影。在鲁迅的日记中,记载最早的一次是1935年4月2日,"携海婴往上海大戏院观《金银岛》";最后一次是1936年10月6日(先生逝世前十三天),"携海婴往南京大戏院观《未来世界》",其间观看了米老鼠儿童影片、米老鼠影片等十余部。据许广平回忆,鲁迅看儿童片也很高兴,说他"是随时都保存着天真的童心的"。1933年秋天,海婴被送去幼稚园,但去了三四天,说老师不好不肯去,鲁迅认同海婴的说法,不勉强他去。因为找不到令人满意的幼稚园,直到1935年8月才再次送去。鲁迅对独生子女进幼稚园的心得是:"其实各种举动,皆环境之故,我的小孩,一向关在家里,态度颇特别,而口吻颇像成人,今年送入幼稚园,则什么都和普通孩子一样了。"在家里,夫妇俩教海婴识字的同时,更注重他的自主阅读。鲁迅的弟弟周建人在商务印书馆参加编辑了《儿童文库》和《少年文库》,各几十册,买来给海婴。许广平让海婴读较浅的《儿童文库》,海婴反复读后向母亲索取较深的《少年文库》,母亲则坚持要等他长大些再读。争论声被鲁迅听到了,先生便请夫人收回成命,把《少年文库》也放进海婴的专用柜里,任凭他选阅。

难得的是,鲁迅对小孩有一般成人难以拥有的尊重与理解。萧红在《回忆鲁迅先生》一文中,就给我们记载了这么一个故事:"从福建菜馆叫的菜,有一碗鱼做的丸子。海婴一吃就说不新鲜,许先生不信,别的人也都不信。因为那丸子有的新鲜,有的不新鲜,别人吃到嘴里的恰好都是没有改味的。许先生又给海婴一个,海婴一吃,又是不好的,他又嚷嚷着。别人都不注意,鲁迅先生把海婴碟里的拿来尝尝。果然是不新鲜的。鲁迅先生说:'他说不新鲜,一定也有他的道理,不加以查看就抹杀是不对的。'"这让人不禁想到鲁迅在1934年海婴四岁八个月时写的一篇童书评论《看图识字》中的一些话:"凡一个人,即使到了中年以至暮年,倘一和孩子接近,便会踏进久经忘却了的孩子世界的边疆去,想到月亮怎么会跟着人走,星星究竟是怎么嵌在天空中。但孩子在他的世界里,是好像鱼之在水,游泳自如,忘其所以的,成人却有如人的凫水一样,虽然也觉到水的柔滑和清凉,不过总不免吃力,为难,非上陆不可了。……孩子是可以敬服的,他常常想到星月以上的境界,想到地面下的情形,想到花卉的用处,想到昆虫的言语;他想飞上天空,他想潜入蚁穴……所以给儿童看的图书就必须十分慎重,做起来也十分烦难。……然而我们是忘却了自己曾为孩子时候的情形了,将他们看作一个蠢才,什么都不放不眼里。即使因为时势所趋,只得施一点所谓教育,也以为只要付给蠢才去教就足够。于是他们长大起来,就真的成了蠢才,和我们一样了。"对小孩个性人品的尊重,或许也是一个作家伟大与否的标志罢。

鲁迅这些对孩子的期许赞赏与理解放纵,在"父为子纲"的传统社会人们眼里看来,简直就是对孩子不折不扣的"溺爱"了。为此,鲁迅在1931年写了一首《答客诮》来回答这一指责:"无情未必真豪杰,怜子如何不丈夫。知否兴风狂啸者,回眸时看小於菟?"这里有对儿子的期许,也有对自己教育方法的自信。1932年,他还写了这么一首题为《自嘲》的七律:"运交华盖欲何求,未敢翻身已碰头。破帽遮颜过闹市,漏船载酒泛中流。横眉冷对千夫指,俯首甘为孺子牛。躲进小楼成一统,管他冬夏与春秋。"更是将自己"俯首甘为孺子牛"的爱子行为与"横眉冷对千夫指"的战斗业绩相提并论,凸显出鲁迅对自己儿子的爱与期许。

四

然而,必须指出的是,在对海婴充满爱、充满期许与厚望的同时,鲁迅有别于一般望子成龙的家长的地方在于:他同时也看到,海婴生活的这个世界不是"鹰击长空,鱼翔浅底,万类霜天竞自由"的世界,而是一个"大野多钩棘,长天列战云""风生白下千林暗,雾塞苍天百卉殚"的世界,是一个"钱王登假仍如在,伍相随波不可寻""梦里依稀慈母泪,城头变幻大王旗"的世界,小孩生活在这样的世界,求生尚属艰难,何况成龙成凤? 所以,对自己的爱子,鲁迅既有跟一般家长一样的期许厚望,也有作为思想家的现实考量。这点,集中体现在他的遗嘱当中。

1936年初,鲁迅肺病复发,5月中旬,一度濒危。鲁迅请在上海开医院的日本须藤医师为他诊治,每天注射荷尔蒙,病情稍有缓解。5月31日,史沫特莱请美国的邓恩医生来给鲁迅做检查。邓恩检查完后说,如果是欧洲人,则在五年之前就已经死掉了。在 1935 年底,史沫特莱和茅盾商量,想请鲁迅到苏联去疗养,但鲁迅拒绝了。1936 年 9 月,鲁迅写了一篇《死》的杂文,其中留了一份遗嘱:

一、不得因为丧事,收受任何人的一文钱。——但老朋友的,不在此例。

二、赶快收敛,埋掉,拉倒。

三、不要做任何关于纪念的事情。

四、忘记我,管自己生活。——倘不,那就真是糊涂虫。

五、孩子长大,倘无才能,可寻点小事情过活,万不可去做空头文学家或美术家。

六、别人应许给你的事物,不可当真。

七、损着别人的牙眼,却反对报复、主张宽容的人,万勿和他接近。

这其中的第五条"孩子长大,倘无才能,可寻点小事情过活,万不可去做空头文学家或美术家",可以看出鲁迅对海婴未来的现实考量。

据鲁迅好友内山完造回忆,鲁迅确实曾希望海婴能继承自己衣钵成为文史方面的学者,可一则因为上面提到的社会环境的缘故,再则海婴在这方面似乎也乏天分——前面提到过,在《鲁迅与我七十年》中,海婴写到他是意外降临于人世的。而且,他出生时不仅鲁迅年纪偏大,母亲也是高龄产妇,生产的时候很困难,拖了很长时间生不下来。以至医生问鲁迅是保留大人还是孩子。海婴还接着说,"由于属于难产,医生是用大夹子产钳把我夹出来的,当时也许很疼,但是没有一个孩子会记得自己出生的经历。据说当时我的头被夹扁了。有人说难产的孩子脑子笨,不知道这对我今后的智力有没有影响?至少在我小时候,背诵古文很困难,念了很多遍,还是一团糊涂，丢三忘四。而我父亲幼年时，别的孩子还在苦苦地背书，他已经出去玩了。"而作为资深作家和学者，鲁迅知道一个真正有成就的作家或美术家除了自身努力与社会环境外，天分（也就是鲁迅文中所谓"才能"）是很重要的，没有才能而靠其他歪门邪道硬要去做就只能成为"空头文学家或美术家"。

什么是"空头文学家或美术家"？鲁迅发表在1933年8月26日《申报·自由谈》上的《各种捐班》一文中的"捐班学士文人"和"捐班文学家""捐班艺术家"就是——"到得民国，官总算说是没有了捐班，然而捐班之途，实际上倒是开展了起来，连'学士文人'也可以由此弄得到顶戴。开宗明义第一章，自然是要有钱。只要有钱，就什么都容易办了。譬如，要捐学者罢，那就收买一批古董，结识几个清客，并且雇几个工人，拓出古董上面的花纹和文字，用玻璃板印成一部书，名之曰'什么集古录'或'什么考古录'。李富孙做过一部《金石学录》，是专载研究金石的人们的，然而这倒成了'作俑'，使清客们可以一续再续，并且推而广之，连收藏古董，贩卖古董的少爷和商人，也都一榻括子的收进去了，这就叫作'金石家'。捐做'文学家'也用不着什么新花样。只要开一只书店，拉几个作家，雇一些帮闲，出一种小报，'今天天气好'是也须会说的，就写了出来，印了上去，交给报贩，不消一年半载，包管成功。但是，古董的花纹和文字的拓片是不能用的了，应该代以电影明星和摩登女子的照片，因为这才是新时代的美术。'爱美'的人物在中国还多得很，而'文学家'或'艺术家'也就这样的起来了。"

值得鲁迅欣慰的是，他的这条遗嘱得到了完全的执行，鲁迅唯一的儿子海婴的确没有依仗父亲在文坛的地位和影响而顺理成章地成为空头的"文学家或美术家"。海婴在《我学无线电》一文中写道："1945年，我又因气喘病发辍学，这时虽然抗战已达七年多，胜利曙光就在眼前，但孤岛的生活环境也愈加紧迫。这一年我已十六岁，马上要迈入成年的门槛了。母亲便和我商议：虽然我不能正常上学读书,但老是在家里闲着无所事事,也不是办法,不如趁机去学习些什么为好。上海的短期学校有好几类,还是寻个夜校去读,比如簿记、会计之类,这样好歹也能有个一技之长,将来可以找个吃饭的去处。但我去试听后觉得与我的兴趣大不相合。还有一种是无线电技校,分电讯班和工程班,有三极无线电学校、中华无线电工专、南洋无线电工专等等,晚上也可上课,并不影响我白天复习中学的课程。这倒是我的爱好所在。至于学费的筹措,我曾在两年前利用压岁钱等私蓄买了架照相机,可以把它卖掉。母亲想想也同意了……"看到没有,海婴和他母亲一心想的是"还是寻个夜校去读,比如簿记、会计之类,这样好歹也能有个一技之长,将来可以找个吃饭的去处"——在这人生选择的关键时刻,他们母子俩根本没有想到利用鲁迅在文坛上的巨大影响来为自己谋利益;而且,所有的人生设计都只顾及自己的兴趣、学业和理想,只字未提文学美术。为什么?就是因为鲁迅的遗嘱"孩子长大,倘无才能,可寻点小事情过活,万不可去做空头文学家或美术家",在他们心目中是又分量的,是值得屡及剑地实行的。也因此,海婴后来成为了一个踏实本分的无线电专家,而没有靠父亲的福荫做什么文学家。

  海婴生前在接受某报记者采访的时候,也曾说过一段话:"'不做空头文学家',我想父亲的这句话至今还有其社会意义。现在这个'家',那个'家'多如牛毛、数不胜数,到底有几个是货真价实的?所以我建议大家,特别是年轻人,不要急着成'家',多做点力所能及的事情,心里面最踏实。"反观一下我们今天的社会,不是出现了诸如一些作家、主编之类的人物,在他们子女成为"天才作家""文坛新秀"的同时,自己却在文坛上消失再无作品问世的奇怪现象么?这其中,是不是有这些所谓"天才""新秀"的父母们在背后推波助澜、拔苗助长乃至代子操刀?这样炮制出来的"天才"与"新秀"较之鲁迅所谓"捐班作家"恐怕都不如,又如何逃得脱"空头"二字呢?

  鲁迅毕竟伟大,海婴也无愧于这种伟大!

第二辑　友人

鲁迅设计的《歌谣纪念增刊》封面

鲁迅与蔡元培：贵人亦分是非

鲁迅的脾气应该不是太好的，这一点，那个曾给《语丝》投稿却被鲁迅写文嘲弄了一通（见鲁迅《"音乐"？》一文）的徐志摩最有体会——他在一年以后，周作人约他为《语丝》写稿时，仍心有余悸地表示："我不敢自信，我如其投稿不致再遭《语丝》同人的嫌（上回的耳朵）……令兄鲁迅先生的脾气不易捉摸，怕不易调和，我们又不易与他接近，听说我与他虽则素昧平生，并且他似乎嘲弄我几回我并不曾还口，但他对我还像是有什么过不去似的，我真不懂，惶惑极了。我极愿意知道开罪所在，要我怎样改过我都可以。"真是委屈得可以。如此脾气大的人，却运气很好：在其人生困境之中，总有贵人出手相助，让他顺利过关，继续其"横眉冷对千夫指，俯首甘为孺子牛"的爱憎生涯。蔡元培就是这样的贵人之一。

一

蔡元培，字鹤卿，又字仲申、民友、子民，乳名阿培，并曾化名蔡振、周子余。汉族，生于1868年，长鲁迅十三岁。跟鲁迅系同乡，都是浙江绍兴人。综其一生，基本上可以算是古人所谓"三不朽"的完人：就立德而言，蔡元培为人宽厚、恻隐为怀，乐于助人，尤其爱惜人才。去世之后，国民政府发布褒扬令，赞其为"高年硕学""万流景仰"。而与国民党对立的中共中央却在唁电中誉其为"老成硕望""勋劳卓著"，可谓众口一词。毛泽东更在唁电中誉其"学界泰斗，人世楷模"。就立功而言,他是中国现代著名的政治家、教育家。一生的事业,用周恩来的挽联来说,就是"从排满到抗日战争,先生之志在民族革命;从五四到人权同盟,先生之行在民主自由"。他曾两度游学欧洲,亲炙文艺复兴后的科学精神及法国大革命后的思潮。他提倡民权与女权,倡导自由思想,致力革除"读书为官"的旧俗,开科学研究风气,重视公民道德教育及世界观、人生观、美学教育观培养。曾任国民党中央执委、国民政府委员兼监察院院长,中华民国首任教育总长。1916年至1927年任北京大学校长,革新北大开"学术"与"自由"之风;1920年至1930年,蔡元培同时兼任中法大学校长。国民政府定都南京后,他主持教育行政委员会,筹设中华民国大学院及中央研究院,主导教育及学术体制改革。1927年参与发起"护国救党运动",认为应当清党但反对杀人。1928年至1940年专任中央研究院院长,可以说是中国现代教育的催生婆与保姆。就立言而论,蔡元培数度赴德国和法国留学、考察,研究哲学、文学、美学、心理学和文化史,著作等身,影响巨大。

有这样一位同乡,真是鲁迅的幸运;而更为幸运的是:这位有德有才还有权的同乡对鲁迅一直是青眼有加、提携不已——郭沫若就曾经说到过:"影响到鲁迅生活颇深的人应该推数蔡元培吧!这位有名的自由主义者,对于中国的文化教育界贡献相当大,而他对于鲁迅始终是刮目相看的。鲁迅的进教育部乃至进入北京教育界都是由于蔡元培的援引。一直到鲁迅的病殁,蔡元培是尽了没世不渝的友谊。"说蔡元培是鲁迅的"贵人",一点也不过分。

那么,鲁迅跟蔡元培是什么时候交往的呢?据鲁迅的同学沈瓞民在1961年的一篇回忆文章中讲,蔡鲁交往初始应在1904年,那时鲁迅在日本留学,有一次在与沈和陈师曾闲聊时,谈到了颇不满于有些留学生在日俄战争中偏袒日本的意思,豫才(即鲁迅)说:"蔡鹤卿和何阆仙在上海办《俄事警闻》,竟也袒日而抑俄,这事太无远见。"豫才对报纸提出三点意见,托沈回上海时带话给蔡元培,大略是"持论不可袒日""不可以同文同种,口是心非的论调欺骗国人""要劝国人对时事加以研究"。后来《俄事警闻》采纳了豫才的意见,持论有所转变。他们还有一个见面的机缘是光复会的成立。1904年11月,蔡元培和章太炎等创立光复会,蔡元培为会长。这个组织的宗旨是:"光复汉族,还我山河,以身许国,功成身退。"光复会成立后,蔡元培便邀他的朋友、浙江会党首领陶成章入会。陶成章也是鲁迅的朋友,他和鲁迅无话不谈,常向鲁迅透露革命党人的一些起义信息,他的一些文件还托付鲁迅保管,鲁迅也因此而成为光复会会员。而在周作人《知堂回想录》中则进一步记载,在这之前,他们已有了神交:"蔡子民先生原籍绍兴山阴,住城内笔飞坊,吾家则属会稽之东陶坊,东西相距颇远。但两家向有世谊,小时候曾见家中有蔡先生朱卷,文甚难懂,详细已不记得。"也许,就是因为这些"革命经历"和"家学渊源",埋下了他们二人后来良好关系的伏笔。

1909年鲁迅从日本留学回国,先后在绍兴几座学堂任教或做监督(校长),后因鲁迅对绍兴军政分府都督王金发的行为进行抨击,受到威胁,工作很不顺心,只好辞职在家。苦闷至极,甚至都想应聘去上海做德文翻译了,结果寄出的应聘材料却无回音。就在这走投无路之际,好朋友许寿裳向蔡元培推荐了他——许寿裳是这么回忆这事的:"我被蔡先生邀至南京帮忙,草拟各种规章,目不暇接,乘间向蔡先生推荐鲁迅。蔡说:'我久慕其名,正拟驰函延请,现在就请先生(*蔡先生对我每直称先生*)代函敦劝,早日来京。'我即速写两封信给鲁迅,说蔡先生殷勤延揽之意……"鲁迅对此回忆道:"然而事情很凑巧,季茀写信来催我往南京了。爱农(*范爱农*)也很赞成,但颇凄凉,说——'这里又是那样,住不得。你快去罢……'我懂得他无声的话,决计往南京。"斯时是1912年年初,南京成立了中华民国临时政府,孙中山为临时大总统。虽然政府的各个部门都已经成立,但大多是空架子。拿教育部来说,当时只有总长蔡元培,次长景耀月和一个会计,且连办公用房也没有。蔡元培找到许寿裳等人帮忙，他们从江苏都督府内务司那里借到几间房子，直到1月19日，才正式对外办公。当时的教育部，按照临时政府的规定，主要是"管理教育、学艺及历象、礼教事务"。工作人员没有明确分工，也没有明确职务。鲁迅来到后，同许寿裳一样都是部员，除食宿免费外，每人每月有三十元的部员津贴。当时，鲁迅的工作，一是对形势和政策进行宣传演讲；二是收购图书，准备建立中央图书馆；三是创办《文教》杂志。然而，就这样一个职务，也差点给小人弄掉：一次，蔡元培受命上北京公干，由次长景耀月代理部务。此人好大喜功，只知扩充自己的势力，引用私人，忽然开会要办杂志，鲁迅不睬他。他还以颜色，暗中开了一个名单，送请大总统任命，这名单上自然没有鲁迅的名字。幸而蔡元培回来，赶快把这件事撤销了。

由于南京临时政府在"南北议和"中一再退让，孙中山不得不辞去大总统的职务，袁世凯就任大总统，南京政府也迁往北京。3月下旬，蔡元培宣布教育部正式解散，并向北京政府推荐了一部分部员，其中就有鲁迅和许寿裳。5月初，两人乘船由海路北上去北京。入京后鲁迅任教育部"荐任佥事"、社会教育司第一科科长，主管科学、美术馆、博物院、图书馆、音乐会、演艺会等。这期间，他与蔡元培的合作应该是很愉快的。蔡元培毕生注重美育，提倡"以美育代替宗教"。他在《拟播布美术意见书》中说："顾实则美术诚谛，固在发扬真美，以娱人情。"1912年5月，蔡元培派王家驹筹办"北京夏期讲演会"，"从事学问，阐发理术，宏深造诣"，他知道鲁迅对美学有独到的见解，便指派鲁迅讲授《美术略论》。鲁迅十分乐意地接受了这一任务。鲁迅的讲演深入浅出，很得学员的喜爱。如果鲁迅能在这个老乡与老朋友的关照下一直工作下去，凭他的能力与这过硬的关系，在教育部将这官一直做下去——不，做上去，当不成问题。也许是老天注定这"文曲星"不能在官场上一帆风顺，跟蔡元培在教育部待了仅仅半年时间，他们就不得不分手了：因蔡元培目睹袁世凯力图攫取大权于一手，甚是愤然，谓不能任此伴食之阁员，遂于1912年7

月14日邀约同盟会员王宠惠、宋教仁、王正廷一同退出内阁,辞掉了教育部长职务。鲁迅7月19日即去蔡寓拜访,"下午与季弗访蔡子民不遇"(见《日记》),7月22日"晚饮于陈公猛家,与蔡谷清,俞英崖,王叔枚,季市诸人治素膳,为蔡子民饯别也"。表现出鲁迅与蔡元培依依惜别之情。蔡元培于本年冬天携夫人黄仲玉,长女威廉,三子柏龄二赴德国。这一时期的鲁迅情绪相当低沉,研究佛典,校勘古籍,鼓捣邮票,"沉沦下僚"。

当然,鲁迅在这期间,还是尽己所能地做了许多实事。比如到天津考察戏剧,参与京师图书馆和通俗图书馆的建设,筹建历史博物馆,参加读音统一会、促成注音字母的通过,举办儿童艺术展览会,协办以上学校成绩展览会等等,忙得不亦乐乎。1915年,为了帮助袁世凯复辟制造社会舆论,教育总长汤化龙受命改组民间社团通俗教育研究会,并以行政命令为名让一些教育部部员入会,鲁迅为小说股主任。不久,为加紧复辟帝制的宣传造势活动,汤总长明确指示小说要"寓忠孝节义之意",并个人召见鲁迅。然而,鲁迅坚持自己的立场,进行阻抗,甚至在帝制复辟后,他还无视袁次长的督办。很快,鲁迅小说股主任的兼职被免去了。袁世凯死后,一切恢复正常,然而鲁迅"不听话"的强项作风影响到他在官场的生存。1916年,鲁迅与同事、好友联名上书,驳斥"祭孔读经"之荒谬,更是为当时的教育总长范源濂所忌,鲁迅仕途生态进一步恶化,只好在抄古碑、校古籍中"韬光养晦"。此间,教育部领导走马灯式频繁调动,在鲁迅1926年去职前,教育部总共更换过三十八任教育总长、二十四任教育次长。除了"学问道德亦不待赘言"的蔡总长和与自己交厚的董恂士教育次长,鲁迅再没看得顺眼的了。鲁迅认为,范源濂总长演讲,"其词甚怪";海军总长刘冠雄兼任教育总长得了个"痰桶总长"的绰号……

二

好在他跟蔡元培的缘分还没完。1916年9月1日,时在法国的蔡元培接黎元洪政府教育总长范源濂急电,促其回国担任北京大学校长。蔡于1917年1月4日到职。上任伊始,就跟鲁迅恢复了密切的接触和交往——自然,贵人身份也得以恢复。

这次,蔡元培的贵人身份主要体现在对鲁迅二弟周作人的提携上。上任后不久的3月8日,鲁迅在致书蔡元培的信中道:

鹤卿先生左右:前被书,属告孟,并携言语学、美学书籍,便即转致。顷有书来,言此二学,均非所能,略无心得,实不足以教人。若勉强敷说,反有辱殷殷之意。虑到后面陈,多稽时日;因急函谢,切望转达,以便别行物色诸语。今如说奉闻,希鉴察。

这是这么回事呢?原来在家乡也不甚得意的周作人经过鲁迅向蔡元培推介担任北大教职。蔡元培答应让周老二担任语言学与美学课程。老二表示"此二学,均非所能,略无心得,实不足以教人。若勉强敷说,反有辱殷殷之意",于是蔡元培答应让其改任希腊文学史和古英文的课程。这样,周作人就于1917年4月由家乡绍兴抵达北京。可是,到达北京后却发现情况有变,原先答应的希腊文学史和古英文因"在学期中间不能添开功课",只能担任"预科的国文作文"。周作人对此"大为丧气",都准备仍回绍兴去教授英文去了。结果又是蔡元培出面挽留,并且调整他到北大国史编纂处就任英文编纂员(月薪一百二十元),混到1917年9月新学期开始,再正式聘请他担任欧洲文学史与希腊罗马文学史的课程教学(每周各三学时,月薪二百四十元),开始了其在北大长达三十多年的教授生涯。蔡元培不仅慧眼识鲁迅,而且慧眼识作人,为新文化运动保留了两员大将。

不特此也,帮完二弟,鲁迅又想帮三弟——自然找的还是蔡元培。1920年8月16日,鲁迅给蔡元培写信:"……舍弟建人,从去年来京在大学旁听,本系研究生物学,现在哲学系。日愿留学国外而为经济牵连无可设法。比闻里昂大学成立在迩,想来当用若干办事之人,因不揣冒昧,拟请先生设法,俾得借此略求学问,副其素怀,实为至幸。……"五天后的21日,又发信:"孑民先生左右:适蒙书敌悉。舍弟建人,未入学校。初治小学,后习英文,现可看颇深之专门书籍。其研究者为生物学,曾在绍兴师范学校博物学教员三年。此次志愿专在赴中法大学留学,以备继续研究。弟以经费为难,故私愿即在该校任一科教以外之事务。足以自足也。"虽然这事没成(周建人在一年后经胡适介绍,去了商务印书馆),但足可看出鲁迅对蔡元培的信任。

投桃报李,鲁迅对蔡元培不用说也是心存感激的。1916年至1923年初,即蔡元培担任北京大学校长期间,鲁迅与蔡元培之间互相通信、走访,往来甚密。鲁迅对蔡元培一向很尊重,每次写信,抬头必称"先生",落款必署周树人谨状。美国记者斯诺写鲁迅评传时称鲁迅为"教育总长的朋友",鲁迅纠正说:"他是我的前辈,称为朋友似不可"。对蔡元培委托自己做的事,也无不全力以赴——最典型的例子,就是鲁迅受蔡元培之托,为北大设计校徽。

蔡元培知道鲁迅自幼喜欢美术,少年时期就喜欢用"荆川纸"描摹绣像小说,早年在南京江南陆师学堂的矿路学堂学习地质知识时绘制图纸,到日本仙台后又因为学医需要而绘制解剖图,具有很好的美术设计基础。于是,蔡元培便在1917年4月5日登门造访鲁迅,告知自己欲委托他设计北大校徽的设想。鲁迅在当天日记中也记载:"上午蔡先生来。"鲁迅十分乐意地接受了蔡元培的委托,1917年8月7日完成设计,"寄蔡先生信并所拟大学徽章"。鲁迅设计的校徽造型,构图简洁大气,线条流畅规整,蕴涵丰富。徽章是中国传统的瓦当形象,"北""大"两个篆字上下排列,"北"字是背对背侧立的两个人像,"大"字是正面站立的一个人像,构成"三人成众"的意象,含有"北大人肩负开启民智重任"的寓意。同时把"北大"两字设计成脊梁骨的形象,寄托着北大人要成为国家民主与进步"脊梁"的希望。鲁迅用设计对象的文字构成图案,并在其中表现徽标内涵,体现了设计的一种境界。这个校徽图像突出"以人为本"的理念,这正是"五四"前夜先进知识分子高举民主与科学大旗,张扬人的价值、尊严、个性与创造精神的体现;更与蔡元培"思想自由、兼容并包""崇尚自然、发展个性""北大者,为囊括大典、包罗万众之最高学府"等教育改革理念相吻合,体现了蔡元培与鲁迅共同的一种文化追求。鲁迅设计的北大校徽,曾被刘半农戏称作"哭脸校徽"。这一校徽图样经蔡元培的认可后采用,一直沿用到1949年。后因历史原因长期弃用,上世纪八十年代又重新使用。2007年6月,北京大学发布《视觉形象识别系统管理手册》,校徽的核心元素仍然采用"鲁迅思路",但作了丰富和发展,把原来的阳文"北大"变成阴文"北大",并确定"特定色值"为红色,命名"北大红"。

不过,感激归感激,一旦觉得对方做事有违自己的准则,鲁迅还是会毫不客气地加以指责——对蔡元培也不例外。比如1922年10月,因为讲义费收取问题,北大学生与校方发生冲突,蔡元培几乎跟学生动武。风潮过后,为了保住校长"纸老虎岂容被戳窟窿"的尊严,开除了带头闹事的学生冯省三。因蔡元培聘请而在北大兼任讲师的鲁迅便在报纸上发表了一篇题为《即小见大》的文章云:"北京大学的反对讲义收费风潮,芒硝火焰似地起来,又芒硝火焰似地消灭了,其间就是开除了一个学生冯省三。这事很奇特,一回风潮的起灭,竟只关于一个人。倘使诚然如此,则一个人的魄力何其太大,而许多人的魄力又何其太无呢。现在讲义费已经取消,学生是得胜了,然而并没有听得有谁为那做了这次的牺牲者祝福。即小见大,我于是竟悟出一件长久不解的事来,就是:三贝子花园里面,有谋刺

蔡元培诗《养兵千日知何用》

养兵千日知何用 大敌当前嗒不声
试问当年汉与唐 书生尚肯说威信 十重颜甲对苍生
养犬补牢犹未晚 祗今谁是蔺相如 戎多恩怨争牛李 有敷人才老越胡

旧作录奉
鲁迅先生正之　蔡元培

1933年，鲁迅参加了他和宋庆龄所发起的中国民权保障同盟，当得知国民党政府对手无寸铁的学生以武器面对时，蔡愤而作此诗，并书赠鲁迅。

良弼和袁世凯而死的四烈士坟,其中有三块墓碑,何以直到民国十一年还没有人去刻一个字。凡有牺牲在祭坛前沥血之后,所留给大家的,实在只有'散胙'这一件事了。"显然,这里鲁迅有为冯省三打抱不平的意思,自然也就表达了对蔡元培的不满。而在1926年,当蔡元培游欧回国,发表了"对政制赞可联省自治。对学生界现象极不满。谓现实问题,固应解决,尤须有人埋头研究,以规将来"的讲话时,鲁迅又在《无花的蔷薇》中对此表示惊诧:"我很疑心那是胡适之先生的谈话,国闻社的电码有些错误了。"蔡元培这话与胡适埋头读书的主张相似,鲁迅不同意,于是"疑心那是胡适之先生的谈话"表示反对。当然,他们更大的分歧还在于1927年的所谓"清党",蔡元培在清党中曾表现出异乎寻常的积极态度,用一向十分尊重蔡元培的学生柳亚子在"纪念蔡元培先生"一文中的话来说就是:"蔡先生一生和平敦厚,蔼然使人如坐春风,但在民国十六年上半年,却动了一些火气,参加了清党运动。一张用中央监察委员会名义发表的通缉名单,真是洋洋大观,连我也大受其影响(按:*此系指蔡元培在密谋清党之时,将柳亚子也列入了黑名单*)。"鲁迅因此在给江绍原的信中说:"其实,我和此公,气味不相投者也。民元之后,他所赏识者,袁希涛、蒋维乔辈,则十六年之顷,其所赏识者,也就可以类推了。"

三

虽然鲁迅对蔡元培这位贵人有这样那样的不满与讥评,但正如郭沫若所说,蔡元培"对于鲁迅先生始终是刮目相看的",所以一旦鲁迅有用得着他的时候,他总是不遗余力地出手相助。

1927年9月,鲁迅因不满广东中山大学在清党与人事上的种种举措,辞职与许广平一起到上海,开始了自己的自由撰稿人生涯。然而,没有了固定收入,这自由是很容易因为金钱而卖掉的,在给江绍原的信中,他就这样表示:"然则不得已,只好弄弄文学书,待收得版税时,本也缓不济急,不过除此以外,另外也没有好办法。现在是专要人性命的时候,倘想平平稳稳地吃一口饭,真是困难极了。我想用用功,而终于不能,忙得很,而这忙是于自己没有益处的。"所以鲁迅还是希望能通过什么途径有个固定收入,庶几实现自己"一者免得教书,二者免得陪客,三者免得做官,四者免得讲应酬话,五者免得演说,从此可以专心写报章文章,岂不舒服"的理想。(这可以说是发烧文人的梦想!)这时,又是他以为不能跟自己"气味相投"的蔡元培帮他实现了这理想。

这一年10月,蔡元培任国民党新政府的大学院(相当于今天的教育部)院长,设立了"大学院特约撰述员"这一职位,聘请有学术成就与能力的人担任。这一职位不要求研究成果,更不要打卡上班,一旦聘用,即可享受每月三百大洋的政府补助,这不正是鲁迅所孜孜以求的好差事么?所以鲁迅从还在教育部公干的朋友许寿裳那里获悉这一消息后颇为心动,在致传言已被聘上这一职位的江绍原的信中就打听:"季弗(许寿裳字季弗)有信来,先以奉闻。我想此事与兄相宜,因为与人斗争之事较少,但不知薪水可真拿得到否耳。"江绍原十多天没消息,鲁迅有些泄气,又写信说:"季弗所谈事迄今无后文,但即有后文,我亦不想去吃,我对于该方面的感觉,只觉得气闷之至不可耐。"在致章廷谦的信中又云:"季弗本云南京将聘绍原,而迄今无续来消息,岂蔡公此说所以敷衍季弗者欤,但其实即来聘,亦无聊。"因一直无消息,在一个月后致章廷谦的又一封信中,鲁迅又写道:"太史(指蔡元培)之类,不过傀儡,其实是不在话下的,他们的话听了与否,不成问题,我以为该太史在中国无可为。"都有些不相信蔡元培会在这件事上是不是愿意或者有没有能力帮自己一把了。事实上,蔡元培哪里会不想帮他这位才为世出的同乡一把呢?又何尝没有能力帮他一把呢?所以,在12月8日,一张聘鲁迅为"大学院特约撰述员"的聘书正式下达,鲁迅于是有了每月三百大洋的固定收入,这笔收入一直长达四年一个月,共计有一万四千七百银圆,折合黄金四百九十两。有了这笔钱,鲁迅不仅生活无忧,而且还能大量购买书籍画册,帮助其他作家。1931年12月蒋介石任行政院长兼教育部长时,因鲁迅不愿俯首就范,对其"我素来很敬仰他,还想和他会会面"的要求也置之不理(详见后文《鲁迅与蒋介石:对立中的分寸》),这一职位被裁撤。裁撤之际,蔡元培又出面为他挽回,但没有成功。鲁迅于1932年3月2日致信许寿裳对此有谓:"被裁之事,先已得教部通知,蔡先生如是为之设法,实深感激。惟数年以来,绝无成绩……教部付之淘汰之列,固非不当,受命之日,没齿无怨。……今所恳望者,惟舍弟乔峰在商务印书馆作馆员十年,虽无赫赫之勋,而治事甚勤,始终如一,商务馆被燹后,与一切人员,俱被停职……可否乞兄转蔡先生代为设法……"因为有"蔡先生代为设法",周建人保住了商务印书馆的编辑职。

这段时间,鲁迅跟蔡元培的互动深入。1931年初,他们一起加入宋庆龄发起的"中国民权保障同盟",并在这年"往人权保障大同盟开会,被举为执行委员。蔡先生为书一笺,为七律二首"(见鲁迅日记),不过,当天蔡元培为鲁迅所书的,不是"七律二首",而是七绝二首,内容为:"养兵千日知何用,大敌当前喑不声。汝辈尚容说威信,十重颜甲对苍生。""几多恩怨争牛李,有数人才走越胡。顾犬补牢犹未晚,只今谁是蔺相如。"2月17日,英国作家萧伯纳到上海,宋庆龄在孙中山故居欢迎招待。鲁迅记叙有云:"汽车赍蔡先生信来,即乘车赴孙夫人处午餐,同席为萧伯纳,斯沫特莱女士,杨杏佛,林语堂,蔡先生,孙夫人共七人,饭毕照相二枚。同萧蔡林杨往笔社,约二十分钟后复回孙宅。"

1936年,鲁迅的生命进入倒计时阶段。这一年2月22日在苏联版画展览的开幕式上,蔡元培致演说辞,其中有云:"从前鲁迅郑西谛诸先生曾展览中国木刻画,精本也不少……苏俄名家版画,我曾应鲁迅先生的指示,加以探讨,觉得很有兴味。"作为鲁迅师长辈分的友人和终生以研究美学美育为职志的一代宗师,却自称"应鲁迅先生指示",其谦逊与真诚,确实让人如坐春风、如沐春雨。7月,在为鲁迅编选的《苏联版画集》作序时,蔡元培又如是云:"木刻画在雕刻与图画之间,托始于书籍的插图与封面,中外所同。惟欧洲木刻,于附丽书籍外,渐成独立艺术。同有发抒个性,寄托理想之作用。且推演而为铜刻,石刻以及粉画,墨画之类,而以版画之名包举之,如苏联版画展览会是矣。鲁迅先生于兹会展览品中,精选百余帧,由良友公司印行,足见版画之一般,意至善也。"

四

1936年10月19日5时25分,鲁迅病逝于上海寓所。这天,宋庆龄特意来到中央研究院,告诉蔡元培鲁迅去世的消息,并请他参加鲁迅治丧委员会。次日,蔡元培前往万国殡仪馆吊唁,并挽以一联:著作最谨严,岂惟中国小说史;遗言太沉痛,莫作空头文学家。在万国公墓为鲁迅举行葬礼时,蔡元培亲为执绋,并致辞:"我们要使鲁迅先生的精神永远不死,必须担负起继续发扬他精神的责任来。"他还发表《记鲁迅先生轶事》,回忆起两人交往中几件影响深刻的往事。蔡元培最为称道的是鲁迅的人品风范。他说,鲁迅在教育部供职时,同事齐寿山"对他非常崇拜"。教育部免鲁迅职后,齐寿山也因之而辞职于教育部,蔡元培说:"这是先生人格的影响。"

蔡元培如此高度评价鲁迅,如此认真处理鲁迅的后事,引来了女作家苏雪林的不满,她在一封致蔡元培的公开信中,批评蔡元培不该主持鲁迅的葬仪,不该成立鲁迅纪念委员会,说蔡元培对鲁迅"如此为之表彰,岂欲国人皆以鲁迅矛盾人格,及其卑劣行为作模范乎?以先生之明,宁忍为此,殆以有所蔽焉尔。"她还警告说,蔡元培"今日为左派利用而表彰鲁迅……同情鲁迅,国人谁不惟先生马首是瞻,则青年心灵之毒化,反动势力之酝酿,有不可思议者。……此则愿先生之自重者也。"蔡元培对此不屑一顾,依然投入纪念鲁迅的实际而具体的工作之中。1937年3月,《鲁迅全集》已经编定,接着便是书稿的审定,而鲁迅书稿要想顺利通过当权者的审查,那还真是件困难的事,老友许寿裳很着急,立即给蔡元培去信求助。5月20日,蔡元培在致许寿裳的信中说,"鲁迅先生遗著事,弟曾函商于中央宣传部邵力子部长,力子来谈,称:内政部已转来呈文,当催促部员提前检查,现尚未断言是否全部都无问题,万一有少数在不能不禁之列,止可于全集中剔除几部,俾不致累及全集云云。"邵力子不负蔡元培的托付,亲自审查,很快便通过审查,予以出版印刷。次年3月22日,许广平来信,请求蔡元培为《鲁迅全集》作序。蔡元培欣然应邀,许广平因此致信感谢云:

孑民先生道鉴:《鲁迅全集》序文,承蒙先生允予执笔,既示读者以余尚,更发逝者之幽光,诚生死同感,匪言可谢者。顷奉季绂师来谕"兹得蔡公函,愿为全集作序,惟嘱将必须注意或说及者祥告知,以便执笔,用特奉告,务请示我大略云"。窃思迅师一生,俱承先生提拔奖掖,无微不至,一切经过,谅在洞见之中,直至最终。其能体谅先生厚意者,厥为在文化史上的努力:既有成就,是兹楷模者,或在于此。序中稍予道及,使青年知所景从。或亦先生所可也。如何之处,敬悉早裁是幸。肃此敬请著安。

据余天民回忆:"先师在港因年老体衰,遇有应酬文字,以极力避免为原则,凡无法避免之序文、寿诗、哀辞及联语,多请我代笔,间或更易数字,至于亲撰应酬,殊不多作,仅有谢王云五先生借书数函,另和张仲仁先生来诗及满江红歌词等均系亲撰。又曾为已故文学家(此即指鲁迅)作全集文一篇……"可见,为《鲁迅全集》写序,是他晚年十分重视的事情。因为对鲁迅全部文章缺乏了解,他也有着无从下笔的顾虑,所以他又给他与鲁迅的共同朋友许寿裳去信:"弟曾得许广平夫人函,嘱作序,已允之,然尚未下笔,深愿先生以不可不说者及不可说者详示之,盖弟虽为佩服鲁迅先生之一人,然其著作读过甚少,即国际间著名之《阿Q正传》,亦仅读过几节而已。深恐随笔叹美,反与其真相不符也。"于是,他用了一个多月的时间,浏览了鲁迅的主要作品后,才为《鲁迅全集》写出了序。不妨来看看他这篇为《鲁迅全集》作的序,也是为他这位后辈朋友做的总结是怎么写的:

"行山阴道上,千岩竞秀,万壑争流,令人应接不暇。"有这种环境,所以历代有著名的文学家美术家,其中如王逸少的书,陆放翁的诗,尤为永久流行的作品。最近时期,为旧文学殿军的,有李越缦先生,为新文学开山的,有周豫才先生,即鲁迅先生。

鲁迅先生本受清代学者的濡染,所以他杂集会稽郡故书,校《嵇康集》,辑谢承《后汉书》,编汉碑帖,六朝墓志目录,六朝造像目录等,完全用清儒家法。惟彼又深研科学,酷爱美术,故不为清儒所囿,而又有它方面的发展,例如科学小说的翻译,《中国小说史略》,《小说旧文钞》,《唐宋传奇集》等,已打破清儒轻视小说的习惯;又金石学为至宋以来较发展之学,而未有注意于汉碑之图案者,鲁迅先生独注意于此项材料之搜罗,推而至于《引玉集》,《木刻纪程》,《北平笺谱》等等,均为旧时代考据家鉴赏家所未曾著手。先生阅历既深,有种种不忍见不忍闻的事实,而自己又有一种理想的世界,蕴积既久,非一吐不快。但彼既博览又虚中,对于世界文学家之作品,有所见略同者,尽量的移译,理论的有卢纳卡尔斯基,蒲力汉诺夫之《艺术论》;写实的有阿尔志跋夫之《工人绥惠略夫》,果戈理之《死魂灵》等;描写理想的有爱罗先珂及其他作者之童话等占全集之半,真是谦而勤了。

"借他人之酒杯,浇自己的块垒",虽也痛快,但人心不同如其面,环境的触发,时间的经过,必有种种蕴积的思想,不能得到一种相当的译本,可以发抒的,于是有创作。鲁迅先生的创作,除《坟》《呐喊》《野草》数种外,均成于1925年至1936年中,其文除小说三种,散文诗一种,书信一种外,均为杂文与短评,以12年光阴成此多许的作品,他的感想之丰富,观察之深刻,意境之隽永,字句之正确,他人所苦思力索而不易得当的,他就很自然的写出来,这是何等天才! 又是何等学力!

综观鲁迅先生全集,虽亦有几种工作,与越缦先生相类似;但方面较多,蹊径独辟,为后学开示无数法门,所以鄙人敢以新文学开山目之。然欤否欤,质诸读者。

1938年6月间,《鲁迅全集》二十卷本终于出版,他又为《鲁迅全集》纪念本题字。鲁迅纪念委员会为答谢他,让沈雁冰转赠一套《鲁迅全集》纪念本。可是,他早已按价付了一百元钱的订金,当许广平知道此事后,立即让鲁迅纪念委员会干事王纪元将钱退还,并说,"赠送先生一套《全集》,为纪念委员会中所议决,望先生万勿推却"。然而,他却坚持将钱交于纪念委员会,并复函说:"鄙人对于鲁迅先生身后,终不愿毫无物质之补助,请以此款改作赙敬。"许广平接信后,只得遵从蔡元培的吩咐,收下一百元,以作"将来举行纪念事业时"用。他和宋庆龄还以鲁迅纪念委员会主席和副主席的名义,发表《征订〈鲁迅全集〉精制纪念本启》,这则启事也是广告说:"鲁迅先生为一代文宗,毕生著述,承清季朴学之绪余,奠现代文坛之础石。"编印《鲁迅全集》的目的,"欲以唤醒国魂,砥砺士气,"现在《鲁迅全集》已印刷完毕,"除普通刊本廉价发行预约外,另印精制纪念本一种,以备各界人士定购,每部收价一百元"。许广平对蔡元培为鲁迅所做的一切极为感谢和崇敬,她撰文赞扬说:"蔡先生对全集出版方面,曾再三赐予援助,计划久远,费去不少精神,且曾向商务印书馆设法订立契约。……至蔡先生文章道德,海内传颂,鲁迅先生一生深蒙提掖,此次更承为全集作序,知何宗尚,鲁迅先生有知,亦必含笑九泉,岂徒私人之感幸。"

鲁迅若在九泉之下得知这一切,大概也会为自己有这样一位同乡前辈与朋友而欣慰不已吧。

鲁迅与陈仪：远去依然是朋友

鲁迅的小说中，《孤独者》是颇有自传色彩的一篇。鲁迅就曾对胡风坦言："那(指《孤独者》)是写我自己的。"这种说法等于承认"我就是魏连殳的原型"。也因此，小说中很多细节可以在鲁迅身上找出"原型"来。比如小说中对主人翁魏连殳的外貌描写："原来他是一个短小瘦削的人，长方脸，蓬松的头发和浓黑的须眉占了一脸的小半，只见两眼在黑气里发光。"这跟许广平对鲁迅的第一印象"突然，一个黑影子投进教室来了。首先惹人注意的便是他那大约有两寸长的头发，粗而且硬，笔挺的竖立着，真当得'怒发冲冠'的一个'冲'字。……一句话说完：一团的黑"非常接近。至于行状，也很类似，比如小说第一节写魏连殳回老家给自己去世的祖母办丧事，这个情节照周作人的说法，就"全是作者自己的事情"。其中，对主人翁"忽然，他流下泪来了，接着就失声，立刻又变成长嗥，像一匹受伤的狼，当深夜在旷野中嗥叫，惨伤里夹杂着愤怒和悲哀"更是让人如闻其声，如见其人！其他诸如魏连殳失业之后的寂寞冷落，也有鲁迅当年在浙江两级师范失业后的真实感受……小说中还有个情节，那就是魏连殳失业后衣食无着，几陷绝境，万般无奈最后去做了军阀杜师长的"顾问"，"每月的薪水就有现洋八十元了"。这个情节有没有鲁迅自己的经历或想法在里边？当然有。据曹聚仁《鲁迅评传·他的师友》一节中记载，"鲁迅平时遇到不愉快的事，会想起他这位军界老朋友，甚至说：'不教书了，也不写文章了，到公侠那儿做

"营混子"去了!"这儿所说的"军界老友"(相当于小说中的"杜师长")就是大名鼎鼎的陈仪。

一

陈仪,字公侠、公洽,号退素,1883年5月3日生于浙江绍兴。早年两度留学日本,毕业于日本陆军士官学校和陆军大学。辛亥革命后历任浙江都督府军政司长、浙军第一师师长、浙江省省长。北伐时任第十九军军长,此后历任国民政府军政部次长、福建省主席、行政院秘书长、台湾省行政长官、浙江省主席。1949年2月因策动起义失败遭囚禁,1950年6月在台湾被杀害。官大位尊,一个以悲剧结束的人物——与鲁迅交往深厚的人,往往是以悲剧结束。那么,他们俩是怎么认识的呢?

1902年,同为浙江绍兴人的鲁迅和陈仪先后考上官费留学生赴日本留学。这年11月,鲁迅和许寿裳、陶成章等人在东京组织浙江同乡会,会上决定出版《浙江潮》杂志。1903年1月底,鲁迅和许寿裳、陶成章等29名绍兴籍留日学生召开绍兴同乡恳亲会。1904年,鲁迅、许寿裳、邵明之、陈仪四人在东京合影一张。一方面,陈文瑛明确指出陈仪是光复会会员,与徐锡麟、秋瑾、蔡元培等人结识甚早,另一方面,鲁迅早在1903年就加入光复会的前身"浙学会",后加入陶成章于1904年11月建立的光复会东京分部,也很早就结识了徐锡麟、秋瑾、蔡元培等人。鲁迅和陈仪的友谊,当首先基于这一时期的同乡关系和共同的反清革命理想。1950年周作人在《亦报》写的回忆短文中,有三篇与陈仪相关。一篇文题为《许陈邵蔡》,其中说道:"有些完全乡谊关系的朋友,大概可以许季弗、陈公侠、邵明之、蔡谷清为例,其实此外也没有什么人了。许陈原是同盟会员,后来或者也是国民党吧,末了却都为国民党所杀害,实在是奇怪的事。"另一篇《陈仪与鲁迅》说:"陈仪原名毅、号公侠……与鲁迅许寿裳等人是老朋友,大概是同办《浙江潮》时期的干部,私交也很不错。""对于公侠,虽是文武不同行,却没有什么隔阂,公侠在成城学校毕业,要进联队学习的时候,曾有一张军装照相,送给鲁迅。背后题曰,'索士兄座右、弟毅拜赠、丙午仲夏'。计时为1906年……"文中"索士"为周树人当时别号。第三篇为《陈仪的下场》,也有讲东京时期生活细节的一段:"……陈仪与同乡的文科学生却还谈得来,许寿裳等人在公寓临时请客,煨起一只鸡两块火腿来的时候,那带长刀的客总是来的。""带长刀的客"即陈仪,时为士官生。从这些零星的记载中,我们不难看出,那时候,弄文的鲁迅与从武的陈仪关系还是很密切的,而且趣味也还相投——这大概是他们这场友谊能延续三十多年的缘故罢。

1909年陈仪回国后,官运亨通。1911年辛亥革命时参加浙江独立运动。1912年任浙江都督府陆军部长,兼陆军小学校长。1917年陈仪到日本陆军大学深造期间,受到日本教官的赏识,教官以女古月好子妻之(好子随陈仪回中国后改名陈月芳)。陈仪1920年回国,先在上海经商。1925年孙传芳主政浙江,委任陈仪为浙军第一师师长,后转任第一军司令、浙江省省长。1926年,陈仪投向北伐中的国民革命军,担任第十九路军军长。不久因部队倒戈而下台,赴欧洲考察,回国后被蒋介石委以兵工署署长之职,后转任军政部次长。在鲁迅1912年至1930年的日记中,关于陈仪的记载有十八处,其中提及陈仪访问鲁迅六次,鲁迅往访陈仪一次,鲁迅致信和寄书给陈仪六次,陈仪致信鲁迅四次,最后一次提到陈仪是在1930年7月13日日记中,鲁迅把有陈仪的合影复制赠送许寿裳。1926年12月,陈仪正在孙传芳手下任浙江省省长,因北伐军逼近而宣布自治,其下属一部被孙传芳缴械,陈仪本人后被送往南京软禁,鲁迅得悉后,在当年12月24日致许广平的信中说:"陈仪独立是不确的,廿二日被缴械了,此人真无用。"那时,鲁迅对北伐一事,还是衷心支持的,因此他对传言中陈仪被孙传芳缴械一事深感不满,恨铁不成钢地说了一句"此人真无用"!不过,从中也不难看出他对这位老友的

致许寿裳(1911年3月7日)

许寿裳是鲁迅三十五年的挚友。同期留学日本,后与鲁迅几度同事,共患难、同进退。这是鲁迅迄今所存较早的书信。此信不仅袒露了鲁迅当时希望尽早离开绍兴的心情,而且较典型地反映了其早期书法风格。

期许。

曹聚仁所著的1967年香港版《鲁迅年谱》中记载,1926年鲁迅活动时,在括号中特别加上了一句:"他的老友陈仪,浙江军事将领之一,原在孙联帅那一边担任军职,这是,便从徐州会师起义,参加了革命阵线了。"曹所说的,是陈仪从孙传芳手下投奔北伐军一事,他的语气中,似乎含有一丝轻蔑,好像陈仪不过是个擅长投机的"倒戈将军"前来"咸与维新。"然而,陈仪的起义计划有长期的思想基础,绝不是一时的投机和权变。从陈仪留下来的为数不多的私人书信、手记中,我们可以看出,在基本思想上,陈仪跟鲁迅一样,都有启蒙主义倾向。在1928年赴欧洲考察的船上,陈仪写下了这样的感悟:"欲建设新中国,必先养成新国民。这所谓的新国民,并不要新生养起来,只要请现有的同胞,把不合潮流的旧思想,旧习惯打扫一清,输入点新知识,增加点新能力,那就算是新国民了。"陈仪还主张:"图书甚重要,务必多多设备,最好每五百家有一小图书馆……小规模之博览会,文艺美术品展览会亦宜常开。中国人太无生趣,往往从嫖赌中过日子,此甚不好……"以及"应该相信科学。后进的国家,要赶上先进的国家,只有彻底相信科学,利用科学的一法"。陈仪于1934年后任福建省主席,据福建省政府在1937年编著的小册子《陈主席的思想》记载,陈仪在省主席任上,也不断地在多种场合鼓吹"科学救国""公民教育",呼吁知识分子和大学生承担社会责任,宣扬进步:"中国人有一种癖性,就是所谓慕唐虞。无论什么东西,总是古代的好。这是很错误的。我们一定要求进步。"曹聚仁认为,陈仪是他所认识的政界人物中"最有政治头脑的一个"。也因此,陈仪在关键时刻的人生选择上,也颇有特色。陈仪的一生,有两次重要的政治和人生抉择,第一次是从孙传芳投向蒋介石和国民政府;第二次是计划在国民党败走前夕,拟起义投向共产党,但由于汤恩伯的出卖,出师未捷身先死,他为此丢了性命。从这两次抉择中,可以看出陈仪跟一般的国民党政要还是不一样的——也许,这一点正是鲁迅跟他交往的基础。

　　追溯他们的交往轨迹，在1926年10月5日这天，鲁迅尚致信陈仪，而1927年12月4日，陈仪又已登门拜访10月刚由广州抵沪定居的鲁迅了。1928年2月，鲁迅校录的《唐宋传奇集》上、下册由上海北新书局出齐，鲁迅收到样书后，即寄赠给陈仪。1928年陈仪受蒋介石委派赴德国考察，特意购买了一部《哥德的书信与日记》，归国后于当年12月10日亲自面赠鲁迅，此事记载于鲁迅当天的日记中。不过，在鲁迅的日记中，自1930年后即不再提到陈仪，这大概是因为陈仪从此官运亨通，而鲁迅对做了大官的故人一向是敬而远之的缘故罢。

二

　　曹聚仁在《鲁迅年谱》中曾提到这么一件事："那时，陈仪任福建省主席，有一天他在书房中和我闲谈，我看见他的书架上摆着一部整整齐齐的鲁迅全集。陈氏对我说，'你不知道吗？鲁迅是我的老朋友。'……陈仪对鲁迅的文学修养渊源，说得有条有理，他也和我谈到显克微支的炭画，安特列夫的《七个绞死的人》，果戈理的《死魂灵》，他懂得讽刺文学的意味；他说，鲁迅的轻妙笔致，颇受夏目漱石的影响。"一介武夫的陈仪，居然能看出鲁迅的"轻妙笔致，颇受夏目漱石的影响"，这也足可见出他在文艺上不同凡响的修养。而能跟曹聚仁这样的专业文人畅谈显克微支的炭画、安特列夫的《七个绞死的人》、果戈理的《死魂灵》，也的确是"懂得讽刺文学的意味"，这或许就是鲁迅当年跟他结交的基础吧？明乎此，我们对孙伏园在《鲁迅先生的少年时代——在先生逝世五周年时讲》一文中所谓"陈先生（指陈仪）与鲁迅情谊之厚，几与许先生（许寿裳）不相上下……被绅士们包围得水泄不通的时候，好像我们在敌机临空时想念防空洞一样，他常常会想念他的幼年同学时的好朋友，说，'不教书了，也不写文章了，到公侠（陈仪字）那儿做营混子去了'"的说法，也就能有比较到位的理解了。

因为有这种心灵上的相通，所以，尽管三十年代后，鲁迅与陈仪渐行渐远，可一旦有事，鲁迅第一个想到的仍然是这位老朋友。1933年夏，鲁迅因为"许钦文案"而于同年8月20日致信许寿裳，想托陈仪设法营救，问道："但未知公侠有法可想否？"此时陈仪任职国民政府军政部政务次长。那么，又是什么样的事使鲁迅又求到这位老朋友头上呢？

事情还须从头说起：青年作家许钦文与美术家陶元庆是情同手足的莫逆之交，二人不仅同乡，而且是同学、同事，患难与共，他曾长期以稿费支持陶元庆的艺术创作，一起度过了十六年艰难岁月。陶元庆擅绘画，颇有才华，经许钦文之介，陶元庆与鲁迅先生相识，建立起友谊，鲁迅先生对陶元庆设计的《大红袍》封面颇为欣赏，此后，鲁迅先生许多书的封面请陶元庆设计，如《彷徨》《朝花夕拾》《坟》《唐宋传奇集》和《出了象牙之塔》等，陶元庆也为许钦文的许多本书做过封面设计。1925年3月19日，得到鲁迅先生的热心帮助，陶元庆在北京两入帝王庙举办了个人绘画展览，并对陶元庆的作品加以介绍、揄扬。

1929年8月，经蔡元培举荐赴杭州艺专任职的陶元庆因中暑后又患伤寒，医治无效猝然去世。悲痛欲绝的许钦文为挚友料理后事后，专程赴上海向鲁迅先生汇报陶元庆生病去世与办理后事的情况。第二天，鲁迅先生约许钦文到家中，交给他三百元赙金，叮嘱许钦文说："这里是三百块钱，你去给他买块冢地。璇卿（即陶元庆）喜欢西湖，就把他葬在湖边吧！"回到杭州，许钦文把三年间二千元左右收入的大部，加上鲁迅先生的三百元和其他人捐赠的近五十元，在西湖畔买了三分多冢地，建修了"元庆园"；又买了一亩一分菜地，造了一间长二十尺、宽十四尺的房屋，称为"元庆纪念堂"，将陶元庆的所有遗作收贮其中。此时许钦文已三十二岁，仍孑然一身，他不仅要赡养父母，资助弟妹，还要为挚友安排后事，其困难可知。为了筹备陶元庆的追悼会和遗作展,他倾其所有,悉力承办。负债累累的许钦文,为了担负建造纪念堂向银行贷款的利息和欠账,尽力节省开支,平日以步代车,东借西凑,勉强维持,常常为还债犯愁,纪念堂成了"愁债室"。

陶元庆去世后,许钦文对他的妹妹陶思瑾非常关心,督促在杭州艺专学习绘画的陶思瑾努力学习,每逢节假日,陶思瑾常到陶元庆纪念堂来玩。为了让陶思瑾开心,还让她邀请知心学友前来作伴同住。谁曾想,许钦文的忠义之举竟招来横祸。原来,陶思瑾与她的同学江西姑娘刘梦莹同住一室,二人意趣相投,发展成同性恋。1932年2月11日,二人留住元庆纪念堂。在许钦文外出之时,生性多疑的刘梦莹怀疑陶思瑾移情别恋,二人发生口角,一时火起,动起武来,陶思瑾失手杀死刘梦莹,她本人也身受棍伤,昏迷不醒。许钦文回来后报警,被牵连入狱。幸鲁迅援手,将许钦文营救出狱。不久,警方在遗物中发现刘梦莹是共青团员,许钦文以"窝藏共匪"的罪名再次入狱,被判徒刑五年。鲁迅从报纸上得知这一消息,马上托人作保,挽请陈仪、蔡元培等人,再次将许钦文保释出狱,改判一年徒刑,缓期两年。在狱中,许钦文经受了常人难以想象的非人生活,身心受到严重摧残,他志不稍屈,学习日语、世界语,并写了二十多万字的作品,其中长达万字的《神经病》就是托看守秘密带出狱外,由鲁迅代他取的新笔名"蜀宾"发表的。出狱后,因许钦文头顶"赤化分子"之名,工作无着,贫病交加。1937年,抗日战争爆发,经郁达夫介绍,他转赴福建师范教书。当时,福州成立了文化界救亡协会,郁达夫任理事长,许钦文任宣传部长。这是后话。

三

陈仪官运亨通,1934年福建事变结束后,调任福建省主席兼绥靖主任,主持福建军政。1935年日本在台湾举行"始政四十周年纪念台湾博览会"。曾经留日多年、熟悉日本情况的陈仪,奉命到台参观。台湾经济社会的发展,与中国大陆多年战乱下停滞不前的状况相比,令陈仪深思。

1936年,鲁迅逝世。据陈仪的女儿陈文瑛回忆:"鲁迅先生逝世时,陈仪在福建任省主席。许广平电告陈仪,陈仪万分悲痛。鲁迅的逝世是中华民族不可弥补的损失,出于这样的认识,也出于平素对鲁迅先生的敬重,陈仪当即电告蒋介石,提议为鲁迅先生举行隆重国葬,但蒋介石没有接受这项提议。《鲁迅全集》出版时,陈仪托人购得数套,分送给福建省各图书馆及重点学校,要学校选择几篇作为教材,以激励后进。陈仪在书橱中一直将《鲁迅全集》陈列在显著的地位,并不时拿出来翻阅。"鲁迅逝世后,许寿裳为设立鲁迅"纪念文学奖金"一事于1937年1月致函时任福建省主席的陈仪,陈仪在回函中说:"豫才兄事,即微兄言,弟亦拳拳在念。"陈仪个人捐赠了一千元,又与郁达夫共同募集了五百五十四元,共计一千五百五十四元,托许寿裳汇寄给许广平,作为"鲁迅纪念文学奖金"。在鲁迅朋友中,能做到这份上的,陈仪是唯一的一个。而作为鲁迅的朋友,陈仪的结局也实在让人唏嘘。

鲁迅少有权力场中的朋友,蔡元培算一个,陈仪算一个。而这两位权力场中的朋友,都对鲁迅尽心尽力给予帮助,这一方面说明鲁迅的人格魅力,另一方面也说明鲁迅在识人方面的慧眼独具。

四

在《孤独者》中,鲁迅描写主人翁魏连殳在万般无奈的情况下,投靠军阀杜师长——"你以为我发了疯么?你以为我成了英雄或伟人了么?不,不的。这事情很简单:我近来已经做了杜师长的顾问,每月的薪水就有现洋八十元了。申飞……。你将以我为什么东西呢,你自己定就是,我都可以的。你大约还记得我旧时的客厅罢,我们在城中初见和将别时候的客厅。现在我还用着这客厅。这里有新的宾客,新的馈赠,新的颂扬,新的钻营,新的磕头和打拱,新的打牌和猜拳,新的冷眼和恶心,新的失眠和吐血……。你前信说你教书很不如意。你愿意也做顾问么?可以告诉我,我给你办。其实是做门房也不妨,一样地有新的宾客和新的馈赠,新的颂扬……我这里下大雪了。你那里怎样?现在已是深夜,吐了两口血,使我清醒起来。记得你竟从秋天以来陆续给了我三封信,这是怎样的可以惊异的事呵。我必须寄给你一点消息,你或者不至于倒抽一口冷气罢。此后,我大约不再写信的了,我这习惯是你早已知道的。何时回来呢?倘早,当能相见。——但我想,我们大概究竟不是一路的;那么,请你忘记我罢。我从我的真心感谢你先前常替我筹划生计。但是现在忘记我罢;我现在已经'好'了。连殳。十二月十四日。"事实上是不是真的"好"了呢?当然不是,很快他就在自戕般的放纵中丢掉了自己生命,而且死得颇不宁帖——小说中是这么描写的:"一条土黄的军裤穿上了,嵌着很宽的红条,其次穿上去的是军衣,金闪闪的肩章,也不知道是什么品级,那里来的品级。到入棺,连殳很不妥帖地躺着,脚边放一双黄皮鞋,腰边放一柄纸糊的指挥刀,骨瘦如柴的灰黑的脸旁,是一顶金边的军帽。三个亲人扶着棺沿哭了一场,止哭拭泪;头上络麻线的孩子退出去了,三良也避去,大约都是属'子午卯酉'之一的。粗人打起棺盖来,我走近去最后看一看永别的连殳。他在不妥帖的衣冠中,安静地躺着,合了眼,闭着嘴,口角间仿佛含着冰冷的微笑,冷笑着这可笑的死尸。"

这当然只是鲁迅对魏连殳投靠了军阀后结果的想象,而所以会有这样的想象,也是基于他自己在《文艺与政治的歧途》一文中这样一个基本判断:"政治想维系现状使它统一,文艺催促社会进化使它渐渐分离;文艺虽使社会分裂,但是社会这样才进步起来。文艺既然是政治家的眼中钉,那就不免被挤出去。外国许多文学家,在本国站不住脚,相率亡命到别个国度去;这个方法,就是'逃'。要是逃不掉,那就被杀掉,割掉他的头。"这种想象不能说没道理,但如果我们把这种想象现实化:如果当年鲁迅也真的去投靠了陈仪,结果会怎么样？会跟魏连殳一样么？

这当然是一个类似"鲁迅活到解放后怎么样？会跟胡风一样？还是会跟郭沫若一样？"的假设，然而，这样的假设不能说毫无意义——起码，它能让我们设想一下一个人在不同的境遇中会有怎样的表现，怎样的命运。鲁迅当然不可能活过来，再投到陈仪麾下去做"营混混"，但鲁迅的好朋友，同为著名作家的郁达夫倒还真有这么一段投奔陈仪去做"营混混"的经历，我们不妨来看看他的经历究竟怎么样。

郁达夫在1936年2月2日日记中写道："前月十五日，已逼近农历年底了，福州陈主席公洽来函相招，谓若有闽游之意，无任欢迎。但当时因罗秘书贡华、戴先生及钱主任大钧（慕尹）等随委员长来杭，与周旋谈饮，无一日空，所以暂时把此事搁起。至年底，委员长返京，始匆匆作一陈公复函，约于过旧历年后南行，可以多看一点山水，多做一点文章"。（《闽游日记》）《福建民报》记者在1936年2月5日访问郁达夫后的报道："据郁氏语记者云，彼于民国十六年，曾来闽一次，是时适东路总指挥何应钦氏，克复福州，地方秩序尚未平定，不能舒意浏览，……惟闽省印象犹时留脑中。数月前本省陈主席赴北平后，曾往杭州，遇见郁氏，约其来闽一游。故此次来闽纯系游览性质，并无其他目的云云。"说是"游览性质"，其实却是跟小说中的魏连殳一样，担任实职——陈仪主持闽政后，就多方延揽人才，他十分赏识郁达夫的才能，知道他不仅文采好，也学过经济，曾在高校任教。1936年2月6日，郁达夫在福州和陈仪见面时，陈仪当即表明"欲以经济设计事务相托"，"将委为省府参议，月薪三百元"。翌日，他收到陈仪的委任状。

郁达夫与陈仪相识，跟鲁迅一样，始于他留学日本时代。郁达夫在《海上自传之八》曾写道："天气一日一日的冷起来了，这中间自然也少不了北风的风雪。……一套在上海做的夹呢学生装，穿在身上仍同裸着一样；幸亏有了几年前一位在日本曾入过陆军士官学校的同乡,送给了我一件陆军的制服,总算在晴日当作了外套,雨日里当作了雨衣,御了一个冬天的寒。"这位送陆军制服的同乡是谁?郁达夫长子郁天民在《说郁达夫的〈自传〉》一文中针对此事写道:"据说,那件士官学校陆军制服还是陈仪留下的。陈仪与曼陀(郁华)曾有过一面之交,因而辗转送给了作者。"陈仪是1903年入日本陆军士官学校学习,1917年再赴日本入陆军大学深造的;郁达夫赴日本留学是1913年秋,因长兄郁曼陀(1884—1939)奉北京大理院派遣赴日本考察之便,携其东渡,开始了留学日本将近十年的生活,曾就读于东京第一高等学校预科、名古屋第八高等学校。陈仪知道郁曼陀有个弟弟也在日本留学,才送这件制服给他御寒的。郁达夫对此印象深刻,在1935年写自传时还提到这件事。

就是因为这个缘分,郁达夫跟小说中的"魏连殳"一样,做起了陈仪的"顾问"(当然,不叫"顾问"叫"参议")。陈仪先是对他"询以编纂出版等事务",到6月12日,又委任郁达夫为省政府秘书处公报室主任。公报室主要负责编辑省政府公报,有时也搞些翻译,曾被称为编译室,在省政府内部则视其为"编辑室",一般勤务人员亦看不起这无足轻重的单位。郁达夫却干得很起劲,上任后,按照陈仪的意图,开始改革,请求再加派参议或咨议两人分任编辑,并介绍一位女同乡专司抄写,于是该室顿改旧观。郁达夫还接办了原有的《闽政月刊》与《公余》,前者阐述省政实施情况,着重宣传陈仪的政绩,并有专栏介绍福建风光,曾刊载郁达夫写的《福州的西湖》;后者是介绍国内外时事形势,选载国内外报刊上重要言论,并刊登一些文艺作品。7月中,他还创办了《建民周刊》,出版周期较短。9月25日,他在福州格致中学的演讲《国防统一阵线下的文学》,10月3日就发表在《建民周刊》。为了加强编辑力量,1937年春夏,郁达夫经陈仪同意,又邀请进步作家董秋芳、杨骚先后来公报室工作。抗战爆发后,郁达夫把《闽政月刊》与《公余》合并,改名为《闽政与公余》(旬刊),以适应形势的需要。在这期间,他还想为亡友鲁迅做一件事：1936年岁末，郁达夫访日经台湾回闽，路过厦门。当时鲁迅刚逝世不久，厦门大学有些学生曾去拜访郁达夫，谈到他们想恳请政府把厦门大学大门前那条大道改名为"鲁迅路"，以资纪念。郁达夫以为可以办到，但到厦门市长那里一说，才知道是国民党厦门市党部在那里反对。这事情，他回到福州去找陈仪，陈仪欣然表示赞同，可是由于国民党福建省党部从中阻挠，这事还是没有办成。不久，郁达夫又获悉，厦门市警察局密报省政府，要逮捕"厦门文化界追悼鲁迅大会"的发起人，其中主要是文学青年。郁达夫又去找陈仪，说青年发起纪念鲁迅无罪，不能逮捕。由于陈仪及时制止，使这些发起人免于牢狱之灾。

虽然，看在老朋友的份上，陈仪对郁达夫颇给面子，但是，文艺毕竟与政治是两条路上跑的车，终有分道扬镳之时。陈仪本来相当器重郁达夫的才华，很想重用他，打算让他担任省教育厅长的职务。可是跟郁达夫接触一久，就发现这家伙无论说话还是行动，都"随随便便，不受约束"，看来他"不是一个稳重老练的行政官吏的适当人选"，只好让他做毫无实权的"参事"。后来，却连这参事也做不下去了——他担任理事的《救亡文艺》因为言论引起国民党福建省党部和省保安处的注意，于是保安处派特务持枪到《救亡文艺》编辑部用武力迫使停刊，并杀害了协和大学进步女教授李冠芳。郁达夫便和五位常务理事愤然辞去理事之职，以示抗议。当局趁机将《救亡文艺》停刊。于是，1938年3月，郁达夫应老友郭沫若之邀，赴武汉参加国民政府军委政治部工作，任少将设计委员去也。这么一段经历，是不是跟魏连殳的经历有些相似？鲁迅真要去做，大概也比郁达夫好不了多少——这点，只要看鲁迅在教育部做官的经历就可以推想。

文艺和政治毕竟歧途。

鲁迅与郁达夫：和而不同

1936年10月19日，中国文坛上爆出一声霹雳：上午5时25分，鲁迅逝世于上海北四川路底施高塔路（现山阴路）大陆新村九号寓所。鲁迅刚一逝世，冯雪峰和宋庆龄、蔡元培等商量，立即组织治丧委员会。治丧委员会由毛泽东、蔡元培、内山完造、宋庆龄、A·史沫特莱、沈钧儒、曹靖华、许季茀、茅盾、胡愈、周建人等人组成。治丧委员会旋即发表《鲁迅先生讣告》如下：

鲁迅（周树人）先生于一九三六年十月十九日上午五时二十五分病卒于上海寓所，享年五十六岁。即日移置万国殡仪馆，由二十日上午十时至下午五时为各界瞻仰遗容的时间。依先生的遗言"不得因为丧事收受任何人的一文钱"，除祭奠和表示哀悼的挽词花圈等以外谢绝一切金钱上的赠送。谨此讣闻。

噩耗传出，唁电唁函纷纷不绝，中国共产党中央委员会和苏维埃中央政府发出了三份电报。一份发给鲁迅家属，另一份是《为追悼鲁迅先生告全国同胞和全世界人士书》，还有一份《为追悼与纪念鲁迅先生致中国国民党中央委员会与南京国民党政府电》。20日上午9时开始瞻仰遗容。灵堂上布满了各界群众所敬献的挽联和花圈。上海工人互助会的挽词是"鲁迅先生这种不屈的精神才是我们工人的模范"；上海工人救国会的挽词是"民族之光"；上海丝厂工人的挽词是"我们的朋友";上海烟厂工人的挽词是"精神不死";全国学生救国联合会代表平、津、济、青、杭、京、沪、汉、晋、桂等二十七学联全体学生的挽词是"鲁迅先生不死,中华民族永生";郭沫若的挽词是"方悬四月叠坠双星东亚西欧同殒泪,钦诵二心憾无一面南天北地遍招魂";许广平的献词是"……你曾对我说:'我好像一只牛,吃的是草,挤出的是牛奶,血。'你不晓得,什么是休息,什么是娱乐。工作,工作!死的前一日还在执笔。如今……希望我们大众锲而不舍,跟着你的足迹!"……瞻仰遗容者络绎不绝,四天间,签名的个人有九千四百七十人、团体有一百五十六个。未签名者不计其数。

然而,唯一一个从外地赶到上海悼念鲁迅的作家却只有一个,他就是郁达夫。对此,他在写于1936年10月24日的《怀鲁迅》一文中有这样的描绘:

> 真是晴天的霹雳,在南台的宴会席上,忽而听到了鲁迅的死!发出了几通电报萃了一夜行李,第二天我就匆匆跳上了开往上海的轮船。
>
> 二十二日上午十时船靠了岸,到家洗一个澡,吞了两口饭,跑到胶州路万国殡仪馆去,遇见的只是真诚的脸,热烈的脸,悲愤的脸,和千千万万将要破裂似的青年男女的心肺与紧捏的拳头。这不是寻常的丧葬,这也不是沉郁的悲哀,这正像是大地震要来,或黎明将到时充塞在天地之间的一瞬间的寂静。
>
> 生死,肉体,灵魂,眼泪,悲叹,这些问题与感觉,在此地似乎太渺小了,在鲁迅死的彼岸,还照耀着一道更伟大,更猛烈的寂光。
>
> 没有伟大的人物出现的民族,是世界上最可怜的生物之群;有了伟大的人物,而不知拥护、爱戴、崇仰的国家,是没有希望的奴隶之邦。因鲁迅的一死,使人们自觉出了民族的尚可以有为,也因鲁迅之一死,使人看出了中国还是奴隶性很浓厚的

半绝望的国家。迅的灵柩,在夜阴里被埋入浅土中去了;西天角却出现了一片微红的新月。

鲁迅的学生胡风曾因此指责当时没有到场的茅盾:"远在福建的郁达夫都赶来了,而近在浙江嘉兴桐乡的茅盾却借口痔疮发作没有来!"其实这种指责是没有多少道理的:对一个人的感情深浅是不能用距离来衡量的,所谓天涯比邻咫尺天涯是也。而就同辈作家而言,谁对鲁迅的感情赶得上郁达夫呢?

一

鲁迅与郁达夫确实有许多交集。从年纪上讲,他们相距甚远:鲁迅生于1881年,郁达夫生于1896年,晚鲁迅十五年。然而,两人却同为浙江人,一为浙江绍兴人,一为浙江富阳人,而且两人都曾留学日本,鲁迅于1902年二十一岁时从南京矿物学堂毕业后东渡日本;郁达夫则于1913年十七岁时,因在浙江大学读预科时参与学潮被校方开除而随兄前往日本。更有意思的是:他们都有学医的经历。鲁迅于1904年9月入仙台医学专门学校;而郁达夫则于1914年7月考入日本东京第一高等学校医科部(**两年后,又改学经济**),而他们又都抛弃自己所学专业而投身文学事业,并都取得一流成就!

他们二人除了这些履历上的"硬件"相似外,在人生经历的"软件"上也有很多共鸣之处。鲁迅少年丧父,饱受人间冷暖世态炎凉,"有谁从小康坠入困顿的吗?我以为在这途路中,大概可以看见世人的真面目"。而且,为了给父亲治病,"我有四年多,曾经常常,——几乎是每天,出入于质铺和药店里,年纪可是忘却了,总之是药店的柜台正和我一样高,质铺的是比我高一倍,我从一倍高的柜台外送上衣服或首饰去,在侮蔑里接了钱,再到一样高的柜台上给我久病的父亲去买药"。而郁达夫也从小失怙,家道中落,寡母抚孤,母亲为了满足他穿一双皮鞋的愿望,"老了面皮","上大街上的洋文货店去赊去"。郁达夫自"皮鞋"事后，非但"皮鞋不穿"，就是衣服用具都不用新的了。他说："对有钱的人，经商的人仇视等，也是从这时候而起的，……经过一番波折，居然有起老成人的样子来，直到现在，觉得这一种怪癖的性格，还是改不过来。"

不单在国内他们是被损害与被侮辱者，到了日本，他们照样是弱小民族，也会受到明治维新后走上现代化的大和民族的歧视。鲁迅在《藤野先生》中就提到：他在仙台留学时，考试成绩仅仅在中上，就被班上的日本学生疑心是跟他关系好的老师藤野放水，于是，"有一天，本级的学生会干事到我寓里来了，要借我的讲义看。我检出来交给他们，却只翻检了一通，并没有带走。但他们一走，邮差就送到一封很厚的信，拆开看时，第一句是：——'你改悔罢！'这是《新约》上的句子罢，但经托尔斯泰新近引用过的。其时正值日俄战争，托老先生便写了一封给俄国和日本皇帝的信，开首便是这一句。日本报纸上很斥责他的不逊，爱国青年也愤然，然而暗地里却早受了他的影响了。其次的话，大略是说上年解剖学试验的题目，是藤野先生讲义上做了记号，我预先知道的，所以能有这样的成绩。末尾是匿名"。这让他"回忆到前几天的一件事。因为要开同级会，干事便在黑板上写广告，末一句是'请全数到会勿漏为要'，而且在'漏'字旁边加了一个圈。我当时虽然觉到圈得可笑，但是毫不介意，这回才悟出那字也在讥刺我了，犹言我得了教员漏泄出来的题目"。于是，鲁迅愤怒了："中国是弱国，所以中国人当然是低能儿，分数在六十分以上，便不是自己的能力了：也无怪他们疑惑。"接下来，又因为幻灯事件，使得鲁迅"觉得医学并非一件紧要事，凡是愚弱的国民，即使体格如何健全，如何茁壮，也只能做毫无意义的示众的材料和看客，病死多少是不必以为不幸的。所以我们的第一要著，是在改变他们的精神，而善于改变精神的是，我那时以为当然要推文艺，于是想提倡文艺运动了"。（见《呐喊自序》）

敏感的郁达夫当然也免不了类似的遭遇。在医学预备班结业的时候,郁达夫便深深感到,在这个东邻岛国,作为一个弱国国民,处处受到歧视的痛苦。这种感受,在预备班的一年中体会最深。那时,正值"一战"爆发,日本帝国乘欧洲列强无暇东顾之际,积极扩大它在中国的势力,不仅派兵侵占山东半岛,还向中国提出不平等的"二十一条"。由于袁世凯的卖国投降,日本帝国主义更加盛气凌人,处处仗势欺负中国人民。在日的留学生,体验尤其深刻。郁达夫曾在《雪夜》一文中,反映出他的悲观情绪:"只在小安逸里醉生梦死,小圈子里争权夺利的黄帝的子孙,若要叫他领悟一下国家的观念的,最好是叫他到中国领土以外的无论哪一国去住上一两年。印度民族的晓得反英,高丽民族的晓得反日,就因为他们的祖国,都变成了外国的缘故……是在日本,我开始看清了我们中国在世界竞争场里所处的地位;是在日本,我开始明白了近代科学——不问是形而上或形而下——的伟大与湛深;是在日本,我早就觉悟到了中国的命运,与夫四万万五千万同胞不得不受的炼狱的历程……对于两三年前曾经抱了热望,高高兴兴地投入到她怀里去的这异国的首都,真想第二次不再来见它的面。"这些感受更加刺激了郁达夫的敏感心理,他认识到:中国只有富强起来,才不会再这样任人欺凌和侮辱下去! 此时郁达夫觉察到中国之所以不能强盛的根本原因,在于落后的政治制度。为了实现改革社会、拯救中国的心愿,于1916年秋开始,郁达夫从医科转到法学部政治学科。在此期间,他在《新爱知新闻》上发表了许多旧体诗,博得不少日本友人的赞赏。从此走上了文艺之路。

二

有这样类似经历又同样十分敏感的人,如果碰到一起,想不成为朋友都难——所谓同气相求同声相应是也。所以,回国后跻身文坛一流作家之列的鲁迅、郁达夫成为朋友,也是题中应有之义了。

关于他们第一次见面,郁达夫在《回忆鲁迅》一文中是这么记载的:"和鲁迅第一次的见面,不知是在哪一年哪一月哪一日——我对于时日地点,以及人的姓名之类的记忆力,异常的薄弱,人非要遇见至五六次以上,才能将一个人的名氏和一个人的面貌联合起来,记在心里——但地方却记得是在北平西城的砖塔胡同一间坐南朝北的小四合房子里。因为记得那一天天气很阴沉,所以一定是在我去北平,入北京大学教书的那一年冬天,时间仿佛是在下午的三四点钟。若说起那一年的大事情来,却又有史可稽了,就是曹锟贿选成功,做大总统的那一个冬天。去看鲁迅,也不知是为了什么事情。他住的那一间房子,我却记得很清楚,是在那两座砖塔的东北面,正当胡同正中的地方。一个三四丈宽的小院子,院子里长着三四棵枣树。大门朝北,而住屋——三间上房——却朝正南,是杭州人所说的倒骑龙式的房子。那时候,鲁迅还在教育部里当金事,同时也在北京大学里教小说史略。我们谈的话,已经记不起来了,但只记得谈了些北大的教员中间的闲话,和学生的习气之类。他的脸色很青,胡子是那时候已经有了;衣服穿得很单薄,而身材又矮小,所以看起来像是一个和他的年龄不大相称的样子。"看来,郁达夫真是适合当作家,而不适合做历史学家。你看,他对第一次见面时鲁迅的住房与相貌的细节记忆是何等地清楚生动乃至传神,而对时间地点的记忆又是何等的马虎——当然,也可能是因为这些因素跟主人公相比,太微不足道了。

具体时间和地点,在做事远比郁达夫谨严的周氏兄弟笔下倒有详细记载:他们首次见面的时间是1923年2月17日,地点是周氏兄弟的住所八道湾,见面的原因是那天周作人在自己寓所请客,郁达夫应邀出席。当天鲁迅的日记是这么记载的:"午二弟邀郁达夫、张凤举、徐耀辰、沈士远、尹默、馺士饭,马幼渔、朱逷先亦至。谈至下午。"周作人的日记则是:"上午在家约友人茶话,到者达夫、凤举、耀辰、士远、尹默、兼士、幼渔、逷先等八人。下午四时散去。"有意思的是,两人日记所列参加者大名顺序惊人得一致,可见斯时周氏兄弟不仅住在一起,而且看人的眼光也基本一致。从"下午四时散去"一笔,足可见此次见面主客十人谈兴十足,算得上是情投意合。也因此,在这次见面后的第六天,他们又一次聚会——1923年2月23日钱玄同日记有云:"上午收拾书桌。士远来电话,邀我到他家中去吃午饭,熟客有他们弟兄三人、张凤举、徐耀辰、马幼渔、周氏兄弟二人诸人,生客只有郁达夫一人。"四天后的27日,他们再次见面——该天鲁迅日记云:"往东兴楼应郁达夫招饮,酒半即归。"为何"酒半即归"?对此,周作人当天的日记倒有答案:"晚达夫约会餐,因夜冷不赴。"可见所以这次见面没喝尽兴,不是因为情意不投,而实在是因为天气太冷,不宜在外久留。相识仅仅十天,鲁迅跟郁达夫就三次宴见,足见二人一见如故,感情融洽。从此以后,当时文坛上的这两个大人物就开始了他们长达十三年的友好往来。

照说,郁达夫跟鲁迅应该有些梁子才是。因为他是所谓"创造社"的大将——成立于1921年7月的创造社是由郭沫若、郁达夫、成仿吾、张资平等发起的,主要成员还有田汉、郑伯奇、倪贻德、叶灵凤、潘汉年、柯仲平、冯乃超、李一氓、阳翰生、许聿之等。曾在上海先后出版《创造季刊》《创造周报》《创造日》《创造月刊》《洪水》半月刊、《文化批判》月刊,以及其他小型期刊,编印《创造社丛书》多种。而创造社的成员却大都对鲁迅不甚感冒。

比如郭沫若在鲁迅逝世后就曾在《鲁迅与王国维》一文中表示:"自己实在有点后悔,不该增上傲慢,和这样一位值得请教的大师,在生前竟失掉了见面的机会。"那么,他是如何对鲁迅"傲慢"的呢?1920年10月,郭沫若在《学灯》增刊上,第一次读到鲁迅的小说,那就是《头发的故事》。他认为鲁迅的观察很深刻,笔调很简练,又"觉得他的感触太枯燥,色调暗淡,总有点和自己的趣味相反驳"。郭沫若还坦言,这种感觉"直到他的《呐喊》为止"。正因如此,当郁达夫劝他读《故乡》和《阿Q正传》时,他没有再去读了。他说:"但我终是

醉眼朦胧上酒楼，彷徨呐喊两悠悠，
盲人瞎尽犹多艺，
废江河万古流、

赠
鲁迅先生　郁达夫

郁达夫诗《赠鲁迅先生》

1932年12月30日，郁达夫拜访鲁迅，并请求赠送墨宝，次日鲁迅即为郁达夫写了《无题》（"洞庭木落楚天高"）及《答客诮》各一幅。郁达夫于1933年1月19日以此诗回赠。

怠慢了,失掉了读的机会。以后的著作便差不多连书名都不清楚了。"后来,郭沫若更是以杜荃的笔名在《创造月刊》发表《文艺战线上的封建余孽》,说鲁迅"像这样尊重籍贯,尊重家族,尊重年纪,甚至于尊重自己的身体发肤,这完全是封建时代的信念"。鲁迅和陈源、高长虹争论时,郭沫若还多少理解一点鲁迅,可此时的郭沫若反说他们都是非正义的,甚至意气地将鲁迅和陈源、高长虹的论战,喻为"帝国主义者间因利害冲突而战",是"猩猩和猩猩战,人可以从旁批判它们的曲直,谁个会去帮助哪一个猩猩"。为称快一时,他甚至对鲁迅作出这样的结论:"资本主义以前的一个余孽""一位不得志的 FASCIST(法西斯谛)"。又比如成仿吾,就以"石厚生"为笔名,在《文化批判》上发表《毕竟是"醉眼陶然"罢了》,论述了"闲暇,闲暇,第三个闲暇"的观点,认为鲁迅的"闲暇"是"更深更不可救药的没落"等。此外,创造社的李初梨、冯乃超等人也联合攻击鲁迅,认为鲁迅的文学思想与革命文学大相径庭。创造社责难鲁迅的文章,一篇接着一篇,甚至以鲁迅的籍贯、家族等作为奚落的资料。他们强加于鲁迅的是:"代表着有闲的资产阶级,或者睡在鼓里的小资产阶级。"他们甚至使用漫骂的语言:"惹出了我们文坛的老骑士鲁迅出来献一场乱舞。现在就让我们来看他这老态龙钟的乱舞罢。"

但因为对鲁迅的了解,郁达夫对同人们对鲁迅的攻击不以为然。他认为创造社和郭沫若等情绪化的行为,太令人失望,对于鲁迅的作品,郁达夫是十分推崇的。1928 年 8 月 16 日,郁达夫就在《北新半月刊》第二卷第十九号发表了《对于社会的态度》一文。鉴于国民党刊物《青年战士》对鲁迅等革命作家进行攻击,郁达夫明确指出:"至于我对鲁迅哩,也是无恩无怨,不过对他的人格,我是素来知道,对他的作品,我也有一定的见解。我总以为作品的深刻老练而论,他总是中国作家中的第一人者,我从前是这样想,现在也这样想,将来总也不会变的。"后来,针对创造社对鲁迅的攻击,他更仿杜甫《戏为六绝句》,作了一首诗赠予与鲁迅,以示声援:"醉眼蒙眬上酒楼,呐喊彷徨两悠悠。蚍蜉撼树不自量,不废江河万古流。"也就是因为这些原因,鲁迅才说:郁达夫是创造社中最无创造嘴脸的人。

当然,鲁迅对郁达夫在文学上的天分也是十分看好的。1932年,日本增田涉负责选编《世界幽默全集·中国篇》,原选收《今古奇观》《儒林外史》《笑林广记》及民间文学作品共八篇,近代作品只收了鲁迅的《阿Q正传》。鲁迅在同年5月22日致增田涉信中建议增补郁达夫的小说《二诗人》,以及张天翼的《轻松的恋爱故事》。为了帮助增田涉译好郁达夫作品,鲁迅不仅寄去了《郁达夫全集》第六卷,而且耐心为增田涉进行讲解。1934年,美国伊罗生提议编译一本英文版的中国现代短篇小说集《草鞋脚》,委托鲁迅和茅盾提供选目并撰写简介。鲁迅认为这是一部显示中国"文学革命"实绩的作品集,译介到西方很有意义,便又推荐了郁达夫的小说《迟桂花》——这篇诗意盎然、意境幽远的小说,是郁达夫小说中技巧最为圆熟之作。1936年四五月间,美国记者斯诺采访鲁迅,问到五四以来中国最优秀的小说作者是谁,鲁迅提供了八个人名,其中就有郁达夫。

三

虽然鲁迅跟郁达夫感情不错,但实际上二人在为人处世上还是有很大不同的。大致说来,鲁迅持身甚严,一板一眼,近乎苦行僧。他的名言是"生活太安逸了,工作就被生活所累"。郁达夫则相反,随意浪漫,想怎么来就怎么来,所谓"不是樽前爱惜身,佯狂难免假成真。曾因酒醉鞭名马,生怕情多累美人"是也。

这点,我们或许可以从二人对原配的态度上看出来。鲁迅奉母之命迎娶朱安后,不爱她,也不跟她同床,只把她当礼物供着——他心中有这样一个原则,那就是:既然我不爱你,我就不能碰你。否则跟嫖妓何异?妙的是郁达夫也有这样一位原配,她的名字叫孙荃。孙荃出生在一个地主家庭,其貌不扬,但有很好的文学修养。1917

年,孙荃时年二十岁,郁达夫从日本回国,奉母亲之命和孙荃订婚。郁达夫第一次见到孙荃时,因为孙荃身体瘦弱又是三寸金莲,郁达夫非常失望。可是一聊之下,他态度大变。

郁达夫给兄长写信,用了大量笔墨来赞赏孙荃的"才貌双全"。两人自见面分别之后,郁达夫时常想念孙荃,并以书信往来表达彼此的爱意。郁达夫在给孙荃的信中还提到了有关婚礼的具体事宜,这让孙荃激动不已。1920年,郁达夫从日本回国与孙荃举办了婚礼,不但睡在一起还生儿育女,不知今夕何夕。然而,这并不妨碍他在婚后不久被美丽活泼的王映霞所吸引,两人快速地坠入恋爱生活。孙荃得知后,极力反对两人的感情,但是郁达夫不为所动。孙荃为了成全两人,只好带着孩子与郁达夫分居。

在男女问题上,鲁迅除后来遇到许广平迸发真正爱情外,基本上没有什么花絮,可以说他是个地地道道的禁欲主义者——郁达夫在《回忆鲁迅》一文中就写到过:经常在冷的天,见到鲁迅穿着单裤,那时的鲁迅正过着事实上的单身生活,也不怕着凉,原来他这样做是为了降低性欲。而郁达夫才不会降低性欲呢,除了跟王映霞轰轰烈烈外,他绯闻不断到处留情。比如在日本,就曾先后与藤隆子、篠田梅野、玉儿等日本少女产生过恋情。而在国内,他更是窑子里的常客。陈翔鹤曾回忆:郁达夫跟他们多次逛胡同,达夫的方法是一条胡同、一个班子慢慢看,先点若干班子的名,然后挑一个姑娘到她屋子里坐坐,或者一个也不挑。有一次,他对一个姑娘说:"让我抱抱吧,我已经有五六个月不亲近女人了!"这个姑娘就向他的怀里坐下去。郁达夫从日本留学归来,在安庆法政学院教书时,除了上课,全部时间和收入都花在游荡上。他寻花问柳的条件是:第一,年龄要大一些;第二,相貌要丑一些;第三,要没人爱过的。有一段时间,他的绰号就叫"三条件"。据此,老鸨婆便给他介绍了一位名叫"海棠"的妓女。据易君左说,他本人就是当年常随同郁达夫到海棠那里去打牌饮酒的数人之一,他这样描述海棠:"这朵'海棠花'我拜见过,当时芳龄不过比她的'如意郎君'大两三岁,即二十七八岁,天生一副朱洪武的异象,嘴可容拳,下巴特长,而上额不容三指。据说这种面相,在男子当有'帝王之尊',在女子则谁也不敢领教。"郁达夫曾这么解释自己之所以沉迷于酒色生活的理由:"我岂是甘心堕落者!我岂是无灵魂的人?不过看透了人生的命运,不得不如此自遣耳。"

又比如,在饮酒上,鲁迅很少醉酒。据他自己讲,他之所以不酗酒,是因为小时候见多了自己父亲喝醉酒后乱骂人的可恶,不愿自己也成为那样的人。郁达夫也记载过与鲁迅同饮的往事:"他对于烟酒等刺激品,一向是不十分讲究的;对于酒,也是同烟一样。他的量虽则并不大,但却老爱喝一点。在北平的时候,我曾和他在东安市场的一家小羊肉铺里喝过白干;到了上海之后,所喝的,大抵是黄酒了。但五加皮、白玫瑰,他也喝,啤酒、白兰地他也喝,不过总喝得不多。"郁达夫则不同。在他的日记中,隔三岔五就来这么一句"喝酒三坛大醉"。他对此有这样的说辞:"不晓得什么地方听见过一位俄国的革命家说,我们若想得着生命的安定,于皈依宗教,实行革命,痛饮酒精的三件事情中,总得拣一件干干。头上的两件,我都已没有能力去干了,那么第三件对我最为适宜。"郁达夫贪恋美酒,见到好友更是不醉不归——王映霞曾揭露过这样的事:他们婚后不到一年,寒冬12月的一天。楼适夷来请郁达夫洗澡。虽然答应了王映霞早去早回,却是彻夜不归。当时的映霞怀着身孕,外面冰天雪地,只能和衣而卧,干等着。清早,被一阵敲门声惊醒,一个好心的陌生人扶着满身冰雪的郁达夫,跌跌撞撞进门来。郁达夫嘴唇发紫,牙关失控,咯咯作响。到了下午,郁达夫才有了知觉,神智才清醒。原来,郁达夫洗完澡,又去酒馆,喝多了酒,被朋友送到弄堂口,雪大路滑,醉倒在地,一直睡到了天亮。如果不是路过的好心人看见给送回来,后果就不堪设想了。于是,夫人王映霞"约法三章",规定凡朋友请郁达夫出去喝酒吃饭,必定要负责送回,否则不让出门。起初尚有效,这是爱情的力量。久而久之夫人的约定遂为一纸空文。

郁达夫四十岁时曾在福建省政府里上过一阵班,他天天下午去上班,而且必拎两瓶黄酒置于案头,一边办公一边喝。以至原想对他委以重任的老朋友陈仪(也是鲁迅的老朋友)也只好放弃了这个打算——这样的酒鬼,什么样的重任都会被他用酒消融得面目全非。

据说,郁达夫旅闽时,曾访弘一大法师,法师赠以著作数种。及别时,弘一法师谓郁达夫云:"你与佛无缘,还是做你愿做的事吧!"不过,也就是因为这种对舒适安逸生活的追求,最后导致了郁达夫的人生悲剧。

四

因为贪图舒适安逸,得到美人王映霞后的郁达夫觉得在上海的处境和心境都很不好,同时也想逃避上海当时高压的政治空气,这一点他在《移家琐记》中描写得很详细:"在一处羁住久了,精神上习惯上,自然会生出许多霉烂的斑点来。更何况洋场米贵,狭巷人多,以我这一个穷汉,夹杂在三百六十万上海市民的中间,非但汽车,洋房,跳舞,美酒等文明的洪福享受不到,就连吸一口新鲜空气,也得走十几里路。移家的心愿,早就有了。"于是,在1932年春天,郁达夫在杭州一块空地上建起了价值五千大洋的"风雨茅庐",准备遂其"朝来风色暗高楼,偕隐名山誓白头。好事只愁天妒我,为君先买五湖舟"之愿。对此,持身谨严且对人情世态有深刻洞悉的鲁迅不以为然,他专门写下一首后来被题为《阻郁达夫移家杭州》的诗来表示反对,诗云:"钱王登假仍如在,伍相随波不可寻。平楚日和憎健翮,小山香满蔽高岑。坟坛冷落将军岳,梅鹤凄凉处士林。何似举家游旷远,风波浩荡足行吟。"诗中显然对郁达夫挟美人归隐西湖追求安逸的生活有所规劝,警告他浙江的官们可不是省油的灯,你去那儿保不定会被他们修理,还不如去更为广阔的世界去激扬文字——鲁迅所以会有这样的警告,除了因为眼力较郁达夫深广而外,也跟他自身遭遇有关。1930年2月,中国自由运动大同盟在上海成立,鲁迅名列第一发起人,而随后成立的中国左翼作家联盟,鲁迅也是主要领导人之一。时任国民党浙江省党部指导委员的许绍棣便首先献媚,呈请国民党中央通缉"堕落文人"周树人。害得鲁迅于1930年3月19日只身避祸于日本友人的内山书店,4月19日方才回家,前后共计三十一天。后来鲁迅回忆此事,恨犹未释道:"当我加入自由大同盟时,浙江台州人许绍棣,温州人叶溯中,首先献媚,呈请南京政府下令通缉。二人果渐腾达,许官至浙江教育厅长,叶为官办之正中书局大员。"所以鲁迅对浙江这块地盘上的牛鬼蛇神可以说有切肤之痛。

郁达夫不听劝——也许以为自己没有鲁迅这么峻激,当局不至于和自己过不去,还是带着美人去泛舟西湖,做其湖光美色诗酒人生的迷梦去了。结果,不出鲁迅预言——用他自己在《回忆鲁迅》一文中的话来说,就是"我因不听他的忠告,终于搬到杭州去住了,结果竟不出他之所料,被一位党部的先生,弄得家破人亡;这一位吃党饭出身,积私财至数百万,曾经呈请南京中央党部通缉过我们的先生,对我竟做出了比邻人对待我们老百姓还更凶恶的事情,而且还是在这一次的抗战军兴之后。我现在虽则已远离祖国,再也受不到他奸淫残害的毒爪了;但现在仍还在执掌以礼义廉耻为信条的教育大权的这一位先生,听说近来因天高皇帝远,浑水好捞鱼之故,更加加重了他对老百姓的这一种远溢过钱武肃王的德政"。让人跌破眼镜的是:这个弄得他家破人亡的"党部先生"居然就是那个曾经呈请国民党中央通缉过鲁迅的许绍棣!

事情的原委是这样的:郁达夫到杭州西湖居住后,结识了斯时任浙江省教育厅厅长的许绍棣。1936年,郁达夫应福建省政府主席陈仪的邀请南下福州,担任省政府参议兼宣传室主任。留在杭州的王映霞便有机会跟许绍棣有了来往。次年年底,日军在杭州湾登陆,浙江军政机构纷纷南迁,省教育厅迁到浙南的丽水。为躲避战乱,王映霞携老母及孩子先到富阳避难,后来到丽水,与许绍棣比邻而居,两家的孩子常在一起玩耍。此时许绍棣的妻子刚病逝不久,他独自带着三个女儿生活。郎有才来女有貌,加上许绍棣又对"明眸如水,一泓秋波"的王映霞兴致勃勃,来往颇多,引起了许多风言风语。郁达夫虽远在福州,可这些风言风语飞到他耳中,他听了自然难免生疑。说来也巧,就在这心怀鬼胎之时,他去上庙又抽得了这样一支怪签:"寒风阵阵雨萧萧,千里行人去路遥。不是有家归未得,鸠鸣已占凤凰巢。"于是关于自己头上帽子变绿的怀疑近乎相信。后来,郁达夫返回杭州,又在自己家中发现了许绍棣的信件,终于忍不住大怒,夫妻争吵。

说到这儿,又可以看出郁达夫跟鲁迅大不一样的地方:其实,鲁迅也碰到过类似的事——当年周作人怀疑鲁迅与自己老婆有染或者说"失敬",于是写下绝交信一封,不许鲁迅再到他院子里来,还表示自己"以前的蔷薇的梦原来都是虚幻,现在所见的或者才是真正的人生。我想订正我的思想,重新入新的生活"。可是深谙世故洞悉人心的鲁迅知道像这类"家事",不但清官难断,就是当事人自己也纠缠不清,最好的办法只能是存而不论,保持沉默——二十世纪伟大的哲学家维特根斯坦说过:"可以说的,都可以说清楚;对于不可以说的,就必须保持沉默!"所以,终鲁迅一生,对这件造成他最大伤害的事情他几乎绝口不提,让岁月的风霜将其自然风干(当然,周作人也是这样。在这点上,二人可谓智者)。

可郁达夫就不同了,他觉得自己的家事也是国家大事,所以将这些信批量影印赠送友朋,声称是打官司的"凭证"。王映霞则匆忙卷带细软躲到一个律师朋友家中。郁达夫又请自己的老朋友郭沫若过来"查看现场"!并在1938年7月5日的汉口《大公报》上第公然刊登侮辱性《启事》:"王映霞女士鉴:乱世男女离合,本属寻常,汝与某君之关系,及搬去之细软衣饰、现银、款项、契据等,都不成问题,惟汝母及小孩等想念甚殷,乞告一地址。郁达夫谨启。"这还不过瘾,又致电致信浙江军政府,吁请查找王映霞。虽然在朋友们苦劝下,他们二人再次团聚并都表示不计前嫌,将日子过下去。孰料,没过多久,这似乎有暴露狂的郁达夫又把上面提到的签诗和他所写的词,连同年(民国)三十六到三十八年间作的十八首律诗与绝句集为一编,加以注解,名曰《毁家诗纪》,在香港《大风》杂志上公开发表,详细叙说王映霞与许绍棣的"热恋情事",并声言不要稿费。轰动一时,成为当年的热门话题。郁达夫在诗词中将王映霞比作妾。情变后王氏出走,郁指其为"逃妾",并在其丢下的一袭纱衫上题"下堂妾王氏衣物"。这个举动算是真的把家给毁了——王映霞立即以书信体裁写给郁达夫一封长信,在《大风旬刊》第三十四期发表,其中有云:"为了孩子,为了十二年前的诺言,为了不愿使你声名狼藉,才勉强维持这个家的残局,把你的一切丑行都淹没下去,然而你却是一个欺善怕恶、得寸进尺的人,在忍无可忍的状况下,只好把你那颗蒙了人皮的兽心揭穿了。"晚年的王映霞曾写过一篇《郁达夫与我的婚变经过》的文章,其中有云:"我离开郁达夫,拎了一只小箱子走出了那幢房子。郁达夫也不送我出来,我知道他面子上还是放不下来。我真是一步三回头,当时我虽然怨他和恨他,但对他的感情仍割不断;我多么想出现奇迹:他突然从屋子里奔出来,夺下我的箱子,劝我回去,那就一切都改变了……"文中又说:"我想要的是一个安安定定的家,而郁达夫是只能跟他做朋友不能做夫妻。所以同郁达夫最大的分别就是我同他性格不同。……对于婚姻,对于女子的嫁人,那中间的辛酸,我尝够了,我看得比大炮弹还来得害怕。我可以用全生命全人格来担保,我的一生,是决不发生那第二次痛苦了。"所以她后来再婚,"既不要名士,又不要达官。只希望一个老老实实,没有家室,身体健康,能以正式原配夫人之礼待她的男子"。这样暴露闹腾的结果,不仅家毁了,而且人也亡了,离婚后的郁达夫万念俱灰,远走南洋。1941年底太平洋战争爆发后,郁达夫任"星华文化界战时工作团"团长和华侨抗敌动员委员会执行委员,组织"星洲华侨义勇军"抗日。新加坡失守后,郁达夫避难至苏门答腊。在抗战胜利前夕,被日军宪兵暗杀于苏门答腊丛林之中,至今不知尸骨在何处。至于他的朋友,在此事上也并非像他想象的那样同情他——比如郭沫若就表示,"我们设身处地替王映霞作想,那实在是令人难堪的事。自我暴露,在达夫仿佛是成为一种病态了。别人是'家丑不可外扬',而他偏偏要外扬,说不定还要发挥他的文学的想象力,构造出一些莫须有的'家丑'。公平地说,他实在是超越了限度。"而曹聚仁则转引易君左的话说:"达夫的举动粗糙恶劣,确有令映霞难堪之处。……假如几百年前,唐伯虎这样揭穿了秋香的秘密,秋香还会相安于室吗?……仿佛达夫之做'乌龟',乃是命定了的呢!"

郁达夫在家事上的闹腾与鲁迅的沉默,其得失一目了然。其实,这一点郁达夫也心知肚明。也因此,他对这位已经逝去不能再在关键时候"劝"自己、"阻"自己的老朋友充满感激与佩服。在鲁迅逝世的次年,郁达夫写了一篇题为《鲁迅的伟大》的精致短文,发表在3月1日日本《改造》第十九卷第三号上,文曰:"如问中国自有新文学运动以来,谁最伟大?谁最能代表这个时代?我将毫不踌躇地回答:是鲁迅。鲁迅的小说,比之中国几千年来所有这方面的杰作,更高一筹。至于他的随笔杂感,更提供了前不见古人,而后人又绝不能追随的风格,首先其特色为观察之深刻,谈锋之犀利,文笔之简洁,比喻之巧妙,又因其飘溢几分幽默的气氛,就难怪读者会感到一种即使喝毒酒也不怕死似的凄厉的风味。当我们见到局部时,他见到的却是全面。当我们热衷去掌握现实时,他已把握了古今与未来。要全面了解中国的民族精神,除了读《鲁迅全集》以外,别无捷径。"这应该都是肺腑之言。

| 第三辑　故人 |

鲁迅设计的《壁下译丛》封面

鲁迅与周作人：愤怒中的欣赏

在现代文学史上，也许只有"周氏兄弟"可以作为特定专用语跟历史上的"三曹""三苏"前后呼应。这周氏兄弟就是鲁迅跟他的二弟周作人。这二人真是太有缘了，他们同出生在一个家庭，接受了基本相同的启蒙教育，又都在长大后离开家乡，先到南京，又远渡重洋到日本留学；归国之后又同在北大任教，同在《新青年》发力。可谓文坛上的双子星雌雄剑——鲁迅主阳，笔下纵横，所谓"其得于阳与刚之美者，则其文如霆，如电，如长风之出谷，如崇山峻崖，如决大川，如奔骐骥。其光也，如杲日，如火，如金镠铁；其于人也，如凭高视远，如君而朝万众，如鼓万勇士而战之"。而周作人则主阴，出语委婉，所谓"其得于阴与柔之美者，则其文如升初日，如清风，如云，如霞，如烟，如幽林曲涧，如沦，如漾，如珠玉之辉，如鸿鹄之鸣而入寥廓。其于人也，漻乎其如叹，邈乎其如有思，暖乎其如喜，愀乎其如悲"。他们共同的好友郁达夫曾这样评价他们各自的文章风格："鲁迅的文体简练得像一把匕首，能以寸铁杀人，一刀见血。重要之点，抓住了之后，只消三言两语就可以把主题道破……周作人的文体，又来得舒徐自在，信笔所至，初看似乎散漫支离，过于烦琐！但仔细一读，却觉得他的漫谈，句句含有分量，一篇之中，少一句就不对，一句之中，易一字也不可，读完之后，还想翻转来从头再读。"而曾经受业于他们的张中行则认为："我由上学时期读新文学作品起，其后若干年，常听人说，我自己也承认，散文，最上乘的是周氏弟兄，一刚劲,一冲淡,平分了天下。"他进而分析:"提到观照人生的高度说,兄是偏于信的一端,弟是偏于疑的一端。各有所向,哪一种近真?也不好说。但从受用方面看,疑总难免小有得而大失。周氏出品,必是精品,例不虚发。"然而,就是这样一对阴阳互补、相得益彰的文坛兄弟,后来却分道扬镳、各奔东西,如参商永不见面,成为现代文坛上最大的遗憾与谜团……

一

鲁迅年长周作人四岁。1881年9月25日,鲁迅诞生在浙江绍兴府会稽县东昌坊口周家。四年后的1885年1月16日,二弟周作人呱呱落地。从鲁迅、周作人的少年时代直至1923年近四十年的岁月里,兄弟感情一直很好,二人早年的日记、文章,常可见兄弟之间往来的"怡怡之情"。

家道衰落后,鲁迅成了家里的支柱。出当铺、进药铺的事都由鲁迅完成,为此每每遭白眼受歧视。家中分家产,因为不公平,鲁迅拒绝签字,即遭长辈厉声斥责。到亲戚家避难,被讥为"乞食者"……这些遭遇让他早早地直面生活的苦难,感受了人间冷暖的急遽变化,也让他的心渊处留下了无法消除的痕迹,对他世界观的形成产生了巨大的影响。周作人对此却没有半点体验,自然也毫无记忆。他在晚年完成的《知堂回想录》中,忆到令鲁迅记忆深刻避难之事,倒说"是颇愉快的",对鲁迅的不愉快,则解释为"或者是表兄们所说的闲话也难说吧。"

1900年,庚子年,鲁迅尚在南京矿路学堂求学,这是一所新式学校。到学校不久,鲁迅就托同学捎信回家,并寄回银圆四块。在这封信中附了上一组诗《别诸弟三首》(庚子二月),此诗后来收录在《集外集拾遗》附录一。诗云:

谋生无奈日奔驰,有弟偏教各别离。最是令人凄绝处,孤槃长夜雨来时。

  还家未久又离家,日暮新愁分外加。夹道万株杨柳树,望中都化断肠花。

  从来一别又经年,万里长风送客船。我有一言应记取:文章得失不由天。

  虽然题目是《别诸弟三首》,考虑到此时周建人不过十二岁,还不是懂诗的年龄。所以,可以肯定,这些诗主要是写给二弟周作人的。从诗中,我们自不难读出鲁迅对这个兄弟的款款深情与深深希望。

  不特此也,当鲁迅去矿路学堂读书后,没有兄长关照的周作人在老家无所事事,一度曾经游荡街头,用他的话来说就是"几乎成为小流氓"。他在《知堂回想录·几乎成为小流氓》中对此是这么描述的:"当时我是爱读《七剑十三侠》的时代,对于他们并不嫌忌,而且碰巧遇见一个人,年纪比我们要大几岁,正好做嬉游的伴侣,这人却是本地方的一个小流氓。他说是跟我们读书,大约我那时没有到三味书屋去,便在祖父住过的一间屋布置的书房,他读他的《幼学琼林》,我号称做文章预备应考,实际上还是游荡居多。……说是玩耍也就是在城内外闲走,并不真去惹事,总计庚子那一年里所游过的地方实在不少,街坊上的事情,知道的也是很多。"并说:"我从他的种种言行之中,着实学得了些流氓的手法。"正在这人生的关键时刻,是鲁迅写信求祖父把混迹于街头的"小流氓"周作人带到南京上学,后来又把他带到东京。设想,如果没有老兄的这些提携,绍兴街头或许会多一个可有可无的"破脚骨";而中国文坛将少去一员"喑呜则山岳崩颓,叱咤则风云变色"的大将。

  在东京,周作人"那时候跟鲁迅在一起,无论什么事都由他代办,我用不着自己费心"。鲁迅带着周作人读书作文,翻译《域外小说集》,拜师章太炎,对周作人悉心照顾尽力鞭策。周作人在晚年回忆录《知堂回想录》中,就回忆过这么一个细节:在日本留学时鲁迅催周作人译书,周作人因为天热、气闷,不愿意干,鲁迅急了,就照头上给了他一拳,后来被许寿裳等人拉开了。这里有老兄对二弟的专制,又何尝不是因为寄以的希望之高?没有这样的耳提面命甚至大打出手,能不能有后面博学多识的周启明,也还难说。后来,因为周作人要在日本跟羽太信子结婚,"从此费用增多,我不能不去谋事",鲁迅牺牲自己,放弃学业回国就业挣钱养活周作人夫妇,还经常寄钱给周作人夫人羽太信子家。

周作人回国后,在家乡混得很不得意,又是鲁迅通过自己的老朋友许寿裳向新任北大校长蔡元培推荐当时还在浙江的周作人到北大开设古英文和希腊文学史两门课,蔡通过鲁迅的关系,邀请周作人赴京。周作人于1917年4月份到了北京,因为学校已经开学,无法中途添加课程,蔡元培便安排周作人先去教预科的国文作文课。周作人大为不满:"他想,他倒是匆匆忙忙地赶来,又郑重其事地跑去接洽,结果却是说课程在学期中间无法添加,这成什么事儿呢?说不定蔡元培并不看重他,只因朋友之托才勉强安排他呢?那样的话,他何苦要去勉强别人呢?"于是坚决辞职,后蔡元培改聘他担任北大附设的国史编纂处编纂员,才勉强留了下来。同年9月4日,周作人就正式成了北大文科教授,在中国文学系开设欧洲文学史和希腊罗马文学史两门课,每周六小时的课程。"那工作无疑是极繁重的,而周作人心里又很没底。好在鲁迅还在他身边,周作人吃不准的东西,可以与鲁迅商讨,请鲁迅帮忙。于是,周作人总是白天把草稿起草好,待鲁迅晚上回来修正字句之后,第二天再誊清。"当时周作人不过三十三岁,只收集过一些古书,翻译过一点外国文学作品,并无学术成就,也毫无名气,完全是靠朋友的推荐和其兄鲁迅的关系,就当上了北京大学的教授。当上以后又经验不够,还得靠鲁迅的帮忙,才勉强能应付教学工作。

除了在事业上无微不至地扶持帮助老弟外,鲁迅在生活上也的的确确不愧为长兄,给予了周作人力所能及的照顾。1917年,周作人刚到北大中文系做教授不久,就出疹子,北京当时正流行猩红热,鲁迅很是害怕,愁眉不展,四处告贷,为周作人延医买药。得知周作人为出疹子后,便精神焕发地对许寿裳说:"起孟原来这么大了,竟还没有出过疹子……"他对周作人说:"在你病重的时候,我怕的不是你会得死,乃是将来须得养你妻子的事。"当时会馆设施极为简单,周作人病中,没有便器,小便只能用大玻璃瓶,大便则将骨牌凳反过来,中间放上洋簸箕,簸箕里铺上厚粗草纸。每天周作人方便后,都是由鲁迅亲自倒到院子里的茅厕去。1919年,周家因绍兴族人将出售祖宅,便决定全家迁居北京。于是,从看房到买房修房,一切事宜皆由鲁迅奔波。许广平曾回忆,鲁迅"到处奔走另找房子,在多次看屋以后,最后才找到了八道湾罗姓的。紧接着便是修理房屋,办理手续。鲁迅又兼监修,又得向警署接洽、议价、收契,家具的购置、水管装置等等事务,都落在他一个人身上"。而周作人则在三月底请假回绍兴携妻儿兴高采烈地东渡日本探亲去了。直至房屋修缮将完工时,周作人才全家浩荡而归。12月,鲁迅安顿好周作人全家,又独自南归故里,处理了家中一切事宜后,迎接老娘及三弟一家北上。以后全家同住八道湾大院,经济上出现问题,也都是鲁迅出面去筹措。他们的母亲曾说:"老二有一个比他大四岁,而且聪明能干又负责的哥哥,家里一切事情都由哥哥承担了。"1920年底,周作人患肋膜炎后需休养,是鲁迅先与朋友在西山碧云寺为他租定房,又"携工往西山碧云寺为二弟整理所租屋"。继而"送二弟住碧云寺"。他在这一天的日记里忧伤地写道:"清晨携二弟往西山碧云寺为二弟整理所租屋,午后回,经海甸(今北京海淀)停饮,大醉。"之后多次为周作人购买所需书籍,并在星期天到西山探望。现存有鲁迅此段时间写给周作人的十七封信,从中可见鲁迅对周作人关切之深,叮嘱之细。大夫要求每天早中晚散步三次,鲁迅则嘱咐"我想昼太热,两次也好""散步之程度,逐渐加深,以不疲劳为度"。"汝之所谓体操,未知是否即长井(日本医护人员)之所谓深呼吸耶,写出备考"。周作人附近住了一位"疑似肺病之人",鲁迅便劝慰他不要紧张,但也不要到那人窗下。在周作人休养的三个月中,鲁迅却家里家外忙得疲惫不堪,以至患小恙数次,但这大约是不曾向家人说起,也未得家人照顾,只是自己吃点药,休息两天。只要鲁迅在身边,家里的事都不用周作人操心的,也几乎无须他承担。

二

有这样一个老哥,周作人应该是有福了。二人如此志趣相同而又互相欣赏互相帮助,让人情不自禁地想起一千多年前北宋文坛上那对双子星兄弟:苏轼与苏辙。苏辙当年曾说:"昔余少年,从子瞻游,有山可登,有水可浮,子瞻未始不褰裳先之。"幼时"游戏图书,寤寐其中,早余二人,要始是终。""手足之爱,平生一人。""自信老兄怜弱弟,岂关天下无良朋。"在《东坡墓志铭》上说:"扶我则兄,诲我则师。"苏轼亦在写给好友李常的一首诗中说:"嗟余寡兄弟,四海一子由。""吾少知子由,天资和且清。岂是吾兄弟,更是贤友生。"还常常说他实不如苏辙,"至今天下士,去莫如子由。"旁人完全有理由相信树人与作人这对文坛上的双子星当成为当时的苏轼兄弟那样"与君世世为兄弟,更结来世未了因"。

然而时间进入1923年后,这对也曾"扶我则兄,诲我则师"的兄弟,却一下翻了脸,而且翻得那么彻底决绝。

事情发生在这一年炎热的7月。月初还好,7月3日,两兄弟还同游东安市场,又同至东交民巷书店。周作人还在日记中写道:"买云冈石窟佛像写真十四枚,又正定本佛像写真三枚,共六元八角。"7月6日,兄弟两人合译的《现代日本小说集》由商务印书馆出版发行,内收鲁迅译作十一篇,周作人译作十九篇。再之前,他们曾共游中山公园,一起出席北大学生许钦文等组织的文艺社团春光社集会,并共同担任该社指导。3月8日,周作人还在《晨报副镌》上发表《绿洲七·儿童剧》一文,含情脉脉地回忆童年时代与鲁迅一起在桂花树下自编自演儿童剧的情景。

可是,到了这个月 14 日,鲁迅日记里出现了这样一段怪异的文字:"是夜始改在自室吃饭,自具一肴,此可记也。"怎么搞的?都不跟周作人一家吃饭了?为什么?从鲁迅笔下"此可记也"这四个字,不难读出鲁迅对这突如其来的变故感到困惑与愤怒。然而,更大的风波还在五天之后:7 月 19 日上午,鲁迅赶回了他那位于北京八道湾胡同的四合院家中。周作人蓦然出现在眼前,他不发一言,将一封署有"鲁迅先生亲启"的信件交到了兄长手中。信的内容如下:

鲁迅先生,我昨天才知道,——但过去的事不必再说了。我不是基督徒,却幸而尚能担受得起,也不想责难——大家都是可怜的人,我以前的蔷薇的梦原来都是虚幻,现在所见的或者才是真正的人生。我想订正我的思想,重新入新的生活。以后请不要再到后边的院子来,没有别的话。愿你安心、自重。

7 月 18 日,作人

这就是中国现代文学史上最诡异而又最难解的周氏兄弟绝交信。从信中,我们自不难读出周作人的愤怒、悲凉与绝望。当天夜里,鲁迅坐不住,邀请周作人详谈一次,终被拒绝。夜幕中归来,他记下寥寥几字的日记:"上午启孟(周作人字启孟)自持信来,后邀欲问之,不至。"的确诡异:为什么当初"启孟自持信来"时,不问他缘由?是他把这信扔下就走了么?又为什么"后邀欲问之,不至"?是周作人认为他"昨天才知道"的"过去的事"鲁迅心知肚明,所以不必再进行什么解释了么?那么,这件事又到底是什么事呢?没人知道,大家能知道的只是这件事发生得很突然,周作人是"昨天(17 日)才知道",而鲁迅,则根本弄不清他知道不知道(不过,周作人是以为他是知道的)。

接下来的事情就更让人目瞪口呆了:次日黎明,鲁迅早起,四处看屋,准备搬出八道湾胡同。在朋友的帮助下,鲁迅借了八百元大洋,在砖塔胡同置下了个简单的四合院,便于8月2日将老母鲁瑞与绍兴发妻朱安一并搬了出去。周作人看在眼中,简略地在日记中记述了一句:"下午,L夫妇移住砖塔胡同。"都不屑记曾经那样无微不至地关怀他的大哥的身份姓名了,其怨毒之深,可想而知。

而且,这好像不是一般的误会或一时的冲动,因为在差不多十一个月的1924年6月11日这天,《鲁迅日记》又出现了这么一段记载:"下午往八道湾宅取书及什器,比进西厢,启孟及其妻突出骂詈殴打,又以电话招重久及张凤举、徐耀辰来,其妻向之述我罪状,多秽语,凡捏造未圆处,则启孟救正之,然终取书、器而出。"这日记的记叙稍嫌简约,实际上冲突却很是火爆——据当时在八道湾居住的川岛所叙:"其时,我正在八道湾宅的外院(前后共有三个院子)鲁迅先生曾经住过的房子里。就在那一日的午后我快要去上班的当儿,看见鲁迅先生来了,走进我家小院的厨房,拿起一个洋铁水杓,从水缸中舀起凉水来喝,我要请他进屋来喝茶,他就说:'勠惹祸,管自己!'喝了水就独自到里院去了。过了一会,从里院传出一声周作人的骂声来,我便走到里院西厢房去。屋里西北墙角的三脚架上,原放着一个尺把高的狮形铜香炉,周作人正拿着要砸去,我把它抢下了,劝周作人回到后院的住房后,我也回到外院自己的住所来,听得信子正在打电话。是打给张、徐二位的。是求援呢还是要他们来评理? 我就说不清了(见川岛所作《弟与兄》)。"而周建人也曾经听母亲说过,鲁迅在西厢随手拿起一个陶瓦枕,向周作人掷去,他们才退下了。次日,鲁迅告知许寿裳昨日事件的经过。许寿裳说,鲁迅回八道湾取书物,"作人和信子大起恐慌,信子忙打电话,唤救兵,欲假借外力以抗拒;作人则用一本书远远地掷入,鲁迅置之不理,专心检书。一会儿外宾来了,正欲开口说话,鲁迅从容辞却,说这是家里的事,无烦外宾费心。到者也无话可说,只好退了。"至于鲁迅说的"其致周作人(1921年9月17日)。此时周作人因病正在北京西山碧云寺养病,一切事务由鲁迅代理,此信是鲁迅与周作人沟通情况。因是兄弟之间通信,风格朴实无华。

妻向之述我罪状,多秽语,凡捏造未圆处,则启孟救正之",究竟是什么"罪状",亲耳听到者除鲁迅外,还有张凤举、徐耀辰和羽太重久。遗憾的是这三个人都没留下文字材料。但是张凤举和徐耀辰私下曾经与人谈论"此事"。郁达夫《回忆鲁迅》中就这么谈到:"在我与鲁迅相见不久之后,周氏兄弟反目的消息,从禄米仓的张徐二位那里听到了,原因很复杂,而旁人终于也不明白是究竟为了什么。……据凤举他们的判断,以为他们兄弟间的不睦,完全是两人的误解。周作人的那位日本夫人,甚至说鲁迅对她有失敬之处。"至于林语堂说:"听说他与他的弟弟岂明(作人)发生意见,是因为这日本弟妇的关系。我也不得其详。"(《忆鲁迅》)就不知是直接听张、徐所说,还是辗转得知的了。

对这件导致他们兄弟失和甚至大打出手的"过去的事"最清楚的周作人后来承认:1923年7月17日,他终于知道鲁迅做的这件事,并在当天日记中录下了涉及此事"十来字",后觉不妥,便"用剪刀剪去了"(见《知堂回想录》之不辩解说)。他这一剪不要紧,现代文学史上这对双子星何以从兄弟怡怡的状态一下变得水火难容的真相也从此石沉大海,无从打捞。

三

兄弟反目后,鲁迅大病一场,前后达一个半月之久。学者袁良骏先生认为:"它促成了鲁迅的早逝。失和对鲁迅的精神打击是巨大的,这是鲁迅的一大块心病,不仅导致了他迁居后的一场大病,而且影响其终生。鲁迅最终死于肺病,而肺病最可怕的就是累和气。与周扬等'四条汉子'生气是外在的,兄弟失和才是更要害、更根本的。"不难想象,每当想起自己倾注全心全意关爱的弟弟居然如此反戈一击,鲁迅的心中该有多疼多苦。这种痛苦是锥心裂肺难以释怀的。

从此之后,鲁迅再不跟周作人见面,而一提及对方都有些怒不可遏。比如鲁迅在1924年9月21日1为自己收藏的古砖拓本集《俟堂专文杂集》写的"题记"中说:"曩尝欲著《越中专录》,颇锐意搜集乡邦专甓厦及拓本,而资力薄劣,俱不易致,以十余年之勤,所得仅古专二十余及本少许而已。迁徙以后,忽追寇劫,予身逭遁,止携大同十一年者一枚出,余悉委盗窟中。日月除矣,意兴亦尽,纂述之事,渺焉何期?聊集燹余,以为永念哉!甲于八月廿三日,宴之敖者手记。"又是"寇劫",又是"盗窟",可见怨毒之深。值得注意的是所谓"宴之敖者",鲁迅曾对许广平解释过它的意思。"宴从门(家),从日,从女;敖从出,从放;我是被家里的日本女人逐出的。"可见这事出面的虽然是周作人,用香炉砸人的也是周作人,但鲁迅却很清楚,周作人不过是前台傀儡,真正的导演是其背后的"日本女人",即周作人老婆羽太信子!而且,鲁迅对周作人夫妇,尤其是信子的憎恶,居然也进入了他日常的写作之中,在1934年写的《从孩子的照相说起》(收《且介亭杂文》)中,鲁迅这么写到:"因为长久没有小孩子,曾有人说,这是我做人不好的报应,要绝种的。房东太太讨厌我的时候,就不准她的孩子们到我这里玩,叫作'给他冷清冷清,冷清得他要死!'"这"房东太太"说的就是羽太信子。她不许她的孩子到他这边来玩的事,鲁迅曾经说给增田涉听过。增田涉在《鲁迅的印象》一书中说:"还记起他曾经说的一件事,他在北京和周作人同住的时候,他常买糖果给周作人的小孩(他自己那时没有小孩),周作人夫人不让他们接受而抛弃掉。他用充满感慨的话说:好像穷人买来的东西也是脏的。"在小说《孤独者》(收《彷徨》)中,鲁迅还写到这样一个情节:"……只见他(按:指小说主人翁魏连殳)侧耳一听,便抓起一把花生米,出去了。门外是大良们笑嚷的声音。但他一出去,孩子们的声音便寂然,而且似乎都走了。他还追上去,说些话,却不听得有回答。他也就阴影似的悄悄地回来,仍将一把花生米放在纸包里。'连我的东西也不要吃了。'他低声,嘲笑似的说。"在《野草·颓败线的颤动》中,鲁迅写到一个为家庭牺牲掉自己一切的老女人,最后被家人赶出家去时,又这样描写:"她在深夜中尽走,一直走到无边的荒野;四面都是荒野,头上只有高天,并无一个虫鸟飞过。她赤身露体地,石像似的站在荒野的中央,于一刹那间照见过往的一切:饥饿,苦痛,惊异,羞辱,欢欣,于是发抖;害怕,委屈,带累,于是痉挛,杀,于是平静。……又于一刹那间将一切合并:眷念与决绝,爱抚与复仇,养育与歼除,祝福与诅咒。……她于是举两手尽量向天,口唇间漏出人与兽的,非人间所有,所以无词的言语。当她说出无词的言语时,她那伟大如石像,然而已经荒废的,颓败的身躯的全部都颤动了。这颤动点点如鱼鳞,仿佛暴风雨中的荒海的波涛。她于是抬起眼睛向着天空,并无的言语也沉默尽绝,惟有颤动,辐射若太阳光,使空中的波涛立刻回旋,如遭飓风,汹涌奔腾于无边的荒野。"这里,显然有他自己和周作人夫妇对自己的迫害在其中。

　　周作人呢?从表面上看,他比鲁迅平静得多,他照样地作文,上课,出席各种会议。但是,在 1923 年 7 月 25 日所写的《自己的园地·旧序》里,他重复了 7 月 18 日给鲁迅的字条里所说的"过去的蔷薇色的梦都是虚幻"这样的话,表达了自己对理想中美好人生的幻灭感。1924 年 6 月,就在兄弟间大打出手后,周作人写了一篇《破脚骨》。据章川岛说,这是针对鲁迅的。在文章中,他暗示鲁迅是个"无赖子",并且作了一连串的"考证":"破脚骨官话曰无赖曰光棍,古语曰泼皮曰破落户,上海曰流氓,南京曰流尸曰青皮,日本曰歌罗支其,英国曰罗格……《英汉字典》中确将'流氓'这字释作劫掠者,盗贼等等也。"从一向温和的周作人笔下流露出这样恶毒的咒骂,足见他心中怨恨之深。在《笠翁与随园》这篇文章中,他又别有用心地写道:"《随园诗话》在小时候也照例看过,却终未成为爱读书,章实斋的攻击至今想来还没有多少道理,不过我总不大喜欢袁子才的气味,觉得这有点儿薄与轻,自然这与所谓轻薄又是不同。我很讨厌那两句诗,若使风情老无分,夕阳不合照桃花。老了不肯休歇,还是涎着脸要闹什么风情,是人类中极不自然的难看的事情,随园未能免俗，又说些肉麻话，所以更显出难看了。"联想起他以前说的："世间称四十左右曰危险时期，对于名利，特别是色，时常露出好些丑态，这是人类的弱点，原也有可以容忍的地方。但是可容忍与可佩服是绝不相同的事情，尤其是无惭愧地、得意似地那样做，还仿佛是我们的模范似地那样做，那么容忍也还是我们从数十年的世故中来最大的应许，若鼓吹护持似乎可以无须了罢。"(《志摩纪念》)"兼好法师尝说人们活过了四十岁，便将忘记自己的老丑，想在人群中胡混，私欲益深，人情物理都不复了解。行年五十，不免为兼好所诃，只是深愿尚不忘记老丑，并不以老丑卖钱耳。"(《周作人书信·序言》)这里所谓"老了不肯休歇，还是涎着脸要闹什么风情，是人类中极不自然的难看的事情"，与另两处的口吻如出一辙；而"又说些肉麻话，所以更显出难看了"表面上是在说袁枚的诗，实际上是在影射当时"老了"却跟许广平恋爱并且出版《两地书》的鲁迅。

四

值得注意的是，虽然鲁迅在跟周作人闹翻后不再来往，而且提及对方恨犹未释。但他对这个自己付出了很大心血的二弟的关心与对他在学识与文字上的欣赏，却从未断绝。

比如他写于兄弟失和后的《弟兄》，就是以1917年周作人刚到北大中文系做教授不成后出疹子为原型创作的。小说中，他借主人翁的感受回忆了自己对周作人疾病的忧虑，请医生来诊治的事实，还表示了"鹡鸰在原"的意思。鹡鸰原作脊令，是一种生活在水边的小鸟，当它困处高原时，就飞鸣寻求同类。《诗经》："脊令在原，兄弟急难。"比喻兄弟在急难中要互相救助。鲁迅通过小说，是向周作人伸出热情的手，表示周作人如有急难，他还愿像当年周作人患病时那样救助。而当1925年，周作人发表短文《伤逝》，其中引用了一首罗马诗人的诗，诗中有"兄弟，只嘱咐你一声珍重！"之句。此后不久，鲁迅也发表题为《伤逝》的小说，开篇便说："如果我能够，我要写下我的悔恨和悲哀,为子君,为自己。"晚年,周作人在《知堂回想录》中这样写道:"《伤逝》不是普通恋爱小说,乃是假借了男女的死亡来哀悼兄弟恩情的断绝的……我也痛惜这种断绝,可是有什么办法呢,人总只有人的力量。"而在鲁迅收藏的现代作家的译著中,以周作人的译著种类为最多。二人反目后,鲁迅仍搜集周作人的作品。

而据周建人在《鲁迅与周作人》一文中回忆,1927年10月,鲁迅到上海后,对他讲起八道湾的生活,从没有责备过周作人,只是感慨万分地说:"我已经涓滴归公了,可是他们还不满足。"他还时常惦念周作人,为他担忧,常对我说:"八道湾只有一个中国人了。"(当然不包括男女工人和孩子)。特别当《语丝》在北京被禁止,北新书局被封门的时候,他焦急万分,对我说过,也给人写信,讲过这样的话:"他之在北,自不如来南之安全,但我对于此事,殊不敢赞一词,因我觉八道湾之天威莫测,正不下于张作霖,倘一搭嘴,也许罪戾反而极重,好在他自有他之好友,当能相助耳。"可见鲁迅所说的"八道湾",是除周作人之外的。八道湾是天威莫测的,不下于张作霖,而周作人是在这样统治下的唯一臣民。还有一次,周作人的一部译稿交给商务印书馆出版,编辑正在处理。鲁迅说:"莫非启孟的译稿,编辑还用得着校吗?"周建人表示说:"那总还是要看一遍的吧!"鲁迅不作声了。

1934年,自号"苦茶上人"的周作人适逢五十岁生日,感慨平生,做了两首《五十自寿打油诗》,由好友林语堂拿去在《人间世》上刊发出来:

(一)

前世出家今在家,不将袍子换袈裟。
街头终日听谈鬼,窗下通年学画蛇。
老去无端玩骨董,闲来随分种胡麻。
旁人若问其中意,且到寒斋吃苦茶。

(二)

半是儒家半释家,光头更不著袈裟。
中年意趣窗前草,外道生涯洞里蛇。
徒羡低头咬大蒜,未妨拍桌拾芝麻。
谈狐说鬼寻常事,只欠工夫吃讲茶。

此二诗发表后立即引起轰动,文坛上许多名流大腕如蔡元培、胡适、林语堂、钱玄同、郑振铎、刘半农等,纷纷步韵和诗,一时热闹非常。结果激起了激进青年的不满。而鲁迅在1934年4月30日给曹聚仁的信中却有这样的说法:"周作人自寿诗,诚有讽世之意。然此种微词,已为今之青年所不惊,群公相和,则多近于肉麻,于是火上添油,遽成众矢之的。而不作此等攻击文字,此外近日亦无可言,此亦'古已有之',文人美女,必负亡国之责,近似亦有人觉国之将亡,已在卸责于清流或舆论矣。"六天后,即1934年5月6日给杨霁云信中又道:"至于周作人之诗,其实是还藏些对于现状的不平的,但太隐晦,已为一般读者所不惯,加以吹擂太过,附和不完,致使大家觉得讨厌了。"对此种理解,周作人是心存感激的,也因此才会在三十多年后的《知堂回想录》里,有这样的表示"对于我那不成东西的两首歪诗,他却能公平地予以独自的判断,特别是在我们'失和'十年之后,批评态度还是一贯……鲁迅平日主张'以眼还眼,以牙还牙',不会对于任何人有什么情面,所以他这种态度是十分难得也是很可佩服的,与专门'挑剔风潮',兴风作浪的胡风等辈,相去真是不可以道里计了。"在《知堂回想录》里,周作人再次抄录鲁迅致曹聚仁的那封信,并说"批评最为适当的,乃是鲁迅的两封信"。

相对而言,失和后的周作人对鲁迅倒淡薄了很多。1936年,鲁迅逝世,消息传到北京,周作人并没去上海,却在北大法学院礼堂参加了纪念会。鲁迅病逝第二天,周作人恰好有一堂《六朝散文》课,他没有请假,而是挟着一本《颜氏家训》缓缓地走进教室。在长达一个小时的时间里,周作人始终在讲颜之推的《兄弟》篇。下课铃响了,周作人挟起书说:"对不起,下一堂课我不讲了,我要到鲁迅的老太太那里去。"这个时候,大家才发现周作人的脸色非常难看。而他对兄弟失和一事,从头到尾保持的都是所谓"不辩解说"的态度——他在《知堂回想录·不辩解说(上)》里说:"大凡要说明我的不错,势必先说对方的错。不然也总要举出些隐秘的事来做材料,这都是不容易说得好,或者不大想说的,那么即使辩解得有效,但是说了这些寒碜话,也就够好笑,岂不是前门驱虎而后门进了狼吗?"1966年7月2日,周作人开始阅读鲁迅的杂文。周氏兄弟在离世之际,都在阅读对方的文章。

鲁迅与钱玄同：从至交到路人

很多人都认为鲁迅脾气很大，容易发火，不好接近。唐弢在其《琐记》中就曾提及："当我还不曾和他相识的时候，时常听到有人议论他：'鲁迅多疑。'有些人还绘声绘色，说他如何世故，如何脾气大，爱骂人，如何睚眦必报，总之，鲁迅是不容易接近的，还是不去和他接近好。"还有人甚至说鲁迅根本就没有什么朋友——跟他交朋友的人最后都跟他闹翻了。事实上当然不是这样：鲁迅也有始终如一的朋友，比如许寿裳、台静农、郁达夫，还有年轻一些的萧军、萧红、巴金、冯雪峰、胡风等等。鲁迅自己就曾说过："现在许多论者，多说我会发脾气，其实我觉得自己倒是从来没有因为一点小事情，就成友成仇的人，我有不少几十年的老朋友，要点就在彼此略小节而取其大。"不过，也得承认，他的确也有过不少原先关系很好，后来却因为种种原因闹掰了的"以故朋友"，比如胡适、林语堂、刘半农……当然，还有钱玄同。

一

钱玄同(1887—1939)，晚鲁迅六年出生，也晚鲁迅三年逝世，基本上算是同代人。他原名钱夏，字德潜，又号疑古、逸谷，常效古法将号缀于名字之前，称为疑古玄同。五四运动前夕改名玄同。汉族，浙江吴兴（现浙江湖州市）人。1887年9月12日（农历清光绪十三年丁亥月十二日）出生，吴越国太祖武肃王钱镠之后。中国现代思想家、文学学家、新文化运动的倡导者。他跟鲁迅交往很早,在日本留学时,二人即有来往。1908年4月,钱玄同邀章太炎在东京大成中学开办国学讲习会,同学者有龚未生、朱宗莱、朱希祖等。不久周树人、周作人、许寿裳、钱家治四人请章氏另开一班,前四人也再加入。"我那时虽已与他相识,"多年后钱玄同追忆鲁迅,"但仅于每星期在先师处晤面一次而已,没有谈过多少话。"许寿裳则这样描述:"谈天时以玄同说话为最多,而且在席上爬来爬去。所以鲁迅给玄同的绰号曰'爬来爬去'。鲁迅听讲,极少发言……"时鲁迅二十五岁,钱玄同年方十九,可能是年龄或性格的差异,虽拜为同窗,并无深交。鲁迅也很少提到他们这段一块儿跟大师章太炎学习国学的如烟往事。

　　1909年鲁迅回国,次年钱玄同亦归,不在一地,鲜有交集。1913年3月16日,鲁迅收到钱玄同一封信,还是合在许寿裳的信函里寄来的。当年八月,两人先后赴京谋生,鲁迅进教育部,钱玄同入北京高等师范学校。既是浙江同乡,又是老同学,同住一个城市,有共同的朋友,从此交际日多。鲁迅与钱玄同的侄子钱稻孙系同僚,据鲁迅日记记载,他们在北京的交往,最早即由钱稻孙牵线。1913年9月27日,钱稻孙设宴广和居,鲁迅与钱玄同、马幼渔、朱希祖等人获邀。29日,钱玄同托侄子给鲁迅捎信,索其译著《域外小说集》,次日上午鲁迅就把书交给了钱稻孙。现存最早的钱玄同致鲁迅信,写于1915年4月9日,其中写道:"委件又迟了许久,未曾报命。弟不善作篆,真书虽拙劣犹或稍愈于篆,故改写真书,未识可用否?"从这封信看来,他们那时颇有文字上的来往,鲁迅曾向他要一幅篆字,但钱玄同以为自己真书写得更好,所以改写了一幅真书给对方。从这件小事上,我们不难看出他们交往的率真自然,没有任何的矫饰与勉强。

　　1917年8月9日,钱玄同第一次到南半截胡同绍兴会馆与周氏兄弟聚谈,周作人在日记中留下的记录是:"钱玄同君来访,不值。

仍服规那丸。下午钱君又来,留饭,剧谈至晚11时去,夜颇热。"鲁迅在日记中留下的记录是:"晴,大热。下午钱中季来谈,至夜分去。"在随后的两年多时间里,三个人之间借助《新青年》杂志展开了密切合作。据《鲁迅日记》记载,钱玄同1918年间到绍兴会馆访谈二十七次,寄给鲁迅书信六封,为鲁迅代领薪水两次,一起外出赴宴两次。鲁迅1917年至1919年的三年时间里,共寄给钱玄同书信近四十封,其中包括1917年的五封。钱玄同后来在《我对于周豫才君之追记与略评》中对这段交往有这样的回忆:"六年,蔡孑民(元培)先生任北京大学校长,大事革新,聘陈仲甫(独秀)君为文科学长,胡适之(适)君及刘半农(复)君为教授,陈、胡、刘诸君正努力于新文化运动,主张文学革命;启明亦同时被聘为北大教授。我因为我的理智告诉我,'旧文化不合理应该打倒''文章应该用白话做',所以我十分赞同仲甫所办的《新青年》杂志,愿意给它当一名摇旗呐喊的小卒。我认为周氏兄弟的思想是国内数一数二的,所以竭力怂恿他们给《新青年》写文章。七年一月起,就有启明的文章,接着第二、三、四诸号都有启明的文章。但豫才尚无文章送来,我常常到绍兴会馆去催促,于是他的《狂人日记》小说居然做成而登在四卷第五号里了。"

关于他们这段对鲁迅乃至对中国现代文学史都十分重要的来往,鲁迅在1922年12月3日的《呐喊·自序》中有形象生动的叙述:

"那时偶或来谈的是一个老朋友金心异,将手提的大皮夹放在破桌上,脱下长衫,对面坐下了,因为怕狗,似乎心房还在怦怦的跳动。'你抄了这些有什么用?'有一夜,他翻着我那古碑的钞本,发了研究的质问了。'没有什么用。'

'那么,你钞他是什么意思呢?''没有什么意思。''我想,你可以做点文章……'我懂得他的意思了,他们正办《新青年》,然而那时仿佛不特没有人来赞同,并且也还没有人来反对,我想,他们许是感到寂寞了,但是说:'假如一间铁屋子,是绝无窗户而万难破毁的,里面有许多熟睡的人们,不久都要闷死了,然而是从昏睡入死灭,并不感到就死的悲哀。现在你大嚷起来,惊起了较为清醒的几个人,使这不幸的少数者来受无可挽救的临终苦楚,你倒以为对得起他们么?'"然而几个人既然起来,你不能说决没有毁坏这铁屋的希望。'

是的,我虽然自有我的确信,然而说到希望,却是不能抹杀的,因为希望是在于将来,决不能以我之必无的证明,来折服了他之所谓可有,于是我终于答应他也做文章了,这便是最初的一篇《狂人日记》。从此以后,便一发而不可收,每写些小说模样的文章,以敷衍朋友们的嘱托,积久就有了十余篇。"在这里,钱玄同的执着乐观与鲁迅的绝望苍凉,相映成趣。然而,也就是仗了钱玄同这份执着与乐观,才使得在"俟堂"里等死的周树人有了为希望一搏呼啸而出的选择,中国现代文学史也因此翻开了它最为绚丽夺目的一页。对此,鲁迅固然功不可没,但把他推拉上文坛的钱玄同也与有荣焉——鲁迅在三年后的1925年6月15日为《阿Q正传》俄文作序时,还不忘提及:"我在留学时候,只在杂志上登过几篇不好的文章。初做小说是一九一八年,因了我的朋友钱玄同的劝告,做来登在《新青年》上的。这时才用'鲁迅'的笔名(Penname);也常用别的名字做一点短论。"

那时,他们之间的友谊是醇厚温馨的。据章廷谦回忆,钱玄同是很能侃大山的一个人,一旦开口,就像汽水瓶似的"揭开瓶盖滔滔的流话"。而鲁迅自然是棋逢对手——沈尹默回忆说他"善作长夜之谈,钱玄同是他座上常在之客。玄同健谈是大家所知道的,他们两位碰在一起别人在旁只有洗耳恭听的份儿,是没有插嘴的余地的。而且鲁迅深于世故,妙于应付,也同他所擅长的古文词一样,为当时士大夫之流所望尘莫及。"不但谈话能水乳交融,在见识与文章上也互相欣赏。

　　1922年10月10日国庆节,钱玄同参加天安门的国民裁兵大会,随孔德学校的教师队伍游行两个多小时,在当天日记中他写道:"今天走到很累。我十九岁那年,在南洋中学做学生时,曾经排了队,如此远行过,距今已十七年矣。我的身体既弱,我的性情又懒,年来出门必坐车,已成习惯,偶然多走几步,便觉很累,与废物何异!到王府井大街时,大家齐声唱'打倒军阀!''救国救民!''裁兵运动'等语。我不禁联想及于当年做学生时,唱'请看那印度、波兰,马牛奴隶性,……'和'最可耻一种奴隶心,波兰人终被俄征服,最可鄙一种依赖心,印度人人堕进地狱'等军歌。这种军歌周氏兄弟从1907、1908在东京时,撰文痛骂(登在《河南》等杂志上)一直骂到现在。我当时看了他们的议论,才知道中国人骂印度、波兰才真是可耻可鄙,才算是马牛奴隶性。我的狭隘的爱国心,崇拜军国主义,轻视印度、波兰的谬见,赖读周文渐渐破除,现在想来,真不得不感谢良友也。"现在可以考证,鲁迅痛骂军歌的文章是《摩罗诗力说》:"今试履中国之大衢,当有见军人蹀躞而过市者,张口作军歌,痛斥印度波阑之奴性;有漫为国歌者亦然。盖中国今日,亦颇思历举前有之耿光,特未能言,则姑曰左邻已奴,右邻且死,择亡国而较量之,冀自显其佳胜。"1923年9月5日钱玄同听孙伏园提及"鲁迅近来发明了三条真理",就在日记中详细记录:"一、真理的数目,和鞋店里的鞋子一样多,因为人人都可以得到一双合他的脚寸的鞋子;二、文学是从胃里出来的,文学家和香水瓶一般,一拿上手,便可闻到香味;三、世界是傻子造成的,因为聪明人只会批评,不肯做事,所以他不是组成世界的份子。"

　　至于文章,钱玄同对鲁迅译著的评价是:"思想超卓,文章渊懿,取材谨严,翻译忠实,故造句选辞,十分矜慎。"对鲁迅时论的评价是:"斥那时浅薄新党之俗论,极多胜义。"对鲁迅著作的评价是:"条理明晰,论断精当,实可佩服。"

而鲁迅那时对钱玄同也颇有好感,评价不错。1923年12月28日,鲁迅在致胡适的信中写道:"《小说史略》竟承通读一遍(颇有误字,拟于下卷附表订正),惭愧之至。论断太少,诚如所言;玄同说亦如此。我自省太易流于感情之伦,所以力避此事,其实正是一个缺点。"对胡适、钱玄同的批评意见,他虚心接受。1925年4月14日致许广平信中,鲁迅就这么写道:"文章的看法,也是因人不同的,我因为自己好作短文、好用反语,每遇辩论,辄不管三七二十一,就迎头一击,所以每见和我的办法不同者便以为缺点,其实畅达也自有畅达的好处,正不必故意减缩(但烦冗则自应删削)。例如玄同之文,即颇汪洋,而少含蓄,使读者览之了然,无所疑惑,故于表白意见,反为相宜,效力亦复很大,我的东西却常招误解,有时竟大出于意料之外,可见意在简练,稍一不慎,即易流于晦涩……"对钱玄同在新文学运动中的作用,鲁迅也有很高的评价。1927年2月18日,在标题为《无声的中国》的演讲稿中,鲁迅以当事人的身份把"胡适之先生所提倡的'文学革命'"的成功,归因于钱玄同:"这是怎么一回事呢?就因为当时又有钱玄同先生提倡废止汉字,用罗马字母来替代。这本也不过是一种文字革新,很平常的,但被不喜欢改革的中国人听见,就大不得了了,于是便放过了比较的平和的文学革命,而竭力来骂钱玄同。白话乘了这一个机会,居然减去了许多敌人,反而没有阻碍,能够流行了。"

二

照钱玄同自己的说法:"我与他(指鲁迅)的交谊,头九年(民国前四年～民国五年)尚疏,中十年(民国六年～民国十五年)最密,后十年(民十六年～民国二十五年)极疏——实在是没有来往。"实际上,从1926年8月26日鲁迅偕许广平远走厦门时,他们友谊的小船视乎已有翻覆迹象——这天在前门火车站为鲁迅送行的人群中,已经没有了钱玄同的身影。

疑翁先生：

"先生"之者，因厮侔而連類尊之也。由此觀之，定名而烏可不冠冕堂皇也乎？而赴之象牙之塔「頂名為何者，象牙塔」出于也。而"價不若干"者，"定價金貳圓八拾錢"也；而所謂"金"者，日本之黃金也。而"哪里有得罵者，"東橋區尾張町二丁目十五番地福永書店"也。而"東華牌樓北路西·東亞公司"則丁代購之矣；此兩處皆以一半矣；此兩半月丁到無兩中國創無之矣。此兩有處，我之洋而初也矣；此兩更久之點定矣。嗚呼悲哉，我之洋而初也；東亞公司者，亥戌巳；彼益當知。哪里有洋罵也，例更为措壹也。此兩信似已完已。于是乎魯迅乃此頓首者也。

致钱玄同（1925年1月12日）

因钱喜玩文字游戏，故鲁迅此信故意模仿钱的语气，以文字游戏方式、调侃语气出之，称之为"庙讳"。

他们之间的关系从至交到路人,有个人物在其间起了很大作用,这就是顾颉刚。钱玄同与顾颉刚关系很好,原因是他们在学术上有共鸣,且都是"古史辨派"的大将。钱玄同对顾颉刚的好感,我们可以从他这则写于1923年3月22日的日记中看出来:"颉刚之疑古的精神极炽烈而考证的眼光又极敏锐,故每有论断,无不精当之至,尚在适之、任公之上。此等人才极不易得,若设法使其经济宽裕,生活安全,则以彼之天才,对于整理国故,必有绝大之贡献。"在他于1925年7月6日《语丝》刊出的《敬答穆木天先生》一文中,他更是旗帜鲜明地写道:"十年来,我受了许多益友——如吴稚晖、胡适之、顾颉刚、鲁迅、周启明等——的教训,才大悟前非,知道研究中国的学术等于解剖尸体。"顾颉刚排在了鲁迅前面。他这种态度,对鲁迅刺激甚大——原因很简单:在鲁迅看来,顾颉刚是个躲在背后造谣的阴谋家,诋毁自己《中国小说史略》是抄袭日本盐谷温《支那文学讲话》的谣言就是由他造出而由陈源散布的,因此对他可以说是恨之入骨(参见《鲁迅与顾颉刚:愤怒中的节制》一文),对此,顾颉刚本人也心知肚明,他在1973年7月11日于其1926年12月31日的日记空白处所写的补写文字中,他就坦承:"鲁迅所最恨之人,非胡适与陈源,亦非杨荫榆与章士钊,乃是顾颉刚一人耳。"想想鲁迅跟顾颉刚如此水火难容,而钱玄同却跟顾颉刚这般水乳交融,他们俩的关系能好起来么?敌人的朋友,恐怕很难成为自己的朋友。鲁迅逝世后,钱玄同在《我对于周豫才君之追记与略评》一文中,讲到鲁迅性格中的三个短处时,其中就有"迁怒"一条:"他本善甲而恶乙,但因甲与乙善,遂迁怒于甲而并恶之。"不过,这应当也是人之常情,司马迁就曾说过:"爱人者,兼其屋上之乌;不爱人者,及其胥余。"

有了这样一个第三者,他们之间的关系只能是渐行渐远,渐远渐怨。鲁迅在1930年2月22日致章廷谦的信中写道:"疑古玄同,据我看来,和他的令兄一样性质,好空谈而不做实事,是一个极能取巧的人,他的骂詈,也是空谈,恐怕连他自己也不相信他自己的话……""疑古和半农,还在北平逢人便即宣传,说我在上海发了疯,这和林玉堂大约也有些关系。我在这里,已经收到几封学生给我的慰问信了。但其主要原因,则恐怕是有几个北大学生,想要求我去教书的缘故。""语丝派的人,先前确曾和黑暗战斗,但他们自己一有地位,本身又便变成黑暗了,一声不响,专用小玩意,来抖抖的把守饭碗。""贱胎们一定有贱脾气,不打是不满足的。今年我在《萌芽》上发表了一篇《我和〈语丝〉的始终》,便是赠予他们的还留情面的一棍,此外,大约有几个人还须特别打几棍,才好。"昔日的好友,现在居然成了自己谣言的散布者,而所以会这样,鲁迅认为是因为他们怕他重回北平教书,威胁到他们的位置。这哪里还是什么朋友?分明已经是你死我活的对头。到了1935年5月20日,鲁迅用"敖者"的署名,在《太白》半月刊二卷五期发表短文《死所》,其中再一次提到钱玄同:"今年,北平的马廉教授正在教书,骤然中风,在教室里逝去了,疑古玄同教授便从此不上课,怕步马廉教授的后尘。但死在教室里的教授,其实比死在家里的着实少。"鲁迅因此讲了一个笑话:"一位公子和渔夫的问答:'你的父亲死在哪里的?'公子问。'死在海里的。''你还不怕,仍旧到海里去吗?''你的父亲死在哪里?'渔夫问。'死在家里的。''你还不怕,仍旧坐在家里吗?'"其中自不乏对这位昔日战友,今日路人的嘲弄。

友谊没了,连钱玄同过去在鲁迅眼中甚为欣赏的书法也变得刺眼起来,1933年11月3日,鲁迅在致郑振铎的信中对钱玄同的书法也表示了不屑:"序已寄出,想当先此而到,签条托兼士写,甚好。还有第一页(即名'引首'的?)也得觅人写,请先生酌定,但我只不赞成钱玄同,因其议论虽多而高,字却俗媚入骨也。"与鲁迅合作编选《北平笺谱》的郑振铎,收信之后大概是传播了这封书信中的意思,于是便引出台静农的来信询问。12月27日,鲁迅在致台静农信中解释说:"《北平笺谱》竟能卖尽,殊出意外,……印书小事,而郑君乃作如此风度,似少函养,……写序之事,传说与事实略有不符,郑君来函问托天行或容某(忘其名,能作简字),以谁为宜,我即答以不如托天行,因是相识之故。至于不得托金公执笔,亦诚有其事,但系指书签,盖此公夸而懒,又高自位置,托以小事,能托延至一年半载不报,而其字实俗媚入骨,无足观,犯不着向悭吝人乞烂铅钱也。关于国家博士,我似未曾提起,因我未能料及此公亦能为人作书,惟平日颇嗤其摆架子,或郑君后来亦有所闻,因不复道耳。"这里的"金公"指的就是钱玄同,其来典便是《呐喊》"自序"中的"金心异"。"天行"则是指魏建功,"容某"即容庚,"国家博士"指刘半农。

"五四"时,钱玄同思想激进,因此有"人过四十就该死,不死也该枪毙"的言论。理由是人一过四十岁就会变得保守恋旧,就会不由自主地向中国传统专制靠拢,而退化为思想革新、社会进化的绊脚石,所以如此主张。到1926年9月12日,钱玄同幸或者不幸也过了他的四十大寿——如果照他的理论,则不死也该被枪毙。当然,他还活着。于是,次年8月11日,胡适从上海给钱玄同写信,信中就录入了"援笔陈词"的一首《亡友钱玄同先生成仁周年纪念歌》:"该死的钱玄同,怎会至今未死!/一生专杀古人,去年轮着自己。/可惜刀子不快,又嫌投水可耻。/这样那样迟疑,过了九月十二。/可惜我不在场,不曾来监斩你。/今年忽然来信,要作'成仁纪念'。/这个倒也不难,请先读《封神传》。/回家先挖一坑,好好睡在里面,/用草盖在身上,脚前点灯一盏,/草上再撒把米,瞒得阎王鬼判,/瞒得四方学者,哀悼成仁大典。/今年九月十二,到处经拜忏,/度你早早升天,免在地狱捣乱。"而鲁迅当然也不会放过这个做文章的机会,联系钱玄同当时在北大任教时对马克思主义不感兴趣,有誓言"头可断,辩证法不可开课"的传言。在1932年12且29日写就的《教授杂咏四首》之一中这么挖苦钱玄同:"作法不自毙,悠然过四十。何妨赌肥头,抵挡辩证法。"较之胡适的玩笑,鲁迅这四句诗将钱玄同"好空谈而不做实事,是一个极能取巧的人,他的骂詈,也是空谈,恐怕连他自己也不相信他自己的话"的性格暴露无遗,当然也

140

更具有杀伤力。

三

事实上,在他们交恶之后,他们也还有一次见面。然而,却是一次十分尴尬的见面。

1929年5月,鲁迅因母病去北平探亲。鲁迅是5月15日夜到北平的。25日深夜,鲁迅在写给许广平的书信中记下了他见到这位昔日朋友的具体情形:"我今天的出门,是为侍桁寻地方的,和幼渔接洽,已有头绪,访凤举未遇。途次往孔德学校,去看旧书,遇钱玄同,恶其噜苏,给碰了一个钉子,遂逡巡避去;少顷,则顾颉刚叩门而入,见我即踌躇不前,目光如鼠,终即退出,状极可笑也。他此来是为觅饭碗而来的,志在燕大,但未必请他,因燕大颇想请我;闻又在钻营清华,倘罗家伦不走,或有希望也。"这封信收入1933年4月由李小峰的北新书局以上海青光书局名义公开发行的《两地书》中时,鲁迅以金立因的化名替代了钱玄同,以朱山根的化名替代了顾颉刚,而描写也更加生动:"途次往孔德学校,去看旧书,遇金立因,胖滑有加,唠叨如故,时光可惜,默不与谈;少顷,则朱山根叩门而入……"

而当事人钱玄同在《我对于周豫才君之追忆与略评》一文中,对此有自己的回忆:"从十五年秋天他上厦门直到现在,这十年之中,他与我绝无来往。十八年五月,他到北平来过一次,因幼渔的介绍,他于二十六日到孔德学校访隅卿(隅卿那时是孔德学校的校务主任),要看孔德学校收藏的旧小说。我也在隅卿那边谈天,看见他的名片还是'周树人'三字,因笑问他:'原来你还是用三个字的名片,不用两个字的。'我意谓其不用'鲁迅'也。他说:'我的名片总是三个字的,没有两个字的,也没有四个字的。'他所谓四个字的,大概是指'疑古玄同'吧。我那时喜效古法,缀'号'于'名'上,朋友们往往要开玩笑,说我改姓'疑古',其实我也没有这样四个字的名片。他自从说过这句话之后,就不再与我谈话了,我当时觉得有些古怪,就走了出去。"

再看看第三者沈尹默对此的陈述:"鲁迅自从出了教育部,便搬家到上海来居住,中间也去过北京几次。当马九在时,总要到孔德学校去访问他,坐在群言堂中,说古道今,欣赏他所收藏的珍本小说。玄同差不多每天都要到群言堂来一趟,每次走到门口,先将门帘掀开一条缝,往里窥探动静,来定行止。有一次窥探结果,却吃了一惊,竟呆住了,原来'出人意表'地看见了鲁迅赫然坐在里面。他们两位不久以前,在他们的老师章太炎那里会见,为了一句话,两意不投,引起争论,直到面红耳赤,不欢而散。这事情虽已过去,彼此心中总有些耿耿然,但一想到老朋友终归是老朋友,不可能从此不见面,就跨进门去,打了个招呼,坐下来,正想寻个话题,恰巧看见桌子上放着一张'周树人'三个字的名片,他马上回过头朝着鲁迅问道:你现在又用三个字的名字了。鲁迅不加思索地冲口而出回答道:我从来不用四个字的名字。玄同主张废姓,曾经常用'疑古玄同'署名,这是众所周知的事情,鲁迅出口真快,玄同的感应也不慢,登时神色仓皇,一言不发,溜之大吉。"

对这一事件,一般都认为这不过是二人的书生意气,没什么深刻含义——比如房向东先生就以为:"鲁迅和钱玄同,都是书生意气,在可恼的同时透着几分可亲……所以,这个细节,以我而言,看不出他们的可恶,倒看出了书生本色,有几分可爱。"(见《鲁迅与他"骂"过的人》)不过,我倒觉得这似乎不是一件小事,表面的"三个字"与"四个字"之争,却透露出两人巨大的思想分歧和激烈的暗中交锋——否则,钱玄同不会"马上"发问,鲁迅也用不着"不假思索冲口而出",而最后钱玄同更不必"登时神色仓皇,一言不发,溜之大吉"!我们不妨略作分析:就钱玄同问鲁迅"你现在又用三个字的名片了"而言,是带有强烈讥讽意的,意谓"你不是那个在文坛上呼风唤雨南征北战的鲁迅么?怎么现在又用起无人知晓的周树人来了"?——这当然透露出钱玄同对鲁迅在上海从事革命文艺的反感。作为旁证,是1932年11月鲁迅第二次北上省亲时,钱玄同公然对鲁迅的学生宣称:"我不认识一个什么姓鲁的!"从这里我们不难看出:钱玄同对周树人以"鲁迅"名义进行的文艺活动是不以为然、心怀不满的,也正因为如此,他才会在这次见面时语带讥诮地问鲁迅:"你现在又用三个字的名片了?"鲁迅当然也不迟钝,用沈先生的话来说就是"鲁迅出口真快"——马上回击:"我从来不用四个字的名字。"这当然也语带讥讽,意谓"我才不会像你这样如此善变:一会儿是打倒'桐城谬种''选学妖孽'的'王敬轩',一会儿又是读古音研古字的'疑古玄同'!"钱玄同当然不傻,马上听出了鲁迅的弦外之音,所以"登时神色仓皇,一言不发,溜之大吉"。

钱玄同对这次见面的记叙进行过这样的回应:"后来看见他的《两地书》中说到这事,将钱玄同改为金立因,说,'往孔德学校,去看旧书,遇金立因,胖滑有加,唠叨如故,时光可惜,默不与谈'。我想,'胖滑有加'似乎不能算做罪名,他所讨厌的大概是唠叨如故吧。不错,我是爱'唠叨'的,从二年秋天我来到北平,至十五年秋天他离开北平,这十三年之中,我与他见面总在一百次以上,我的确很爱'唠叨',但那时他似乎并不讨厌,因为我固'唠叨',而他亦'唠叨'也。不知何以到了十八年我'唠叨如故',他就要讨厌而'默不与谈'。但这实在算不了什么事,他既要讨厌,就让他讨厌吧。"言语中不乏对昔日友谊逝去的惆怅与追怀,当然也不乏对今日老友的怨怼与困惑。读来让人嘘唏不已。

四

钱玄同也是个很有性格霸才外露的一代文人,1917年,当胡适在《新青年》二卷五号发表《文学改良刍议》之后,他立即在该刊二卷六号发表《通信》作为声援,内云:"顷见五号《新青年》胡适之先生《文学刍议》,极为佩服。其斥骈文不通之句,及主张白话体文学说最精辟……具此识力,而言改良文艺,其结果必佳良无疑。惟选学妖孽、桐城谬种,见此又不知若何咒骂。"还说"六朝的骈文满纸堆垛词藻,毫无真实的情感,甚至用典故代替实事,删割他人名号,去迁就他的文章对偶,打开《文选》看,这种拙劣恶滥的文章,触目皆是。直至现在,还有一种妄人说,文章应该照这样做。《文选》文章为千古之正宗。这是第一种弄坏白话文的文妖。"他这骂才,便是鲁迅也曾表示过佩服:在他们彻底闹翻后的 1935 年 8 月 14 日,鲁迅在《五论"文人相轻"——明术》一文中就这样写道:"五四时代的所谓'桐城谬种'和'选学妖孽',是指做'载飞载鸣'的文章和抱住《文选》寻字汇的人们的,而某一种人,确也是这一流,形容惬当,所以这名目的流传,也较为永久。"

很自然,他对鲁迅给自己的恶评也会还以颜色。1932 年 11 月 7 日,钱玄同日记有云:"购得鲁迅之《三闲集》与《二心集》,躺床阅之,实在感到他的无聊、无赖、无耻。"这则日记幸好鲁迅没有看见,不然,以他的脾气,大概会将自己的《三无集》来回击这位昔日的好友了吧?1935 年 1 月 12 日,钱玄同在日记中又记道:"在东安市场又购得旧的《孽海花》一、二两册,购得新出版鲁迅之《准风月谈》,总是那一套,冷酷尖酸之拌嘴骂街,有何意思?《人间世》第十九期寄到。归来后即躺卧被中,看鲁、《人》之两种,甚疲倦,渐入睡乡矣!但夜不安眠。"

1936 年 10 月 31 日他在日记中写道:"未记,此两周中又未记,可记者为十九日周豫才死:一八八一——一九三六(五十六岁)。我因为青年们吹得他简直是世界救主,而又因有《世界日报》访员宋某电询吾家,未见我,而杜撰我的谈话,我极不愿,因作《我对于周豫才君之追忆与略评》一文,登入该报及转载于师大《教育与文化》(按:应为《文化与教育》)中。"在他提到的《我对于周豫才君之追忆与略评》一文中他先谈及鲁迅有三点长处:其一,他治学最为谨严,无论校勘古书或翻译外籍,都以求真为职志,他辑《会稽郡故书杂集》与《古小说钩沉》,他校订《嵇康集》与《唐宋传奇集》,他著《中国小说史略》,他翻译外国小说,都同样的认真。这种精神,极可钦佩,青年们是应

144

该效法他的。其二,豫才治学,只是他自己的兴趣,绝无好名之心,所以总不大肯用自己的名字发表,如《会稽郡故书杂集》,实在是豫才辑的,序也是他做的,但是他不写"周树人"而写"周作人",即是一例;因为如此,所以他所辑校著译的书,都很精善,从无粗制滥造的。这种"暗修"的精神,也是青年们所应该效法的。其三,他读史与观世,有极犀利的眼光,能抉发中国社会的痼疾,如《狂人日记》《阿Q正传》《药》等小说及《新青年》中他的《随感录》所描写所论述的皆是。这种文章,如良医开脉案,作对症发药之根据,于改革社会是有极大用处的。

同时,他也毫不客气地指出了鲁迅的短处,也是三点:其一是多疑。"他往往听了别人几句不经意的话,以为是有恶意的,甚而至于以为是要陷害他的,于是动了不必动的感情。"其二是轻信。"他又往往听了别人几句不诚意的好听话,遂认为同志,后来发觉对方的欺诈,于是由决裂而止大骂。"其三是迁怒。"譬如说,他本善甲而恶乙,但因甲与乙善,遂迁怒于甲而并恶之。"耐人寻味的是:钱玄同这里总结的鲁迅三短,似乎都可以视为鲁迅跟自己闹翻的原因,这一方面自然可以看出钱玄同在对人盖棺论定时好像少了些客观公正与心平气和,另一方面也可以看出他对鲁迅与自己分道扬镳一事的确有些耿耿于怀难以释念——当然,也可以看出他对他们那段曾经有过的友谊还是很在意的。

1936年11月9日,在鲁迅去世三个星期之后,鲁迅的名字再一次也是最后一次出现于钱玄同的日记中:"又至中华购《中国小说史料》,孔另境编。据说为鲁迅大弟子之一,郑振铎序此书大恭维他一顿,又借此痛诋梁、胡诸君之开国学书目,殊可笑。海派!其实孔氏此书极为简陋也。"表面上是批评孔另境著作简陋,但特意点明其为"鲁迅大弟子",以顺手牵羊的方式捎带给了鲁迅一个差评。不过需要说明的是,钱玄同对鲁迅的不满基本停留在日记和书信中的腹诽,公开发表的文字中,他表现得比较克制,没有说过太难听的话。

145

鲁迅与胡适：可以接近，却无法亲近

鲁迅与胡适属于新文化运动中的将帅，彼此观点与治学领域都有交叉之处，而且，都是聪明绝顶的人，按理说，他们该成为朋友才是。然而，却不是——他们二人像两条无限接近却永不相交的直线，并肩向前，却冷然相向。对此，鲁迅在写于1934年的《忆刘半农君》一文中有这样的说明："假如将韬略比作一间仓库罢，独秀先生的是外面竖一面大旗，大书道：'内皆武器，来者小心！'但那门却开着的，里面有几枝枪，几把刀，一目了然，用不着提防。适之先生的是紧紧的关着门，门上粘一条小纸条道：'内无武器，请勿疑虑。'这自然可以是真的，但有些人——至少是我这样的人——有时总不免要侧着头想一想。半农却是令人不觉其有'武库'的一个人，所以我佩服陈胡，却亲近半农。"在鲁迅心目中，陈独秀好斗而坦白，虽喜欢虚张声势，却能叫人一下子看透，让人放心。胡适可就有点像文坛诸葛亮了，善摆"空城计"，然而究竟是不是空城，那可就仁者见仁智者见智了，至少，鲁迅自己觉得其中大有文章难以捉摸。只有刘半农，根本就不与刀枪剑戟为伍，一派天真活泼、可亲可近。那么，鲁迅为什么对自诩"对人事可疑处不疑"的胡适觉得难以捉摸，可以接近而无法亲近呢？

一

鲁迅与胡适相遇，源于《新青年》。1918年鲁迅应钱玄同的邀请,开始在《新青年》上撰稿,成了新文学运动中重要的一员。著名的短篇小说《狂人日记》就是在这一年写成的。鲁迅后来在1932年写的《〈呐喊〉自序》中承认,他写白话小说,是为了响应"文学革命"的潮流,其步调是与"前驱者"胡适、陈独秀一致的。鲁迅称自己是遵"白话文运动前驱者"的命令而创作的。他还认为,胡适提倡白话文运动,使"无声的中国"成为"有声的中国",将一个"濒临死境"的文化"复活"过来。鲁迅与胡适的交往也从这一年开始。胡适的名字第一次出现在鲁迅的记载当中,也是在这一年8月12日,鲁迅日记有云:"收胡适之与二弟信。"次年5月23日,有"夜胡适之招饮于东兴楼,同坐十人"一条。一个月之后,鲁迅同周作人到第一舞台看胡适一生中所写唯一的话剧《终身大事》。

应该说,相交之初,他们之间不乏彼此欣赏。早在1909年,鲁迅与周作人就翻译出版了一本《域外小说集》。胡适读后称赞其为"古文学末期"的"最高的作品"。而以胡适的《文学改良刍议》及陈独秀的《文学革命论》所倡导的新文化运动一开始,鲁迅就极为关注。1918年岁首,《新青年》改组为同人刊物,成立编委会。1月4日,鲁迅在《致许寿裳》信中,就有"《新青年》以不能广行,书肆拟中止;独秀辈与之交涉,已允续刊,定于本月十五出版云"。由此可见周树人已对《新青年》予以关注了。而在1918年5月第四卷第五号上发表署名为鲁迅的《狂人日记》后,鲁迅也成为《新青年》同人。胡适对鲁迅此作评价甚高,称誉鲁迅是"白话文学运动的健将"。鲁迅对胡适、陈独秀办的《新青年》也是全力支持,不仅给它撰稿,还时不时提些建议。1918年11月4日,鲁迅在《渡河与引路》(刊于《新青年》第五卷第五号,署名唐俟)一文中提出,"《新青年》里的通信,现在颇觉发达","但据我个人意见,以为还可酌减"。对"见鬼、求仙、打脸之类,明明白白全是毫无常识的事情,《新青年》却还和他们反复辩论,对他们说'二五得一十'的道理,这功夫岂不可惜,这事业岂不可怜"。胡适欣然接受并改进。1920年因《新青年》办刊方向出现分

147

歧,陈独秀欲将其办成上海共产主义小组的机关刊物,而胡适则认为办《新青年》应仍以哲学、文学、思想文化为主,不要搞得政治色彩太浓。对此,胡适提出三条办法:一、办一个哲学文学期刊;二、《新青年》从九卷起移回北京编辑,宣言不再谈政治;三、《新青年》停办。同时,他还提出要在杂志上登"不谈政治"的宣言。此时的鲁迅站在了胡适一边,1921年1月3日,鲁迅致胡适的信中,他和周作人主张按胡适提议的第二条办,至于发表新宣言说明不谈政治,鲁迅表示:"我却以为不必,这固然小半在'不愿示人以弱',其实则凡《新青年》同人所作的作品,无论如何宣言,官场总是头痛,不会优容的。此后只要学术思想艺文的气息浓厚起来——我所知道的几个读者,极希望《新青年》如此——就好了。"同时,李大钊也表示"我对于收归北京编辑之议,也不反对"。

除了在大方向上二人一致外,他们的私交也还不错。对胡适的才学,一向高傲的鲁迅也颇多赞赏。比如,当凝聚了鲁迅很多心血也能代表他学术水准的《中国小说史略》卷一出版后,鲁迅立即给胡适寄了一册。胡适读完,写信给鲁迅,肯定了论著的功绩,也毫不客气地指出其不足是"论断太少"。鲁迅虚心接受了胡适的意见。在回信中,鲁迅说:"适之先生,今日到大学去,收到手教。《小说史略》(颇有误字,拟于下卷时再订正)竟承通读一遍,惭愧之至。论断太少,诚如所言;玄同说亦如此。我自省太易流于感情之论,所以力避此事,其实正是一个缺点;但于明清小说,则论断似乎较上卷稍多,此稿已成,极想于阳历二月印成。"可见鲁迅对胡适批评的重视——这当然也是因为对他才华的肯定。不单在大判断上,鲁迅接受胡适批评,在一些小结论上,鲁迅也从善如流。在《中国小说史略》中,鲁迅引证胡适的观点,不仅次数多,而且每次引证,对胡适的观点照单全收,没有半点怀疑。比如论著第十五篇谈到《水浒传》一百一十回本和一百二十回本的同异,以及金圣叹为何把《水浒传》拦腰截断,只留了七十回,鲁迅完全采信胡适的观点。在论著后面的篇章中,论及《西游记》作者的性情、《红楼梦》作者曹雪芹的身世、《镜花缘》的主题思想等问题,他都引了胡适相关的见解作为立论的。而当胡适写完论文《五十年来中国之文学》后,也寄给鲁迅一份,征求意见。鲁迅的回信也推崇备至:"大稿已经读讫,精辟之至,大快人心!我很希望早日印成,因为这种历史的提示,胜于许多空理论。"

直到1924年,鲁迅对胡适仍不乏好感。这一年,鲁迅在读了胡适《水浒续集两种序》后,赞不绝口:"序文极好,有益于读者不鲜。我之不赞成《水浒后传》,大约在于托古事而改变之,以浇自己块垒这一点,至于文章,固然也实有佳处,先生序上,已给与较大的估计了。"在2月9日,致胡适信中说及有人有一部百二十回本《水浒传》,板很清楚,但稍破旧,须重装,而其人要卖五十元,"问我要否,我现在不想要。不知您可要么?"胡适购下,并向鲁迅致谢。这事还有个小插曲:过了几日,有位朋友告诉胡适:"此书是齐某人在黑市上用两元钱买的,你受冤了!"但胡适却说,"不然。只要有人知道我肯花五十元买一部古本《水浒》,《水浒》和其它小说的古本就会跑出来了"。大有古人千金买骨之慨。这年5月2日,在鲁迅致胡适的信函中,鲁迅还托胡适,请他将友人李秉中的小说书稿《边雪鸿泥记》卖给商务印书馆,可见彼此的信任。6月6日,鲁迅再致信胡适,内容是关于胡适赠书。"得胡适之信,并赠《五十年来之世界哲学》及《五十年来之中国文学》各一本,还《说库》二本"(《鲁迅日记》1924年6月2日)。信中还说,"昨日经过钟鼓寺,就到尊寓奉访,可惜会不着,实在不侥幸"。鲁迅还说,友人出书,非他作序不可。"我没做过序,做起来一定很坏,有《水浒》《红楼》等新序(胡适、陈独秀等人之序)在前,也将使我永远不敢献丑。"

在这段时期,胡适对鲁迅也钦佩有加,赞不绝口。在《白话文学史》一书的序言里,胡适不吝其辞称赞鲁迅的专著《中国小说史略》:"在小说史料方面我自己也颇有一点贡献,但最大的成绩自然是鲁迅先生的《中国小说史略》。这是一部开山的创作,搜集甚勤,取材甚精,析别也甚谨严,可以替我们研究文学史的人节省无数的精力。"而在为亚东图书馆版《三国演义》所作的序言中,胡适又说:"作此序时,曾参用周豫才先生的《小说史讲义》稿本,不及一一注出,特记于此。"在为亚东图书馆版本《海上花列传》所作序言中,胡适照例引用了鲁迅的观点:"鲁迅先生称赞《海上花列传》'平淡而近自然'。这是文学史上很不容易做到的境界。"后来张爱玲论《海上花列传》,把"平淡而近自然"的观点说成出自胡适,显然是她读序言时疏忽,张冠李戴了。除了学术观点互相激赏,胡适还与鲁迅分享彼此珍藏的典籍资料。胡适手头拥有许多孤本秘籍,别说借,平常即使好友也难得一见。独对鲁迅,他网开一面,借给鲁迅《梦花琐记》等数种古籍,为鲁迅的小说研究提供了方便。

这段时间,可以说是鲁迅与胡适友谊的黄金时期,二人来往密切,坦诚相待。"适之先生"既没有"紧紧的关着门",更没有在"门上粘一条小纸条道:'内无武器,请勿疑虑。'",而豫才先生也没有到此踌躇,"侧着头想一想"可不可以进去。

二

翻过年头,一切皆变。

1924年2月底,杨荫榆任女子师范大学校长。因举措不当,引发女师大风潮。1925年1月,女师大学生自治会向杨荫榆递交了要她去职的宣言,并派代表前去教育部申述杨荫榆任校长以来的种种黑暗情况,请求教育部撤换校长。4月,章士钊以司法总长兼任教育总长后,强调"整顿学风",公开支持杨荫榆。5月7日,杨荫榆以"国耻纪念日"的名义举行演讲会,她作为主席登台,却被全场学生的嘘声所赶走。5月9日,杨荫榆即借校评议会名义开除刘和珍、许广平等六名学生自治会成员。11日,女师大学生召开紧急大会,决定驱逐杨荫榆,并出版《驱杨运动特刊》。27日,鲁迅、钱玄同等七人联名在《京报》上发表《对于北京女子师范大学风潮宣言》,表示坚决支持通之先生：

 今给独秀的信，启并第二个办法最好，他现在生病，医生不许他写字，所以由我代为声明。

 我的意思是第三个都可以的，但如北京同人一定要办，便可以用上面法而第二个办法更为顺当。至于发表新宣言说明不谈政治，我却以为不必，这固然以率在"不愿示人以弱"，其实却凡新青年同人所作的作品，言论的气息是颇痛，不含传统的。此外只要学术文艺的气息混厚起来——我所知道的几个读者，都希望新青年如此！——就好了。

 树

 一月三日

致胡适（1921年1月3日）

 1920年底，《新青年》团体出现了解体的危机，胡适提出《新青年》发表一个"不谈政治"的宣言，征求同人的意见。这封信是鲁迅的回信。

学生。7月底杨荫榆借口暑假整修宿舍,叫来警察强迫学生搬出学校。8月1日,她又领军警入校,殴打学生,截断电话线,关闭伙房,强行解散入学预科甲、乙两部等四个班。8月10日,教育部下令停办女师大,另成立国立女子大学。22日,坚守女师大的学生骨干刘和珍、许广平等十三人被教育部派出的打手打伤,拖出校门。

  风潮中,鲁迅原本很低调,只想在思想文艺教育领域发挥自己的能量,无意直接参与社会政治运动,更不主张让学生冲锋陷阵,去送死。但当学生受到了迫害,他还是坚定地与学生站在一起,反抗政府当局。他和其他一些教员组织了"女子师范大学校务维持会",并被推举为委员,为此他被章士钊免去了教育部佥事一职。而以胡适为首的"现代评论派"则认为学生应该好好读书,不该介入政治;对支持学生的教授们更是冷嘲热讽,认为他们这是在煽动学生闹事。由此引发了鲁迅与陈西滢等人的大论战。尽管胡适没有与鲁迅正面交锋,但他的基本立场与"现代评论派"其他成员并无二致。这年8月,胡适还与其他十六名北大教授发表《致北大同事公函》,呼吁学校"应该早日脱离一般的政潮与学潮""学校为教学的机关,不应该自己滚到政治漩涡里去,尤不应该自己滚到党派政争的漩涡里去"。鲁迅于是在《答KS君》一文中嘲讽胡适此举是"将自己的魂灵枭首通衢,挂出了原想竭力隐瞒的丑态。丑态,我说,倒还没有什么丢人,丑态而蒙着公正的皮,这才催人呕吐。"二人友谊的小船,终于因为学生风潮而倾覆。

  虽然此间胡适也曾想努力修复二人关系,比如1925年5月24日,胡适从天津裕中饭店分别致信斯时正在为女师大事件而笔战不休的鲁迅、周作人和陈源。在信中胡适对这三位朋友说:"我深深地感觉你们的笔战里双方都含有一点不容忍的态度,所以不知不觉地影响了不少的少年朋友,暗示他们朝着冷酷、不容忍的方向走!这是最可惋惜的。"最后,胡适引用了鲁迅《热风》里的一段话"这便是海,在他这里,能容下人们的大侮蔑",来劝诫双方。胡适说:"敬爱的朋友们,让我们都学学大海。'大水冲了龙王庙,一家人不认得一家人。'他们的石子和秽水,尚且可以容忍;何况'我们'自家人的一点子误解,一点子小猜嫌呢""我们的公敌是在我们的前面,我们进步的方向是朝上走。"胡适对三位朋友说:"我写这信时,怀抱着无限的好意,无限的希望。"他虽不乏诚意,但在斯时斗志正酣的鲁迅看来,这是大是大非的问题,没有任何妥协宽容余地。胡适的努力自然付诸东流。到1929年8月末,也是因女师大事件而与胡适闹翻的周作人给胡适写了一封长信,有复交意思。信也写得真挚殷厚,胡适读了很感动,回信云:"生平对于君家昆弟,只有最诚意的敬爱,种种疏离和人事变迁,此意始终不减分毫。相去甚远,相期至深。此次来书情意殷厚,果符平日的愿望,欢喜之至,至于悲酸。此是真情,想能见信。"信中对鲁迅仍怀敬意,而对友谊的失去依然耿耿于怀。

相较而言,鲁迅对胡适则没有了这样的牵挂——换言之,鲁迅已经不把胡适视为朋友,一旦觉得意见不合,就给予迎头痛击。

最典型的例子是1933年所谓"中国民权保障同盟"发生分裂。1932年12月宋庆龄、蔡元培、鲁迅等人成立"中国民权保障同盟",成立这个同盟,名为保障民权,实则为了营救共产国际驻上海秘密工作人员牛兰夫妇。"牛兰"是共产国际派驻中国的一位重要人物的化名音译。1931年,他和妻子在上海英租界被捕,又被国民党当局转押,酿成了轰动一时的"牛兰事件"。由于牛兰的特殊身份,他掌握着共产国际远东局和中共大量的"红色机密",甚至关系到远东局和中共中央的生死,因此共产国际指示要不惜一切代价营救牛兰。

1931年底,宋庆龄曾遵照共产国际指示,向蒋介石传达了苏联欲"以蒋经国换牛兰"的提议,遭到拒绝;稍后,苏联动用"佐尔格小组"营救牛兰夫妇,宋庆龄又向佐尔格提议"派一百名优秀共产党员前往南京,在那里进行武装",由宋亲自率领,把牛兰夫妇从监狱里救出来。但苏方认为宋的这个计划,是因邓演达被害而在"极其冲动和愤怒的情况下提出的,她并没有完成它的迫切意愿",故没有响应。1931年1月,共产国际出资,以宋庆龄等人的名义在上海出版了刊物《中国论坛》,"致力于……掀起释放鲁埃格及其妻子(即牛兰夫妇)的运动"。1932年7月,宋庆龄又发起成立"牛兰夫妇救援委员会",主要成员有蔡元培、杨杏佛、史沫特莱等。8月,牛兰被国民政府法院以"危害民国罪"判处死刑,随后被赦,改判无期。宋庆龄领导的营救活动也改头换面,在美共党员伊罗生的帮助和指导下,于该年12月另组"中国民权保障同盟",为掩饰营救牛兰的意图,这个同盟向国民党提出"无条件释放一切政治犯"要求——如果这个要求得到满足,那么作为"政治犯"的牛兰夫妇,自然也该得到释放。

当时胡适不明究竟,以为这个同盟真的就是为一切政治犯而设立的,于是不仅欣然就任1933年1月30日成立的该同盟北平分会负责人,还于次日就和其他二人一道前往北平军人反省院,实地考察政治犯之待遇。政治犯们向胡适等诉说了脚上带锁、饭食营养不足、可读书不能看报、没有暖气等问题。为防止犯人因恐惧而隐瞒情况,胡适特意用英语与被关押的苏联塔斯社驻北平记者刘质文(地下党人)进行了长谈。孰料2月4日,胡适却接到史沫特莱自上海寄来的一份匿名材料,"其文甚长,凡五页,详述反省院中种种惨酷的死刑拷打,列举私刑种目甚多",与胡适实地考察之所见,差距极大。该函还附有宋庆龄的签名英文信,命令北平分会立即根据该匿名材料,向当局抗议并呼吁"立即无条件释放一切政治犯"。胡适相信自己的调查比匿名信所言要更接近事实,故建议上海总社调查匿名信的来源和可信度。2月5日,胡适致函《燕京新闻》编辑部,如实讲述了自己在反省院的所见所闻以及对匿名信的怀疑态度。至2月22日,胡适显然已经嗅出了民权保障同盟背后的政治色彩,故在接受《字林西报》采访时,非常直白地批评了同盟的宗旨:"民权保障同盟不应当提出不加区别地释放一切政治犯、免予法律制裁的要求,如某些团体所提出的那样。……政治嫌疑犯必须同其他罪犯一样,按照法律处理。"要之,胡适反对把法律问题统统弄成政治问题。这一来,自然就破坏了这个同盟欲在将牛兰夫妇混在"政治犯"中一起释放的意图,于是3月3日,民权保障同盟开会决议开除胡适。

鲁迅对此投了赞成票,并因此对胡适进行了点名攻击。在发表于1933年2月22日《申报·自由谈》署名何家干的《光明所到》一文中,鲁迅就胡适所谓"虽然他们(指政治犯)很自由的诉说待遇的恶劣侮辱,然而关于严刑拷打,他们却连一点儿暗示也没有"进行嘲讽。尤其是对胡适讲自己"能够用英国话和他们会谈"一事挖苦有加:"莫非中国的监狱竟已经改良到这地步,'自由'到这地步;还是狱卒给'英国话'吓倒了,以为胡适博士是李顿爵士的同乡,很有来历的缘故呢?""监狱里是不准用外国话和犯人会谈的,但胡适博士一到,就开了特例,因为他能够'公开检举',他能够和外国人'很亲爱的'谈话,他就是'光明',所以'光明'所到,'黑暗'就'自消'了。他于是向外国人'公开检举'了民权保障同盟,'黑暗'倒在这一面。"1933年3月22日,据《申报·北平通讯》报道,胡适说:"(日本)只有一个方法可以征服中国,即悬崖勒马,彻底停止侵略中国,反过来征服中国民族的心。"瞿秋白于是用鲁迅笔名"何家干"发表《出卖灵魂的秘诀》一文,其中有这样的说法:"胡适博士不愧为日本帝国主义的军师。但是,从中国小百姓方面说来,这却是出卖灵魂的唯一秘诀。"鲁迅后来将此文收入自己的《伪自由书》。

三

对鲁迅与胡适之间的不同,我们还不妨从一些细节上看——也许因此能显得更感性一些,也更能叫人看得清楚一点。

鲁迅在1925年7月13日的《语丝》上发表过一篇题为"立论"的文章,文章不长,恭引如下:

我梦见自己正在小学校的讲堂上预备作文,向老师请教立论的方法。"难!"老师从眼镜圈外斜射出眼光来,看着我,说,"我告诉你一件事——一家人家生了一个男孩,合家高兴透顶了。满月的时候,抱出来给客人看,——大概自然是想得一点好兆头。一个说:'这孩子将来要发财的。'他于是得到一番感谢。一个说:'这孩子将来要做官的。'他于是收回几句恭维。一个说:'这孩子将来是要死的。'他于是得到一顿大家合力的痛打。说要死的必然,说富贵的许谎。但说谎的得好报,说必然的遭打。你……""我愿意既不谎人,也不遭打。那么,老师,我得怎么说呢?""那么,你得说:'啊呀!这孩子呵!您瞧!多么……。阿唷!哈哈!Hehe! he,hehehehe!'"

在这篇短文中,鲁迅将他以为在中国说各种话的结局用寓言的形式做了表述:说假话的骗子得到的是"感谢"与"恭维",说真话的傻子得到的是暴打,而既不愿挨打又不想说假话的滑头就只好打哈哈。换句话说,在鲁迅看来,在中国做人就只有做这三种人。可这问题要胡适看来呢,却不一定——他有第四种选择。

在胡颂平编的《胡适之先生晚年谈话录》中记载,在1960年12月23日,胡适讲过这么一件事:"过去有一位朋友请吃饭。这位朋友的儿子写了一些诗,说是新诗吧,又带些旧诗的样子,已经排好,预备出版了。主人夫妇对他们的儿子很夸奖,要我看一看。我一看之后,全是不通的。我在他们家中,他们又预备了很好的菜请我,我怎么说才好?"你看,胡适在这里遇到的问题像不像鲁迅那个寓言中客人遇到的问题? 不过,胡适的回答可与鲁迅设想的三种情况不同——或许,这也能看出他们思想价值与为人处世的不同罢——"我只好说他的老师不好,说他的老师不肯好好指点他的错误,不曾好好教导他。"说到这里,胡适还理直气壮地解释了一通他这么"推论"的理由:"他的父母这样夸奖他们的儿子,他的老师怎么好指点他呢!"这理由我们对照鲁迅的文章,则不能不说它的确"有理"。后来,胡颂平插嘴说:"这个孩子听了先生的话,得到了指点,从此可以开悟了?"胡适道:"不会的,他不会听我的话。听惯夸奖的人是不会接受人家批评的。"

　　从这两个故事里,我们似乎可以看出:在鲁迅看来,这个世上的人只可能有左中右三种,非此即彼,无可逃遁;而在胡适看来,则除了这三种而外,完全可以有第四种选择——而且第四种也许更巧妙更高明。或许,这就是鲁迅的"尖刻"与胡适的"宽容"的具体而微的表现。通过这样的比较,我们也许能更清楚地看出:"胡适不能说是没有独立精神的人,但他却不能像鲁迅那样走向黑暗的深谷,与陈腐的权贵彻底决裂。胡适的独立意志的表达方式,常常是利用现政权的缝隙,或者说利用已有的社会机体,进行渐进的变革。但这种'利用'不是简单的依附,他从未跪在统治者面前乞求恩赐。在求索的路上,他没有低下高贵的头。他其实知道,真理的实行常常伴以自我的丧失,思想在现实转换,有时不得不染以俗谛。社会的进化,是不能以'纯粹'来实现的。"(孙郁语)

　　还有一个例子是他们都曾被推选为诺贝尔文学奖候选人,而他们都拒绝了,拒绝的理由却各有千秋,先看鲁迅。

　　1927年,来自诺贝尔家乡的探测学家斯文·赫定到我国考察,在上海了解了鲁迅的文学成就和他在近现代中国文学上的巨大影响。这位爱好文学的瑞典科学家,与学者刘半农先生商量,准备推荐鲁迅为诺贝尔文学奖候选人。刘半农托鲁迅的好友台静农去信征询鲁迅的意见。鲁迅知道此事后,于9月25日,郑重地给台静农回了一封信,信中说:

　　静农兄弟:

　　　　九月十七日来信收到了,请你转告半农先生,我感谢他的好意,为我,为中国。但我很抱歉,我不愿意如此。诺贝尔赏金,梁启超自然不配,我也不配,要拿这钱,还欠努力。世界上比我好的作家何限,他们得不到。你看我译的那本《小约翰》,我哪里做得出来,然而这作者就没有得到。或者我所便的,是我是中国人,靠着"中国"两个字罢,那么,与陈焕章在美国做《孔门理财学》而得博士无异了,自己也觉得可笑。我觉得中国实在还没有可得诺贝尔奖赏金的人,瑞典最好不要理我们,谁也不给。倘因为黄色脸皮的人,格外优待从宽,反足以长中国人的虚荣心,以为真可以与别国大作家比肩了,结果将很坏。我眼前所见的依然黑暗,有些疲倦,有些颓唐,此后能否创作,尚在不可知之数。倘这事成功而从此不再动笔,对不起人;倘再写,也许变了翰林文学,一无可观了。还是照旧的没有名誉而穷之为好罢。

我们可以看到,鲁迅对诺奖的态度也非常鲜明:首先,非常明确地认为自己不配得这项奖——不但自己不配,同时代的其他中国作家也不配;其次,自己不配得到它是因为自己努力不够、实力不够,而不是因为瑞典人有偏见——"十八个评委中只有一个懂中文,这个人对中国的情况还不了解"之类;最后,鲁迅还认为,诺奖是高水平的奖项,在没有实力竞争的时候侥幸得到它,名实不符,不利于文学扎扎实实地发展,反而会掩盖自己的缺陷和不足。鲁迅还有种担心,那就是如果是因为中国人多,所以给中国一个照顾奖的话,反而会增加了中国人的虚荣心,"结果将很坏"。

有意思的是胡适在鲁迅写这封信一年后,也曾被拟提名"诺贝尔文学奖"候选人。而提名他的,还是那位瑞典科学探险家斯文·赫定——对此,《胡适日记全编》里有这样的记载:1929年2月26到28日,胡适当时乘火车从外地返回上海,"火车上熟人最多,有美国公使,有瑞典探险家Sven Hedin(即斯文·赫定),有陈万里、杨宪武等。Hedin同我谈:他是瑞典国家学会十八会员之一,可以推举诺贝尔文学奖金候选人。他希望提出我的名字,但希望我把我的著作译成英文。"胡适对斯文·赫定"自己将自己的作品翻译成英文"的要求,估计没有正面回答,而是继续在日记里表述了出来,"此事我有我的意见:如果他们因为我提倡文学革命有功而选举我,我不推辞;如果他们希望我因希冀奖金而翻译我的著作,我可没有那厚脸皮。我是不配称文学家的。"胡适对诺贝尔文学奖的态度有些暧昧,他觉得如果这奖是因为他"倡文学革命有功",那他不推辞——换言之,他认为凭这样的功绩,他可以得这奖。而如果是因为提名者是为了自己的一己之私(因此可以翻译我的作品),那么就不成,"我没有那厚脸皮"。较之鲁迅的态度,胡适似乎不那么诚恳:鲁迅就直接讲自己不配,中国也没有作家配。而胡适则好像觉得自己配,只是不想成为别人利用的工具。实际上,就当时中国文学的水平而言,显然是鲁迅的判断更公允——"世界上比我好的作家何限,他们得不到",不能因为是中国人,或者因为"倡文学革命有功"就滥发。就在文学上的境界而言,鲁迅高于胡适。

四

较之鲁迅的峻激,胡适的温厚也自有其感人之处。对鲁迅的讥讽抨击,胡适从不做只字辩解,亦不做兵来将挡的还击。而且,当有人在他面前攻击鲁迅时,他还能站出来说公正话,为鲁迅评功摆好,确实体现了他"生平对于君家昆弟,只有最诚意的敬爱,种种疏离和人事变迁,此意始终不减分毫"的情怀。

鲁迅逝世后不久,女作家苏雪林先是于1936年11月12日为劝阻蔡元培出任鲁迅治丧委员会成员,而写给蔡元培先生一封信,其中有所谓:"当上海书业景气时代,鲁迅个人版税,年达万元。其人表面敝衣破履,充分平民化,腰缠则久已累累。或谓鲁迅讽刺文笔之佳妙,不如萧伯纳,而口唱社会主义,身拥百万家财之一点,则颇相类(见1933年2月17日《大晚报》社评),谁谓其言之无所见耶?

彼在上海安享丰厚之版税稿费,又复染指于政府支配下之某项经费。染指则亦已耳,乃又作《理水》小说,痛骂文化城之学者,以示一己之廉洁,欲盖弥彰,令人齿冷。其人格之矛盾,言之几不能使人置信,然则所谓文化大师者固一如此色厉内荏,无廉无耻之人物也!"后又于1936年11月18日写了题为《与胡适之先生论当前文化动态书》的一封信,其中写道:"鲁迅的心理完全病态。人格的卑污,尤其出人意料之外。简直连起码的'人'的资格还彀不着。但他的羽党和左派文人,竟将他夸张成为空前绝后的圣人。好像孔子、释迦、基督都比他不上。青年信以为真,读其书而慕其人,受他病态心理的陶冶,卑污人格的感化,个个都变成鲁迅,那还了得?在这里,我要套吴稚晖先生的口吻大声疾呼道:'宁堕畜道而入轮回,不忍见此可悲现象!'我想先生也有同样的愤慨吧。鲁迅生平主张打落水狗,这是他极端偏狭心理的表现,谁都反对。现在鲁迅死了,我来骂他,不但是打落水狗,竟是打死狗了。但鲁迅虽死,鲁迅的偶像没有死。鲁迅给予青年的不良影响,正在增高继长。我以为应当有个人出来,给鲁迅一个正确的判断,剥去这偶像外表的金装,使青年看到他里面是怎样的一包粪土,免得他们再受欺骗。"所以写这样的信给胡适,就是因为鲁迅曾明里暗里攻击过胡适——用苏自己的话来说就是:"且胡适先生从未开罪于彼,徒以与其所怨之'正人君子'接近,又以学问名望,较彼为高,足以撩其妒恨,是以烹老鼋而祸枯桑,连胡先生一并卷入旋涡。似此褊狭阴险,多疑善妒之天性,睚眦必报,不近人情之行为,岂唯士林之所寡闻,亦人类之所罕睹,谓其心理非有甚深之病态焉,谅公亦难首肯。"

而其代为打抱不平的胡适却在回信中这么说:"我很同情于你的愤慨,但我以为不必攻击其私人行为。鲁迅狺狺攻击我们,其实何损于我们一丝一毫?他已死了,我们尽可以撇开一切小节不谈,专讨论他的思想究竟有些什么,究竟经过几度变易,究竟他信仰的是什么,否定的是什么,有些什么是有价值的,有些什么是无价值的。如此批评,一句可以发生效果。徐如你上蔡公书中所举'腰缠久矣累累''病则谒日医,疗养则欲赴廉仓'……皆不值得我辈提及。至于书中所云'诚玷辱士林之衣冠败类,二十四史儒林传所无之奸恶小人'——下半句尤不成话——(这)一类字句,未免太动火气,此是旧文字的恶腔调,我们应该深戒。"虽然其中"猖猖"二字显示胡适对当年鲁迅对自己的抨击并非完全不放在心上,但并不主张以牙还牙地也去对其"猖猖"一通。而更为难能可贵的是,胡适接下来毫不暧昧地指出了鲁迅的"长处"——"凡论一人,总须持平。爱而知其恶,恶而知其美,方是持平。鲁迅有他的长处。如他的早年文学作品,如他的小说史研究,皆是上等工作。通伯先生当日误信一个小人张风举之言,说鲁迅之小说史是抄袭盐谷温的,就使鲁迅终生不忘此仇恨!现今盐谷温的文学史已由孙俍工译出了,其书是未见我和鲁迅之小说研究以前的作品,其考据部分浅陋可笑。说鲁迅抄袭盐谷温,真是万分的冤枉。盐谷温一案,我们应该为鲁迅洗刷明白,最好由通伯先生写一篇短文。此是'gentleman(绅士)的臭架子',值得摆的。如此立论,然后能事敌党俛首心服。"

也就是因为这个缘故,所以当1936年10月19日鲁迅先生逝世之后,同年11月初成立了由蔡元培、许寿裳、台静农、马裕藻、沈兼士、周作人、茅盾等七人组成的鲁迅全集编辑委员会准备编辑出版《鲁迅全集》时,因为欲在历史悠久、资金雄厚的商务印书馆出此书,便欲托与商务渊源深、影响力大的胡适从中疏通。胡适接信,马上表示自然愿意帮忙。并直接写信直寄商务老板王云五,其热诚周到令人动容。三天之后,许广平如约拜会王云五,谈得颇为顺利,许广平并有备忘录一纸留存下来,开头特别记下"六月九日收到许先生信,附适之先生致王云五函"云云。谈判圆满结束,目的已达,许广平即把洽谈情况函告胡适:"六月九日奉到马、许两位先生转来先生亲笔致王云五先生函,尝于十一日到商务印书馆拜谒,王先生捧诵尊函后,即表示极愿尽力……得先生鼎力促成,将使全集能得早日呈现于读者之前,嘉惠士林,裨益文化,真所谓功德无量。惟先生实利赖之。岂徒私人歌颂铭佩而已。"此事虽后来因为抗战爆发,上海旋即沦陷未成,但胡适这种不计前嫌、不怕帮忙出版其中有骂自己文章的《鲁迅全集》的风度,的确让人肃然起敬。

晚年的胡适,在政党势力压迫下左右为难,也因此对晚年鲁迅的困境有了更为深切的体验与认同。1956年,胡适致函雷震:"你们在台北若找得到《鲁迅书简》,可以看看鲁迅给胡风的第四封信,就可以知道鲁迅若不死,也会斫头的!"据学者周策纵回忆,1956年,"胡先生曾告诉我:'鲁迅是个自由主义者,绝不会为外力所屈服,鲁迅是我们的人。'"1959年,在给吴相湘的信中,胡适对陈独秀和鲁迅的思想左转,曾有如此一番非常痛心的追忆:"陈独秀若不脱离北大,若不因偶然的事永离北京,他后来的思想可能不会……而中国思想与政治的演变也可能完全大不相同。鲁迅也是如此。他若不离开北京,可能不会演变到后来那样子,我看他一九三五年给胡风的信,很感觉他晚年很痛苦,但已无法子解放自己了。"鲁迅晚年的痛苦,又何尝不是胡适晚年的痛苦?

怅望千秋一洒泪,萧条异代不同时!

鲁迅与林语堂：从朋友，到熟悉的陌生人

反鲁大将韩石山有个让人忍俊不禁的观点，那就是鲁迅不如胡适首先是在文凭上不如胡适，他在一次演讲中是这么旗帜鲜明地表明这一观点的："两个人都留过学，一个是1910年留学美国，取得哥伦比亚大学的博士学位，一个是1902年留学日本，在一个医学专科学校学习过，毕业没毕业都还说不定。"并自问自答，"是直接留美的对西方社会了解得多呢，还是留日的对西方社会了解得多？是一个哥伦比亚大学的哲学博士的社会理念先进呢，还是一个日本仙台医学专科学校的肄业生的社会理念先进呢？""我相信，任何一个出以公心的人，都会得出自己的结论，肯定是前者比后者，对西方社会了解得多，前者比后者的社会理念要先进。"（见其《一边是鲁迅，一边是胡适》）看到没有，只要是留美，又有博士学位，那就瘦死的骆驼也比马大，就是吐口唾沫星子也比你留日的又没文凭的"先进"——让人怎么看都像是以前"阶级决定论"的大腾挪：只要你属于某个阶级，你就是天然的先进阶级；而你不幸不是那个阶级，那你就是反动力量。文革都结束这么多年了，还有人这么看问题，让人想不明白历史究竟是怎么进步的。

韩石山不仅爱搞"阶级论"，还爱搞"株连法"。在《少不读鲁迅，老不读胡适》一书中，他又以鲁迅跟胡适划线，凡是跟胡适做朋友的，从陈西滢到徐志摩，个个留学欧美，年轻有为，文质彬彬。而跟鲁迅做朋友的，则大都混迹日本，个个老迈昏庸，心胸狭窄。不过这

么说也有点障碍,那就是一个叫林语堂的家伙,他留学欧美,照韩石山的经济分析论,该跟胡适做朋友才是。可事实上,他却跟鲁迅成了朋友。当然,韩石山对此的解释是:这是因为他交友不慎,也因此代价惨重,写出的文章全是"将无聊当有趣的下流文字",惨不忍睹。后来迷途知返,跟鲁迅闹翻后立刻浪子回头金不换,文章水平那是唰唰直往上蹿。韩先生这么说也不奇怪——本来么,阶级论与株连法就是一枚硬币的两面,讲阶级分析法的人最后必然主张老子英雄儿好汉,老子反动儿混蛋。

韩石山这种"学说"的无聊无趣,而且容易伤及自身(比如,韩先生文革中毕业于山西大学,这是先进呢?还是落后?是革命,还是反革命?恐怕他自己都说不清。当然,更别说那个时代还有很多根本就没上过大学的芸芸众生了,这些人在韩先生眼中,大概连反动落后的"资格"都没有吧)。这且不说,但他这里提及的鲁迅与林语堂的关系,倒是值得说道说道的。毕竟,他们曾经是好朋友,后来也的确疏远了。从他们的这种关系变迁中,我们或许也能看出鲁迅待人处事的"维度"吧。

一

林语堂1895年出生于福建龙溪(今漳州平和坂仔)的一个基督教家庭,父亲为教会牧师。1912年入上海圣约翰大学,毕业后在清华大学任教。1919年秋,林语堂赴哈佛大学文学系,读了一年,助学金却被停了,林语堂只好前往法国打工,后来到了德国。先在耶拿大学攻读,1922年通过转学分的方式获得了哈佛大学的硕士学位,后又到莱比锡大学攻读比较语言学,1923年获得博士学位。同年回国,任北京大学教授、北京女子师范大学教务长和英文系主任。

这时,新文化运动阵营已经开始分裂,北大文科教授分成两派,一派以胡适为领袖,一派以周氏兄弟为首。按说,胡适是林语堂的恩人,是胡适一直资助林语堂留学,甚至拿出自己的钱"冒充"公费支持林语堂,而且他进北大也是胡适推荐的,他该成为胡适一派才是。可林语堂似乎更欣赏没有欧美文凭的鲁迅,"自甘堕落"加入了以周氏兄弟为主的《语丝》阵营。在《语丝》发表第一篇文章《论士气与思想界之关系》后,林语堂就成为《语丝》"小弟"和主要撰稿人之一,并经常参加语丝社活动。也因此与周氏兄弟有了交往。他在《记周氏兄弟》里有这样的记载:"单说绍兴周氏两位师爷弟兄,每逢《语丝》茶话,两位都常来,而作人每会必到。作人不大说话,而泰然自若,说话声调是低微的,与其文一样,永不高喊。鲁迅则诙谐百出。"后来在《八十自叙》中又说:"他哥哥鲁迅正好相反,批评死对头得意起来,往往大笑出声。他身材矮小,留了一脸毛碴碴的胡须,两颊凹陷,始终穿长袍马褂,看起来活像鸦片烟鬼。很少人想到他竟以'一针见血'的痛快评论而知名。他名气很大。"作为语丝社的精神领袖,鲁迅对林语堂的才华非常赏识,在1925年12月5日和6日主动给林语堂写了两封信,进行约稿。林语堂对年长自己十四岁的鲁迅非常尊敬,经常请鲁迅指教文章,并追随鲁迅参加了一系列文坛争斗。也正是在鲁迅精心指导下,擅长英文,而母语却不太在行的林语堂,在文章上渐入佳境,跻身文章大家之列。

这段时间,林语堂对鲁迅是非常佩服的,也很自觉地追随鲁迅。女师大学潮爆发后,林语堂就毫不犹豫地跟鲁迅站在女师大学生一边,不仅写文章论战现代评论派,还亲自走上街头,拿起竹竿和石头与军警搏斗,为此在眉头留下个伤疤。在观念上,林语堂原先是赞成周作人主张"费厄泼赖"(fair play)精神(英语 fair play 的音译,即公正合理、光明正大、不采用不正当的手段)的,在1925年《语丝》第五十七期上,林语堂发表了《插论〈语丝〉的文体——稳健、骂人及费厄泼赖》一文,在抨击了段祺瑞之流的"正人君子"后,又主张"对失败者不应在施攻击""我们所攻击的在于思想非在人,以今日段祺瑞、章士钊为例,我们便不应在攻击其个人"。鲁迅读后,不以为然,就发表了《论"费厄泼赖"应该缓行》一文，批评了林语堂的观点，主张"'落水狗'未始不可打，或者简直应该打而已。"特别指出像"段祺瑞、章士钊"这类现在落水的"狗"们，"因为政局的不安定，真是此起彼伏如转轮，坏人靠着冰山，恣行无忌，一旦失足，忽而乞怜，而曾经亲见，或亲受其噬啮的老实人，乃忽以'落水狗'视之，不但不打，甚至于还有哀矜之意，自以为公理已伸，侠义这时正在我这里。殊不知它何尝真是落水，巢窟是早已造好的了，食料是早经储足的了，并且都在租界里。虽然有时似乎受伤，其实并不，至多不过是假装跛脚，聊以引起人们的恻隐之心，可以从容避匿罢了。他日复来，仍旧先咬老实人开手，'投石下井'，无所不为，寻起原因来，一部分就正因为老实人不'打落水狗'之故。所以，要是说得苛刻一点，也就是自家掘坑自家埋，怨天尤人，全是错误的"。看到鲁迅的文章，林语堂从善如流，表示全盘接受，他还发表了《论骂人之难》和《祝土匪》等一系列"打狗"文章，为鲁迅观点张目。1926年初林语堂专门画了一幅《鲁迅打狗图》的漫画，发表在《京报副刊》上。这幅漫画画的是：鲁迅先生手拿一竹竿痛打一落水之狗，而水中的巴儿狗则在水中痛苦地挣扎。这是将鲁迅"痛打落水狗"的思想进行了形象的表述。因为林语堂很少画画，所以这幅画应该是体现了他对鲁迅的拜服。当然也表现了他的服善精神。

1926年，"三一八"惨案后，林语堂在三天后即发表《悼刘和珍杨德群女士》一文，文中大义凛然地表示："刘杨二女士之死，同她们一生一样，是死于与亡国官僚瘟国大夫奋斗之下，为全国女革命之先烈。所以她们的死，于我们虽然不甘心，总是死得光荣，因此觉得她们虽然死得可惜，却也死得可爱。我们于伤心泪下之余，应以此自慰，并继续她们的工作。总不应在这亡国时期过一种糊涂生活。"此文跟鲁迅稍后发表的《记念刘和珍君》一道，在军阀们用枪林弹雨织就的血雨腥风中主持正义、展现风骨，为知识分子在那个黑暗年代的不屈抗争勇敢向前的历史写下了光荣的一页。这年4月，张作霖的奉军开进北京,李大钊、邵飘萍等人被杀,《京报》等报馆被封杀。北京一时腥风血雨风声鹤唳,没有报纸敢发表林语堂写的文章,军人打扮的人还时不时地在林家门口溜达一圈,美其名曰"保护"。报纸上还流传着一张北洋政府准备第二批通缉的名单,其中,林名列第十七位,鲁迅排在第二十一位。林在友人家中藏匿。三个星期后,接受了厦门大学校长林文庆的邀请,到厦大任教。临行前,林语堂还特地去向鲁迅告别。到厦大后,林语堂不忘故友,又将鲁迅、孙伏园、沈兼士、章川岛等在京受到迫害的一干好友邀到厦大。

那时,由于厦门大学校长林文庆担心"北京派"喧宾夺主,更由于理科主任刘树杞掌握着学校财权,并故意与鲁迅、林语堂作对。还由于国学院内部的分裂与内斗,加上林语堂书生意气,不善跟这些官僚斗法,所以鲁迅在厦大的日子过得并不舒坦,学校发生了好几起故意刁难鲁迅的事件,曾令鲁迅几次搬家,后来竟让他搬到地下室里。对于此事林语堂非常气愤,但也无能为力。只好尽己所能,在生活上对鲁迅多有照顾,如经常请鲁迅吃饭等等。这一点鲁迅对林语堂怀有感激之情。鲁迅在给许广平的信中说:"语堂的兄弟及太太,都很为我们的生活操心。"(《两地书》)不过,林语堂还是感到没有照顾好鲁迅,当他看到鲁迅"成天靠火腿和绍兴酒过日子","自觉没尽到地主之谊"。(林语堂《八十自叙》)所以到了晚年,林语堂还感到既然鲁迅是他请来的,鲁迅生活不好,又受到挤压,自然是自己的不是。而鲁迅呢,一直从大局着眼,支持林语堂的工作,他说:"只怕我一走,玉堂立刻要被攻击,因此有些彷徨。"(《两地书》)此时,他们二人的关系应该是很好的。

当然,也应该指出:他们此时关系虽然不错,但也不是毫无芥蒂。这芥蒂的根源就在于胡适。鲁迅对胡适不满,有时还明白地表示厌恶。可林语堂却对胡适有好感——这也很好理解:胡适对他有恩嘛。再说,林语堂本来就不是鲁迅那种"疾恶如仇"的人,而是一个受基督教文化影响,讲究平等、博爱、和谐的人。因此,林语堂引进来了属于胡适铁杆的顾颉刚,希望在他来主持的厦门大学文科里,不同派别的人、不同观点的人能够从大局着眼,共同努力,将国学研究向前推进一大步。这一举止,显然让鲁迅不快:在鲁迅心目中,顾颉刚不仅是胡适的忠实门徒,还是一个在背后造谣《中国小说史略》是抄袭日本人的阴谋家。(参见《鲁迅与顾颉刚:愤怒中的节制》一文)现在倒好,林语堂把他弄来跟自己朝夕相见,鲁迅能不生气么?因此,川岛在《和鲁迅先生在厦门相处的日子里》一文中才有这样的说法:"对自北京来的那些'陈源之徒',固然可厌,就是拉我们来的林语堂,鲁迅先生也已经觉察出来,对他再不存什么希望,而且以为他在厦大也必定失败。""这时节,鲁迅先生对林语堂已经绝望,以为这样下去,大家会跟着他同归于尽。"

由于在厦大备受排挤,最后鲁迅决定去中山大学任教,他说林语堂"太老实",劝他也离开厦门,同往广州。厦门是林的家乡,况且此地还有其他朋友兄弟,林没有随鲁迅离开。他翻译了尼采的《走过去》,送别鲁迅。鲁迅走后不久,林语堂也告别厦门大学到了武汉,去外交部长陈友仁那里任职。但半年之后,林语堂就结束了"为官"生涯,来到上海,准备以文为生。因为此时的鲁迅也离开广州来到上海,所以林语堂先去拜访了鲁迅。1928年底,林语堂写出了戏剧《子见南子》,发表在鲁迅和郁达夫合编的《奔流》上,因为作品将孔圣人写成一介平民,并由曲阜学校学生演出此剧,所以遭到孔氏家族的大力反对,而引发一桩"公案"。关于这一点,鲁迅写下了《关于〈子见南子〉》一文,将有关这次"官司"风波的内容集结起来,并表示对林语堂的支持。此后,林语堂编辑出版的《开明英文读本》和《开明英文读法》成为畅销书,一时间钱包大鼓,成为"商也不及,师也过之"的阔人。

就在这时,他跟鲁迅却发生了一次冲突。

二

这场冲突,发生在1929年8月。

冲突的起因跟鲁迅与北新书局的一场纠纷有关。北新书局的老板李小峰原是鲁迅在北大时的学生,准备自己开书局。知道他的想法后,鲁迅竭力支持,除了垫资外,还提供了大量佳作。北新书局出版或经销的鲁迅著、译、编的书籍,达三十九种之多。据学者陈树萍统计,北新书局翻版次数最多的十四种新文学著作中,鲁迅的作品就占了六种,其中《呐喊》翻了二十二版,《彷徨》翻了十五版,《呐喊》第十四版时,印数已达四万多册。当然,李小峰给鲁迅的版税也很慷慨,高达百分之二十五,而当时各书店最高版税是百分之十五,一般为百分之十二。鲁迅曾说:"我以为我与北新,并非'势利之交'……所以至去年止,除未名社是旧学生,情不可却外,我决不将创作给与别人……"因为有鲁迅支持,北新书局很快盈利,1926年6月建了上海分社,用北新自己招股广告的话来说,就是"以四年半的短期间,数千元的小资本,造成今日出书三百五十余种,销书三百万册,分销处三百余处,盈余近十万元"。

也许是因为财大气粗,李小峰对鲁迅渐有怠慢。鲁迅离开北京前,北新书局按月向鲁迅支付版税,可鲁迅在厦门、广州期间,北新未付版税。1927年10月起,虽又向鲁迅支付版税,但数额甚少,而此时北新正出版着鲁迅的十四本书,鲁迅此时专职创作,版税已成唯一收入来源。为讨回版税,鲁迅准备与李小峰法庭相见,经郁达夫劝说,同意和解,李小峰表示:"愿意按月摊还积欠两万余元(实为一万九千多元),分十个月还了;新欠则每月致送四百元,决不食言。"于是,1929年8月28日,李小峰在南云楼设晚宴,宴请鲁迅、林语堂夫妇、郁达夫夫妇、川岛等文化界名流,李小峰显然是想通过这场宴请来表达自己对郁达夫调解与鲁迅谅解的谢意。

这本来是桩好事,可席间却有了节外生枝,这节外生枝源于有人提到一个人——张友松。张友松也是鲁迅在北大的学生，他1903年11月12日生于湖南省醴陵县西乡三石塘。十二岁那年，他随大姐张挹兰迁居北京，1922年考入北京大学半工半读，课余翻译英文小说。鲁迅对他甚为欣赏，便把他推荐到北新书局做编辑。而他居然又成为促使鲁迅跟李小峰打官司的主角之———据他后来讲，他所以这么干，是因为"别看鲁迅的文章写得泼辣不留情面，可是现实生活中的他，却在版税这类问题上往往打不开情面，所以被人欺负"。为此，他一方面帮鲁迅找律师同李小峰打官司，向对方追回所有欠账，另一方面又在鲁迅的支持下，创办自己的春潮书局，继续出版鲁迅等人的著作，并翻译出版沙俄时代作家屠格涅夫和契诃夫等人的作品。鲁迅不仅不惜花费大量时间和精力，亲自帮张友松邀人组稿，拟定编辑文艺丛书计划，而且还在自己经济收入相当拘谨的条件下，借给张友松五百元钱，帮助他筹办新的书局。当然，由于缺乏经商和管理经验，张友松的春潮书局很快就倒闭了。这是后话。张友松在办书局时，多次请鲁迅、林语堂等人吃饭，并一再表示自己要以李小峰为戒，决不拖欠作者的版税云云。外界不少人因此认为，鲁迅与李小峰的矛盾很大程度上是张友松挑拨造成的。因而，在这原本是为了使得鲁迅跟李小峰和好的宴会上提及这个人，应该是很忌讳的一件事。

而就在这时，林语堂也没细想，就趁机骂起了这张友松。他又为什么会骂张友松呢？原因是他跟张友松有过不快的经历。前面说过，张在办书局时，宴请过鲁迅跟林语堂，意思当然是希望这俩大佬多支持自己，有书在自己这新书局出。林语堂却不过情面，便答应为他翻译苏联作家奥格涅夫的《新俄学生日记》。据张友松后来说，当时林语堂还没有动笔，就已先付了他一笔版税。可是后来林语堂译了一半就扔下不管了，催过多次之后，他才叫张友松接着把后半部译完。这就是我们今天看到的他同林语堂联合署名翻译《新俄学生日记》的由来。张友松对此当然不满，对林颇有怨言，说林语堂当初离开厦大到武汉外交部长陈友仁那里去任职是为了升官发财之类。林语堂知道后自然对他也很反感,所以一听有人提及他,便趁机说他坏话。

可是,这原本不相干的坏话鲁迅听来却格外刺耳——因为这坏话的言外之意好像是在说鲁迅是受了小人张友松的挑拨才跟李小峰打这场官司的,不值!鲁迅哪是能受这窝囊气不吭声的主儿?于是脸色发青,站起来大声喊道:"我要声明!我要声明!"还拍桌子:"玉堂,你这是什么话!我和北新的诉讼不关张友松的事!"林语堂也想不通自己骂张友松,鲁迅怎么扯到自己头上?于是也站起来辩解:"是你神经过敏,我没有那个意思!"两人越说越火,大骂出口,还互相瞪着对方,如斗鸡般足足对视了一两分钟。郁达夫见势不妙,赶紧按鲁迅坐下,又拉着林语堂和廖翠凤离开。这才没有发展为拳脚相向。对此,鲁迅当天的日记中是这么记的:"二十八日,晚霁。小峰来,并送来纸版,由达夫、矛尘作证,计算收回费用五百四十八元五角。同赴南云楼晚餐。席上又有杨骚、语堂及夫人、衣萍、曙天,席将终,林语堂语含讥刺。直斥之,彼亦争持,鄙相悉现。"而林语堂日记里的记载却是:"八月底与鲁迅对骂,颇有趣,此人已成神经病。"四十年后林语堂在《忆鲁迅》也回忆此事:"有一回,我几乎跟他闹翻了。事情是小之又小。是鲁迅神经过敏所致。那时有一位青年作家,……他是大不满于北新书店的老板李小峰,说他对作者欠帐不还等等。他自己要好好的做。我也说了附合的话,不想鲁迅疑心我在说他。……他是多心,我是无猜。两人对视像一对雄鸡一样,对了足足两分钟。幸亏郁达夫作和事佬。几位在座女人都觉得'无趣'。这样一场小风波,也就安然流过了。"而作为双方朋友的郁达夫,后来在《回忆鲁迅》一文中,对此次冲突有这样的说明:"冲突的原因,是在一个不在场的第三者,也是鲁迅的学生,当时也在经营出版事业的某君。北新方面,满以为这一次鲁迅的提起诉讼,完全系出于这同行第三者的挑拨。而忠厚诚实的林语堂,于席间偶尔提起了这一个人的名字。鲁迅那时,大约也有了一点酒意,一半也疑心语堂在责备这第三者的话,是对鲁迅的讽刺;所以脸色发青,从座位里站了起来,大声的说:'我要声明!我要声明!'他的声明,大约是声明并非由这第三者的某君挑拨的。语堂当然也要声辩他所讲的话,并非是对鲁迅的讽刺;两人针锋相对,形势弄得非常的险恶。在这席间,当然只有我起来做和事佬:一面按住鲁迅坐下,一面我就拉了语堂和他的夫人,走下了楼。"

三

这场风波虽然看起来很严重:一方骂一方是"神经病",而另一方则骂对方是"鄙相悉现",还差点动了手,但终究是因对第三方的不同看法而起,不是什么原则分歧。所以,他们很快又和好了。1932年9月林语堂在上海创刊了《论语》半月刊,提倡幽默。那时他和鲁迅已恢复了交往,就约鲁迅为《论语》写稿。鲁迅写了几篇在1933年出版的《论语》半月刊第十一、十二、十三期连续刊出。《学生和玉佛》,是反对政府当局将受到战争威胁地区的珍贵文物运往安全地区的措施;《谁的矛盾》谈萧伯纳在上海引起的种种反响;《由中国女人的脚,推定中国人之非中庸,又由此推定孔夫子有胃病》("学匪"派考古学之一)一文(署名何干),更是从当时《大晚报》一则新闻"孙总理夫人宋庆龄女士自归国寓沪后,关于政治方面,不闻不问,惟对社会团体之组织非常热心。据本报记者所得报告,前日有人由邮政局致宋女士之索诈信□(原件缺失)件,业经本市当局派驻邮局检查处检查员查获,当将索诈信截留,转辗呈报市府",推定虽为总理夫人宋女士的信件,也常在邮局被当局派员所检查。都是属于针砭时事嬉笑怒骂的文章,林语堂当然照载不误。

不过,在内心深处,鲁迅对林语堂在那个"大野多钩棘,长天列战云"的时代提倡什么"幽默",是不以为然的——这一点,在他1933年8月25日写的《"论语"一年——借此又谈萧伯纳》一文中有清晰的表达。文中说道:"老实说罢,他所提倡的东西,我是常常反对的。先前,是对于'费厄泼赖',现在呢,就是'幽默'。我不爱'幽默',并且以为这是只有爱开圆桌会议的国民才闹得出来的玩意儿,在中国,却连意译也办不到。我们有唐伯虎,有徐文长,还有最有名的金圣叹,'杀头,至痛也,而圣叹以无意得之,大奇!'虽然不知道这是真话,是笑话;是事实,还是谣言。但总:一来,是声明了圣叹并非反抗的叛徒;二来,是将屠户的凶残,使大家化为一笑,收场大吉。我们只有这样的东西,和'幽默'是并无什么瓜葛的。"8月27日,鲁迅又做《小品文的危机》,谓林语堂所提倡的小品文是"文学上的摆设","靠着低诉和微吟,将粗犷的人心,磨得渐渐平滑",矛头再次指向林语堂。但林语堂对此并不以为然,他认为自己主张"幽默""性灵",提倡"以自我为中心,以闲适为格调"不乏其正面意义。为了回应鲁迅,林语堂1934年1月1日写了《论幽默》一文。他说:"幽默本是人生之一部分,所以一国的文化,到了相当程度,必有幽默的文学出现。""好的幽默都是属于合情合理,其出人意外,在于言人所不敢言。""人之智慧已启,对付各种问题外,尚有余力,从容出之,遂有幽默。"可见,鲁迅与林语堂后来渐行渐远,有偶然的误会原因,也有思想根源相差异的原因。

1934年4月5日,林语堂因为与章克标意见不合,一气之下离开《论语》,去创刊小品文半月刊《人间世》。编辑陶亢德寄了两本创刊号给鲁迅,并且向他约稿。4月7日,鲁迅给他复信说:"大札与《人间世》两本,顷同时拜领,讽诵一过,诚令人有萧然出尘之想,然此时此境,此作者们,而得此作品等,固亦意中事也。语堂先生及先生盛意,嘱勿藏拙,甚感甚感。惟搏战十年,筋力伤惫,因此颇有所悟,决计自今年起,倘非素有关系之刊物,皆不加入,藉得余暇,可袖手倚壁,看大师辈打太极拳,或夭矫如攫空,或团转如摸地,静观自得,虽小品文之危机临于目睫,亦不思动矣。幸谅其懒散为企。"话虽客气,但对林语堂这种"萧然出尘之想"的办刊思想的不满,也是

173

一目了然的。

鲁迅在这年6月2日致郑振铎的信说:"小品文本身本无功过,今之被人诟病,实因过事张扬,本不能诗者争作打油诗;凡袁宏道李日华文,则誉为字字佳妙,于是而反感随起。总之,装腔作势,是这回的大病根。其实,文人作文,农人掘锄,本是平平常常,若照相之际,文人偏要装作粗人,玩什么'荷锄带笠图',农夫则在柳下捧一本书,装作'深柳读书图'之类,就要令人肉麻。现已非晋,或明,而《论语》及《人间世》作者,必欲作飘逸闲放语,此其所以难也。"在1934年5月6日致杨霁云的信又说:"关于近日小品文的流行,我倒并不心痛,以革新或留学获得名位,生计已渐充裕者,很容易流入这一路。盖先前原着鬼迷,但因环境所迫,不得不新,一旦得志,即不免老病复发,渐玩古董,始见老庄,则惊其粤博,见《文选》,则惊其典赡,见佛经,则服其广大,见宋人语录,又服其平易超脱,惊服之下,率尔宣扬,这其实还是当初沽名的老手段。有一部分青年是要受点害的,但也原是脾气相近之故,于大局却无大关系,例如《人间世》出版后,究竟不满者居多;而第三期已有随感录,虽多温暾话,然已与编辑者所主张的'闲适'相矛盾。此后恐怕还有变化,倘依然一味超然物外,是不会长久存的。"8月13日鲁迅致曹聚仁的信说得更加直接:"语堂是我的老朋友,我应以朋友待之,当《人间世》还未出世,《论语》已很无聊时,曾经竭了我的诚意,写一封信,劝他放弃这玩意儿,我并不主张他去革命,拼死,只劝他译些英国文学名作,以他的英文程度,不但译本于今有用,在将来恐怕也有用的。他回我的信是说,这些事等他老了再说。这时我才悟到我的意见,在语堂看来是暮气,但我至今还自信是良言,要他于中国有益,要他在中国存留,并非要他消灭。他能更急进,那当然很好,但我看是决不会的,我决不出难题给别人做。不过另外也无话可说了。"

好话是没有可说的了,但嘲弄却在增加。1935年5月,鲁迅针对林语堂1934年夏因反对"大众语"而受到批评后,在给曹聚仁和陈子展的信中说"我系闽人,天生蛮性;人愈骂,我愈蛮",以及他《人间世》半月刊第一卷第十二期(1934年9月)发表的《有不为斋随笔·辜鸿铭》中,吹捧辜鸿铭的"蛮子骨气",说"此种蛮子骨气,江浙人不大懂也"鲁迅发表一篇题为《天生蛮性》的文章,文章只有三句话:"辜鸿铭先生赞小脚,郑孝胥先生讲王道;林语堂先生谈性灵。"辜鸿铭是前清遗老,郑孝胥是伪满总理,鲁迅将林语堂和他们相提并论,此时的鄙夷之情可想而知。而在写于1935年11月的小说《理水》中,鲁迅就这么漫画了一通林语堂——"'是之谓失其性灵,'坐在后一排,八字胡子的伏羲朝小品文学家笑道。'吾尝登帕米尔之原,天风浩然,梅花开矣,白云飞矣,金价涨矣,耗子眠矣,见一少年,口衔雪茄,面有蚩尤氏之雾……哈哈哈!没有法子……'"自此,这两个曾经的好朋友不再来往,形同参商。一次在参加朋友婚礼上,鲁迅看有林语堂在场,居然抬脚就走。

1936年10月19日,鲁迅病逝。四天后,林语堂写下了这样的文字:"鲁迅与我相得者二次,疏离者二次,其即其离,皆出自然,非吾与鲁迅有轩轾于其间也。吾始终敬鲁迅;鲁迅顾我,我喜其相知;鲁迅弃我,我亦无悔。大凡以所见相左相同,而为离合之迹,绝无私人意气存焉。我请鲁迅至厦门大学,遭同事摆布迫逐,至三易其厨,吾尝见鲁迅开罐头在火酒炉上以火腿煮水度日,是吾失地主之谊,而鲁迅对我绝无怨言,是鲁迅之知我。《人间世》出,左派不谅吾之文学见解,吾亦不肯牺牲吾之见解以阿附初闻鸦叫自为得道之左派,鲁迅不乐,我亦无可如何。鲁迅诚老而愈辣,而吾则向慕儒家之明性达理,鲁迅党见愈深,我愈不知党见为何物,宜其刺刺不相入也。然吾私心终以长辈事之,至于砭砭小人之捕风捉影挑拨离间,早已置之度外矣。"还说,"鲁迅与其称为文人,不如号为战士。战士者何?顶盔披甲,持矛把盾交锋以为乐。不交锋则不乐,不披甲则不乐,即使无锋可交,无矛可持,拾一石子投狗,偶中,亦快然于胸中,此鲁迅之一副活形也。德国诗人海涅语人曰,我死时,棺中放一剑,勿放笔。是足以语鲁迅。鲁迅所持非丈二长矛,亦非青龙大刀,乃炼钢宝剑,名宇宙锋。是剑也,斩石如棉,其锋不挫,刺人杀狗,骨骼尽解。于是鲁迅把玩不释,以为嬉乐,东砍西刨,情不自已,与绍兴学童得一把洋刀戏刻书案情形,正复相同,故鲁迅有时或类鲁智深。故鲁迅所杀,猛士劲敌有之,僧丐无赖,鸡狗牛蛇亦有之。鲁迅终不以天下英雄死尽,宝剑无用武之地而悲。路见疯犬、癞犬、及守家犬,挥剑一砍,提狗头归,而饮绍兴,名为下酒。此又鲁迅之一副活形也。”

| 第四辑　敌人 |

萌芽月刊

第一卷
1

1930

鲁迅设计的《萌芽月刊》封面

鲁迅与梁实秋：谁更理性公正？

梁实秋生于1903年，小了鲁迅二十二岁，属于晚鲁迅学生辈。在《回忆周作人先生》一文中，梁实秋曾回忆自己去八道湾邀请时为北大教授的周作人来校做演讲的往事云："我在清华读书的时候，代表清华文学社会见他，邀他到清华演讲。那个时代，一个年轻学生可以不经介绍径自拜访一位学者，并且邀他演讲，而且毫无报酬，好像不算是失礼的事。如今手续似乎更简便了，往往是一通电话便可以邀请一位素未谋面的人去讲演什么的。我当年就是这样冒冒失失慕名拜访。转弯抹角地找到了周先生的寓所，是一所坐北朝南的两进平房，正值雨后，前院积了一大汪子水，我被引进去，沿着南房檐下的石阶走进南屋。地上铺着凉席。屋里已有两人在谈话，一位是留了一撮小胡子的鲁迅先生，另一位年轻人是写小诗的何植三先生。鲁迅先生和我招呼之后就说：'你是找我弟弟的，请里院坐吧。'"从他们这一次见面(也许是他们唯一一次见面)来看，没有什么天然的矛盾，倒好像有些出人意料的缘分——比如，当年毛泽东也去八道湾拜访周作人时，就没有见到过鲁迅。不过，也许是因为性格与见识不同，一留学日本，所学甚杂，一留学美国，专攻文学，加上回国后，朋友圈也不一样，他们二人后来不仅没有成为朋友，倒成了一对论辩时间最长结怨最深的论敌。

一

鲁迅与梁实秋发生冲突的起因是人性论。1926年底,刚回国不久的梁实秋在《晨报副刊》上发表《卢梭论女子教育》一文,次年11月,又将此文稍做修改后发表在《复旦旬刊》上。其中的主要意思是"卢梭论教育,无一是处,唯其论女子教育,的确精当",因为那是"根据于男女的性质与体格的差别而来"的。而近代生物学和心理学研究的结果,又证明着天下没有两个人是无差别的。怎样的人就该施以怎样的教育。梁实秋并进一步认定:"我觉得'人'字根本的该从字典里永远注销,或由政府下令永禁行使。因为'人'字的意义太糊涂了。聪明绝顶的人,我们叫他做人,蠢笨如牛的人,也一样的叫做人,弱不禁风的女子,叫做人,粗横强大的男人,也叫做人,人里面的三六九等,无一非人。近代的德谟克拉西的思想,平等的观念,其起源即由于不承认人类的差别。近代所谓的男女平等运动,其起源即由于不承认男女的差别。人格是一个抽象名词,是一个人的身心各方面的特点的总和。人的身心各方面的特点既有差别,实即人格上亦有差别。所谓侮辱人格的,即是不承认一个人特有的人格,卢梭承认女子有女子的人格,所以卢梭正是尊重女子的人格。抹杀女子所特有之特性者,才是侮辱女子人格。"换言之,在梁实秋看来,人只有个性,没有共性,也因此对不同的人应该给予不同的教育——这见识,显然较两千年前孔子"有教无类"的观点都不如。鲁迅见了,自然大不以为然,于是写下《卢梭和胃口》对梁实秋进行了点名嘲弄。

有文学学位的梁实秋觉得这方面自己更有发言权,于是相继写下《文学与革命》《文学是有阶级性的吗?》等文进行论辩,其中的核心意思是:"文学的国土是最宽泛的,在根本上和在理论上没有国界,更没有阶级的界限。一个资本家和一个劳动者,他们不同的地方是有的,遗传不同,教育不同,经济的环境不同,因之生活状态也不同，但是他们还有同的地方。他们的人性并没有两样，他们都感到生老病死的无常，他们都有爱的要求，他们都有怜悯与恐怖的情绪，他们都有伦常的观念，他们都企求身心的愉快。文学就是表现这最基本的人性的艺术。"(《文学是有阶级性的吗?》)在梁实秋看来，世界上的人性是一样的，并没有阶级的区别，而"文学就是表现这最基本的人性的艺术"，因而它是没有阶级性的。这不是将人从现实中的各种属性（其中包括阶级性）中抽离出来——这种纯而又纯的人，究竟是现实的人，还是抽象的人？这跟他先前人只有个性没有共性的观点截然相反，变得太快了。

鲁迅于是针对梁实秋以为文学表现人的阶级性，是"在把阶级的束缚加在文学上面"的观点，在《"硬译"与"文学的阶级性"》一文中不客气地指出："文学不借人，也无以表示'性'，一用人，而且还在阶级社会里，即断不能免掉所属的阶级性，无需加以'束缚'，实乃出于必然。自然，'喜怒哀乐，人之情也'，然而穷人决无开交易所折本的懊恼，煤油大王那会知道北京检煤渣老婆子身受的酸辛，饥区的灾民，大约总不去种兰花，像阔人的老太爷一样，贾府上的焦大，也不爱林妹妹。"这话的意思很清楚：爱情是有阶级性的，是要讲门当户对的，就当时贾府上做仆人的焦大，是没有可能爱上林妹妹的，像焦大这样的劳动人民，娶个老婆，首先要能生孩子，其次要能做家务。考虑到中国男人（尤其是焦大这种性情暴躁率性胡来的底层劳动人民）还有打老婆的爱好，那么做他的老婆就还得身强力壮，禁得起他老兄的拳打脚踢。如果我们用这三条标准去反观林妹妹，就会发觉，她的确一条也不具备：生孩子吗？林黛玉是娇喘吁吁一步三晃的肺结核患者，能生么？就是生下来，又能养活么？至于做家务，你就根本别想，翻遍《红楼梦》，我就没有看到有她做家务的描写！挨打呢，哼，她连一小点骂，不，嘲讽都受不了，你还想打她？鲁达三拳打死镇关西是夸张，可要以焦大的身手，一拳打死林妹妹倒是不用怀疑。既然标准如此不合，焦大又凭什么爱上林妹妹呢？

也就是说,在鲁迅看来,你如果表现阶级社会中的人,就不可避免地让这人带上阶级性,因为这是人的社会属性,是没有办法的事。你不能因此断定这样带了阶级性的人不是人,白马非马。这种分析比起梁实秋不分青红皂白一锅煮的人性论来,当然要客观自然,要高明得多,

不过,对鲁迅这样一个观点,至今仍有人不以为然。譬如张宗子先生就在《万象》2002年第一期上撰文指出:"鲁迅评红楼梦有一句名言:贾府的焦大,是不会爱上林妹妹的。为什么?阶级地位、社会地位不同。其实这句话大错特错,要反过来说才对:林妹妹决不会爱上焦大,焦大却可以'爱'上林妹妹,而且只要可能,他会不择手段把林妹妹'搞'到手。癞蛤蟆可以吃上天鹅肉,因为时代总会给焦大们一些机会:造反之后,起义成功——哪怕是暂时成功——之后,所有的人世变迁,运动,文革……"类似的看法还有王怡先生,他说得更具体:"三亩水田一头牛,老婆孩子热炕头。是每个佃农最大的心愿。老婆孩子挤在一张床上睡,可见没有三居室,没有保姆,还仅仅是一个自耕农的架式。进而成为小地主,更需要一生的积攒与辛苦。建国初期,许多这样的焦大们刚刚成为焦老爷,可惜便被打翻在地,再踏上了一只脚。而林妹妹还在更远的地方。军队里面的焦大有福了。辛苦种地的焦大企图通过财富的积累去接近天边的林妹妹,但人家说:这种财富是不正义的。而造反杀人的焦大则企图通过战功赫赫去接近林妹妹,他们成功了。纷纷抛弃乡下的原配,再娶资产阶级细皮嫩肉的斯文女子为妻。鲁迅先生早夭,竟没有看见这一幕。"也就是说,焦大还是可能"爱"上林妹妹的,那前提就是焦大起义成功,做了官。这话当然对。不过,问题是:如果焦大起义成功,做了官甚至做了皇帝,他还是"贾府上的焦大"么?就好比朱元璋起义成功前,不过是连名字都没有的庙里和尚,可革命成功做了皇帝后,谁还敢叫他朱和尚?张先生王先生敢吗么?鲁迅说贾府的焦大不爱林妹妹是从阶级性上着眼的,而一旦焦大干起了革命,

并且革命成功做了官或者皇帝,如果他"爱"上林妹妹,那也是因为他的阶级属性发生了变化,从被统治阶级变成了统治阶级,爱情观发生变化,也正好证明了鲁迅的命题:爱情是有阶级性的,阶级性变了爱情观自然也会发生变化。鲁迅这话又何尝"大错特错"呢?其实,这个道理张先生也明白,所以在后面他又有这样一段:"《鹿鼎记》让陈圆圆爱上李自成——不是迫于权势的顺从,是发自内心的爱——荒唐一如让林妹妹自愿爱上焦大。清高的林妹妹躺上焦大的床,当然不是绝对不可能:要么是焦大发了失心疯,绑架了她;要么是有朝一日焦大做了'白兔记'中的刘知远。"也就是说,就"自愿"而论(自愿,当然是爱的前提),林妹妹是不会爱上焦大的。除非焦大"咸鱼翻身",跳出本阶级,做了"白兔记"中的刘知远。林妹妹如此,焦大又何尝不是这样?

也有人从人性的角度认为焦大有可能爱上林妹妹。比如林如敏先生也在《羊城晚报》上撰文认为:"鲁迅说,贾府里的焦大不会爱上林妹妹。这话总是让我感到疑心。阶级性与人性的关系,这个命题于我而言过于深奥,在我,不过是下意识地觉得,焦大之于林妹妹,并非就天生地持了排斥的态度。林黛玉既然被塑造成姣花照水、弱柳迎风的美女,大凡男性,怕是免不了要对'资产阶级小姐'林妹妹持了一股向往的心情,这种向往,即便卑贱如焦大者,大抵亦莫能外。鲁迅所谓'焦大不会爱上林妹妹',不过是看准了人家行动上的'不敢'和现实中的'不能'罢了,所谓'非不为也,是不能耳。'"——简言之,焦大也有"癞蛤蟆想吃天鹅肉"的想法。这里,需要厘定的是两个概念:第一,爱和向往是两个概念。就焦大而言,他的"爱"恐怕就是要把"爱"的对象娶回家做老婆——因此,如果他把林黛玉作为一个"爱"的对象的话,就不可能只有审美,而没有功利。其次,鲁迅说焦大不爱(不是"不会爱")林妹妹,只是一种事实陈述——用林先生的话来说,就是"行动上的'不敢'和现实中的'不能'"的一件事。至于他下意识如何,是否想吃这天鹅肉,那就不是鲁迅所要研究的了——那应该是弗洛伊德研究的内容。

要之,就"贾府"的"焦大"而言,他是不会爱上林妹妹的——他要林妹妹来干什么?至于离开贾府参加革命后的焦大是不是会爱上林妹妹,或者说焦大在内心深处是不是"向往"林妹妹,那是另外一个问题,不好跟鲁迅原话联系起来。

二

在人性论上,梁实秋说不过鲁迅,于是他转战自己擅长的翻译领域,指责鲁迅的翻译是"硬译"。在《论鲁迅先生的"硬译"》一文中,他首先引用了陈西滢《论翻译》中的一句话:"死译的病虽然不亚于曲译,可是流弊比较的少,因为死译最多不过令人看不懂,曲译却愈看得懂愈糟。"梁实秋这么说是在暗示鲁迅主张的"硬译"其实就是"死译",这显然是偷换概念,鲁迅所谓"硬译",乃是"直译"的代替说法,在《文艺与批评》的"译者附记"中,鲁迅说:"从译本看来,卢那察尔斯基的论说就已经很够明白,痛快了。但因为译者的能力不够,和中国文本来的缺点,译完一看,晦涩,甚而至于难解之处也真多;倘将仂句拆下来呢,又失了原来的精悍的语气。在我,是除了还是这样的'硬译'之外,只有'束手'这一条路——就是所谓'没有出路'——了,所余的惟一的希望,只在读者还肯硬着头皮看下去而已。"不难看出,这里的"硬"字,就是借用外来语输入一些中国原来没有,但为表情达意计又需要的词汇句法。鲁迅还从历史角度指出如唐译佛经,元译上谕,当时很有些"文法句法词法"是生造的,而一经使用也就懂了,现在又来了"外国文",许多句子即也需新造,或者说是硬造,新造硬造的目的是为了更好地保存原来的精悍语气,更重要的是,借此可以改善"中国文本来的缺点"。

大致说来,鲁迅本来是主张翻译既要通顺,又要忠实的。只是在二者不可兼得的情况下,"宁信而不顺"。理由是:"译得'信而不顺'的至多不过看不懂,想一想也须能懂,译得'顺而不信'的却令人迷雾,怎么想也不会懂,如果好像已经懂得,那么你正是入了迷途了。"梁实秋却对这种"顺而不信"大有好感,理由是一本书决不会从头到尾地曲译,并且部分地曲译即使是害人不浅的错误,"读者终究还落个爽快",而死译(其实就是指鲁迅主张的"硬译")一定是从头到尾的死译,读了也等于不读;"况且犯曲译的毛病同时绝不会犯死译的毛病,而死译者却有时正不妨同时是曲译"。梁实秋这儿显然是在强词夺理,事实上,顺而不信的曲译有悖于原文语意,传递的是错误信息,而作为不懂原文的读者,则很少能对这些错误信息加以识别,就此而言,上了译者的当,受了译文的骗,读者即使"落个爽快",其危害无疑更甚于"令人看不懂"的死译。再说了,谁能保证"犯曲译的毛病同时绝不会犯死译的毛病"? 谁又规定了曲译者不会同时死译? 因此,当梁实秋从鲁迅译的《文艺与批评》中挑出三段译文,嘲弄"如同看地图一般,要伸着手指来找寻句法的线索位置"时,鲁迅便在《"硬译"与"文学的阶级性"》一文中毫不客气地指出:梁实秋的这些话,"在我也觉得是废话",他认为要读这样的书,就是要"如同看地图一般,要伸着手指寻找句法的线索位置";但"地图并不是死图",而"硬译"即使离"死译"不远,照此类推也就和"死译"有了些什么区别。

  事实上,鲁迅所讲的"宁信",一是强调要忠实于原文,"这所谓'不顺',绝不是说'跪下'要译作'跪在膝盖上','天河'要译作'牛奶路'的意思"。二是指要从外国语言的词汇和语法中吸取对我们有用的成分——"不必否认,这些充满'洋气'的外来语,中国读者起初看起来确有些不顺眼,念起来不顺口,但见得多用得多了,'其中的一部分,将从不顺而成为顺,有一部分,则因为到底不顺而被淘汰,被踢开'。……诸如'我想今晚去拜访您,要是您不觉得有什么不便的话'这类外来句法,今天不是已经说得顺、听得懂,而且完全'融入'到汉语中去了吗?"鲁迅对一般的中国大众吸取新文法与新词汇的能力还是持乐观态度的——他在《门外文谈》一文中是这么说的:

"说起大众来,界限宽泛得很,其中包括着各式各样的人,但即使'目不识丁'的文盲,由我看来,其实也并不如读书人所推想的那么愚蠢。他们是要智识,要新的智识,要学习,能摄取的。当然,如果满口新语法、新名词,他们是什么也不懂;但逐渐的检必要的灌输进去,他们却会接受;那消化的力量,也许还赛过成见更多的读书人。初生的孩子,都是文盲,但到两岁,就懂许多话,能说许多话了,这在他,全部是新名词,新语法。他哪里是从《马氏文通》或《辞源》里查来的呢?也没有教师给他解释,他是听过几回之后,从比较而明白了意义。大众的会摄取新词汇和语法,也就是这样子,他们会这样的前进。"所以,鲁迅的硬译主张,跟他对中国民众的看法,是有其内在联系的。

还必须指出的是,鲁迅主张硬译,还跟他改造国民性的一贯主张一脉相承。在鲁迅看来,他所以主张"宁信而不顺"的翻译,是因为"这样的译本,不但在输入新的内容,也在输入新的表现法",要克服中国文的缺点,"只好陆续吃一点苦,装进异样的句法,古的,外省外府的,外国的,后来便可以占为己有"了。他继而认为,在此过程中,可以"一面尽量的输入,一面尽量的消化,吸收,可用的传下去,渣滓就听他剩落在时代里",所以说我们现在可以容忍译文中出现"多少的不顺",这容忍下来的不顺,"其中的一部分,将从'不顺'而成为'顺',有一部分,则因到底不顺而被淘汰,被踢开,这最要紧的是我们的批判"。换言之,翻译不但要输入外国的思想观念、文学艺术,还应该输入外国的思维方式、文法逻辑,而这,只有硬译才能做到。而在梁实秋看来,翻译能将外国的作品翻译过来让中国人以自己的思维方式、情感方式很容易地接受就可以了——在《论鲁迅先生的"硬译"》一文中,他这么说:外国文和中国文不同,有些句法中文里当然是没有的,而翻译的难处即在于此,假如两种文字中的文法、句法、词法完全一样,翻译便称不上一项艰苦的工作了;不能因为中国文有"本来的缺点"就使读者"硬着头皮读下去","我们不妨把句法改变一下，以使读者能懂为第一要义"，因为"硬着头皮"终究不是一件容易的事。这里的确也还有语言思维的改革者与守成者的区别。

应当注意的是，鲁迅与梁实秋在翻译上"硬"与"顺"的分歧，还跟他们对汉字汉语的评价息息相关。在鲁迅看来："方块汉字真是愚民政策的利器，不但劳苦大众没有学习和学会的可能，就是有钱有势的特权阶级，费时一二十年，终于学不会的也多得很。最近，宣传古文的好处的教授，竟将古文的句子也点错了，就是一个证据——他自己也没有懂。"在《从"别字"说开去》一文中，他还指出：因为"人类将来总当有一种共同的言语"，而我们的"方块字本身就是一个死症，吃点人参，或者想一点什么方法，固然也许可以拖延一下，然而到底是无可挽救的"。所以，他赞成"为我们而牺牲汉字"，是没办法的事。后来鲁迅在《病中答救亡情报访员》一文中劈头就说："汉字不灭，中国必亡。因为汉字的艰深，使全中国大多数的人民，永远和前进的文化隔离，中国的人民，决不会聪明起来，理解自身所遭受的压榨，理解整个民族的危机。我是自身受汉字苦痛很深的一个人，因此我坚决主张以新文字来替代这种障碍大众进步的汉字。"而梁实秋对汉字与汉语的看法却不是这样，他在《翻译》一文中指出："中国文是如此之圆润含浑"，"许多欧洲文的繁杂的规律在中文里都不成问题"。他还指出，"以中文译书感觉中文文法不够用，其实以欧洲文译中国作品又何尝不感觉欧洲文法太累赘？"由此可见，凡是由一种文字译成另一种文字，困难总是有的，"翻译家的职责即在于尽力使译文不失原意而又成为通顺之中文而已"。他接着说道，文字文法原不是一成不变的东西，每一种语言都有各自不同的因袭和习惯，中文文法之受欧洲语言影响而发生变化是不可避免的事，但应该认识到这一过程的循序渐进性，翻译家虽不妨作种种尝试，却不可以操之过急，否则只能会欲速则不达，其结果连翻译本身的职责也丢了。因为对汉语言的评价不同，是扭曲汉语来将就外文("信而不顺"),还是扭曲外文来将就汉语("顺而不信"),自然也就有了不同的选择。

三

鲁迅跟梁实秋论战的高峰是"走狗"问题。不过,虽然这是他们的论战高峰,却没有多少学术意味,更多的是一场名词之争、义气之争。

此事的起源是梁实秋发表在《新月》月刊1929年第二卷第六、第七期的一篇名为《文学是有阶级性的吗?》的文章,其中有云:"一个无产者假如他是有出息的,只消辛辛苦苦诚诚实实的工作一生,多少必定可以得到相当的资产。"这种说法可以说是现在所谓"勤劳致富"的先声——不过,我们知道,如果一个社会没有起码的法治与自由经济机制,所谓"勤劳致富"基本上是有钱有势者哄骗老百姓的空话。现代国家均奉行"无代表,不纳税"的宪政原则,就表明没有相应的权利,仅靠自己"辛辛苦苦诚诚实实的工作一生",是不可能"多少必定可以得到相当的资产"的。只有拥有了代表权,才可能真正拥有经济权。所以,梁实秋的文章一出,左翼作家冯乃超便在1930年2月的《拓荒者》第二期上发表《阶级社会的艺术》一文,文章抓住梁实秋这句话,送了他一顶"资本家的走狗"的称号。如前所述,这称号虽然有些难听,但不是毫无道理。不过,梁实秋不干了,接着在当月出版的《新月》第二卷第九期上发表了《"资本家的走狗"》一文反问对方:既然说我是"资本家的走狗",就是说我还不是资本家,那么我应该是哪个阶级呢?"左翼"刊物《拓荒者》上说,无产阶级是除出卖劳动之外,没有别的方法维持生计,并且也不依靠任何种类资本的利润之阶级。梁实秋说,按照这个定义,自己一无房二无地,而且他的教书是劳心又劳力,每天要跑几十里路站在讲台上把嘴唇讲干,那么也应该算无产阶级了。梁实秋继续说,"大凡做走狗的都是想讨主子的欢心因而得到一点点恩惠,《拓荒者》说我是资本家的走狗,是哪一个资本家,还是所有的资本家?我还不知道我的主子是谁,我若知道,我一定要带着几份杂志去到主子面前表功,或者还许得到几个金镑或卢布的赏赉呢。……我只知道不断地劳动下去,便可以赚到钱来维持生计,至于如何可以做走狗,如何可以到资本家的账房去领金镑,如何可以到××党去领卢布,这一套的本领,我可怎么能知道呢?"

据冯雪峰回忆,鲁迅在看了梁实秋这篇文章后,冷笑着对冯雪峰说:"有趣!还没有怎样打中了他的命脉便这样叫了起来,可见是一只没有什么用的走狗!……乃超这人真是忠厚人……我来写它一点。"于是便有了那篇著名的《"丧家的""资本家的乏走狗"》的发表。在这篇文章中,他抓住梁实秋"大凡做走狗的都是想讨主子的欢心因而得到一点点恩惠,《拓荒者》说我是资本家的走狗,是哪一个资本家,还是所有的资本家?我还不知道我的主子是谁……"干净利落地将"丧家的"三个字套了上去——"凡走狗,虽或为一个资本家所豢养,其实是属于所有的资本家的,所以它遇见所有的阔人都驯良,遇见所有的穷人都狂吠。不知道谁是它的主子,正是它遇见所有阔人都驯良的原因,也就是属于所有的资本家的证据。即使无人豢养,饿的精瘦,变成野狗了,但还是遇见所有的阔人都驯良,遇见所有的穷人都狂吠的,不过这时它就愈不明白谁是主子了。"又抓住梁实秋在文章中溢出文章批评而进行政治构陷的"或者还许得到几个金镑或卢布的赏赉呢""如何可以到××党去领卢布",顺水推舟又给他加上一个"乏"字——"我还记得,'国共合作'时代,通信和演说,称赞苏联,是极时髦的,现在可不同了,报章所载,则电杆上写字和'××党',捕房正在捉得非常起劲,那么,为将自己的论敌指为'拥护苏联'或'××党',自然也就髦得合时,或者还许会得到主子的'一点恩惠'了。但倘说梁先生意在要得'恩惠'或'金镑',是冤枉的,决没有这回事,不过想借此助一臂之力,以济其'文艺批评'之穷罢了。所以从'文艺批评'方面看来,就还得在'走狗'之上,加上一个形容字:'乏'。"

值得指出的是鲁迅在这场论辩中不乏分寸:他一方面毫不客气地指出梁实秋文章已经溢出正常的文艺批评而在进行政治构陷——"他终于不讲'文学是有阶级性的吗?'了,在《答鲁迅先生》那一篇里,很巧妙地插进电杆上写'武装保护苏联',敲碎报馆玻璃那些句子去,在上文所引的一段里又写出'到××党去领卢布'字样来,那故意暗藏的两个×,是令人立刻可以悟出的'共产'这两字,指示着凡主张'文学有阶级性',得罪了梁先生的人,都是在做'拥护苏联',或'去领卢布'的勾当,和段祺瑞的卫兵枪杀学生,《晨报》却道学生为了几个卢布送命,自由大同盟上有我的名字,《革命日报》的通信上便说为'金光灿烂的卢布所买收',都是同一手段。在梁先生,也许以为给主子嗅出匪类("学匪"),也就是一种'批评',然而这职业,比起'刽子手'来,也就更加下贱了。"另一方面也坚守论辩底线,没有像对方那样毫无底线地也称他写这文章是为了"恩惠""金镑",而是客观地指出,他这么没品行,"不过想借此助一臂之力,以济其'文艺批评'之穷罢了"。可以说在愤怒中不乏理性,攻击中不忘公正。

然而,梁实秋对鲁迅的理性与公正显然缺乏呼应,他很快又在《鲁迅与牛》一文中,根据鲁迅在《〈阿Q正传〉的成因》以"疲牛"自比,讽刺道:"一匹牛,在张家可以耕田,在李家可以转磨,在赵家店前可以做广告;一个人,在军阀政府里可以做金事,在思想界可以做权威,在文艺界里可以做(左翼)作家。"不过牛吃李家草的时候会忘了张家,人比畜生应该有些灵性而反省:你已经吃了几家的草,当过几回"乏牛",或者应该在身上印上"我是一匹丧家的乏牛,谁给草吃我就给谁做工,救救罢,可怜的乏牛"。梁实秋又说,鲁迅自称做牛是有条件的,就是不能用得太苦,不能专指某家的牛,不卖肉。当鲁迅发起的中国自由运动大同盟与警方发生冲突而流血的时候,有人为鲁迅担心,其实是不必要的,因为鲁迅的"不卖肉主义"是早已言明的了。梁实秋还辩解说，鲁迅说他在文章中写"党"是"下贱"，但是"左翼"的刊物里不是经常出现这样的字样吗？而且鲁迅吃草还怕人看见，也太乏了！梁实秋还在《鲁迅的新著》中说："鲁迅有一种被迫害的错综心理，总以为'正人君子''绅士''教授'都在处心积虑的要害他，甚至'进步的青年'也被疑作对他'口诛笔伐'，好像全人类都和鲁迅过不去似的。其实没有这回事。如其鲁迅是伟大的呢，众人方崇拜之不暇，如不若是之伟大，谁屑和他作对？"不难看出，梁实秋这些文字显得无的放矢，这显然已是为反击而反击的东拉西扯——这些文字的存在，仅仅能说明他被鲁迅骂痛了，难以忍受。

　　大概就是因为他的这种"乏"，此后鲁迅却很少再作专文与其论争。

四

　　倒是梁实秋对此没完没了。鲁迅搞了一个"著译书目"，梁实秋立刻写了《鲁迅的新著》加以讽刺。鲁迅出版了《两地书》之后，梁实秋评论说，鲁迅说没读过《尺牍精华》不是在谦逊，是在骄傲，而且"如此狂妄"；鲁迅说"其中并无革命气息"，是提防革命文学家的指责，他无论做什么永远须准备与人对敌，做人太苦；《两地书》从北京、厦门、广州到上海所遇见的"世上的鬼蜮""胡适之信徒""流言""风潮"等等，充分表明了鲁迅是"自大狂"与"迫害狂"，而且"量狭而多疑"；鲁迅自以为大得不得了，以为别人都在迫害他，以为环绕着他的都是敌人，"所以他无时不张牙舞爪的做出准备厮杀的姿势"。

　　鲁迅在北京大学作了《帮忙文学与帮闲文学》的讲演，立刻引出了梁实秋两篇文章《代庖的普罗文学》与《"帮忙文学与帮闲文学"质疑》进行挖苦批驳等等。

　　这种对鲁迅的叮咬甚至延续到鲁迅死后。鲁迅死后，梁实秋在一篇叫《关于鲁迅》的文章里面，虽然说过诸如"鲁迅的作品，我已说过，比较精彩的是他的杂感""据我看，他的短篇小说最好的是'阿Q

正传'"这样孤立地看对鲁迅似乎很"公正"也很"宽容"的评价,但我们不要忘了,在说了这些客气话后,他马上以更大的篇幅对鲁迅的作品进行了不客气的指责——在刚说完鲁迅杂感"比较精彩"后,他马上釜底抽薪道:"但是其中有多少篇能成为具有永久价值的讽刺文学,也还是有问题的。所谓讽刺的文学,也要具备一些条件。第一,用意要深刻,文笔要老辣,在这一点上鲁迅是好的。第二,宅心要忠厚,作者虽然尽可愤世嫉俗,但是在心坎里还是一股爱,而不是恨,目的不是在逗一时之快,不在'灭此朝食'似的要打倒别人。在这一点上我很怀疑鲁迅是否有此胸襟。第三,讽刺的对象最好是一般的现象,或共同的缺点,至少不是个人的攻讦,这样才能维持一种客观的态度,而不流为泼妇骂街。鲁迅的杂感里,个人攻讦的成分太多,将来时移势转,人被潮流淘尽,这些杂感还有多少价值,颇是问题。第四,讽刺文虽然没有固定体裁,也要讲究章法,像其他的文章一样,有适当的长度,有起有讫,成为一整体。鲁迅的杂感多属断片性质,似乎是兴到即写,不拘章法,可充报纸杂志的篇幅,未必即能成为良好的文学作品。以上所讲也许是过分的苛责,因为鲁迅自己并未声明他的杂感必是传世之作,不过崇拜鲁迅者颇有人在,似乎不可不提醒他们。"换句话说,鲁迅这些东西虽然"精彩",可却"未必即能成为良好的文学作品"!可见这"精彩"他是客气到了什么程度。再比如,在恭维了鲁迅短篇小说最好的是《阿Q正传》后,梁先生马上又对这鲁迅最好的短篇小说进行了这样的颠覆——"但是若说这篇小说是以我们中国的民族性为对象,若说阿Q即是典型的中国人的代表人物,我以为那是夸大其辞,鲁迅自己也未必有此用意。阿Q这个人物,有其时代性,有其地方性。一部作品,在艺术上成功,并不等于是说这个作家即能成为伟大作家。一个伟大作家的作品,必须要有其严肃性,必须要有适当的分量,像'阿Q正传'这样的作品似乎尚嫌不够把它的作者造成一个伟大作家。"末了,他还对墓木已拱的鲁迅进行这样的"幽默":"有一次肖伯纳来到上海,上海的所谓作家们便拥出我们的'伟大作家'鲁迅翁来和他会晤,还照了一张像在杂志上刊出来,一边站着的是一个身材高大须发银白的肖伯纳,一边站着的是身材弱小头发蓬□(原文缺失)的鲁迅,两相对照,实在不称,身量不称作品的数量分量也不称。"这不仅进行人身攻击,挖苦了鲁迅身材的矮小,还借此贬低他的文学成就。

其他比如在《欧化文》(《偏见集》)中,梁实秋又这么对鲁迅进行了指责:"记得鲁迅的《彷徨集》中有一短篇,描写一位美国留学生的家庭,在吃饭的时候举箸曰 You please,You please! 鲁迅先生自以为这是得意之笔,其实留学生虽然无聊,何至于如此荒谬,译'您请,您请'为 You pleae,You pleae! 这只是鲁迅先生的'硬译'之一贯的表演罢了。"这段话的意思当然是说:鲁迅竟然不知道"您请"在英语中应说"Please"而不应说"You please""You please",上海滩西崽的洋泾浜英语也。在梁实秋的极尽挖苦之能事的描绘下,鲁迅成了一个写了洋泾浜英语还自以为是"得意之笔"的浅薄可笑之徒。可是,我们只要比较认真地读过《彷徨》,都会明白可笑的究竟是谁。《彷徨》中写道"一位美国留学生的家庭,在吃饭的时候举箸曰'You please'"的短篇,是《幸福的家庭》。里面确实写到一对西洋留学生夫妇(并非专指"美国留学生",作为美国留学生的梁实秋不必自行对号入座),他们在吃饭的时候确实玩出了一套"You please"的把戏的。可惜的是,让他们玩出这套把戏的不是鲁迅,而是鲁迅塑造的一位青年作家。这位青年作家迎合小市民读者群的庸俗趣味,编造一些美化现实的作品以换取若干稿费。那对西洋留学生夫妇吃饭时"相敬如宾"的镜头,就出自这位青年作家的构思。"You please"云云,正是为了表现这位青年作家根本不了解留学生家庭生活也不懂英语偏要去胡编的浅薄可笑。不是鲁迅不懂得"您请"在英语中不应说"You please",鲁迅的英语确不精通,不如十三岁就进清华学校后又赴美留学专攻英语的梁实秋,但也不至于浅薄无知到如梁实秋所讥嘲的那种程度。显然,梁先生为了攻击鲁迅,不惜将鲁迅小说中人物的"赃""栽"在了鲁迅身上——如此不择手段,岂能谓之公正与宽容?

再比如,在梁实秋的《雅舍小品》中有一篇写于1940年的《病》,文章开头便道:"鲁迅曾幻想吐半口血扶两个丫环到阶前看秋海棠,以为那是雅事。"三十年后,在《西雅图札记》的《拔卓特花园》中谈到这个花园里的美国海棠时,他还念念不忘:"这种海棠不是鲁迅所艳羡的'吐两口血扶着两个丫环到阶前看秋海棠'的那个品种的秋海棠。"大家要只看了他的文章,一定会以为鲁迅就是这么一个颓废放纵的无聊文人、封建士大夫!可事实如何呢?我们看一下鲁迅原文就可以明白,在《病后杂谈》(收《且介亭杂文》)中,有这样一段:"我曾经爱管闲事,知道过许多人,这些人物,都怀有一个大愿……他们中,最特别的有两位:一位愿天下的人都死掉,只剩下他自己和一个好看的姑娘,还有一个卖大饼的;另一位是愿秋天薄暮,吐半口血,两个侍儿扶着,恹恹地到阶前去看秋海棠。这种志向,一看好象离奇,其实却照顾得很周到。第一位姑且不谈他罢,第二位的'吐半口血',就有很大道理。才子本来就多病,但要'多'就不能重,假如一吐就几碗或者几升,一个人的血能有几回好吐呢?"明明是鲁迅讽刺"才子"的话,梁实秋却生生将其栽在鲁迅身上,还别有用心地将可能是女也可能是男的"侍儿"换成必定是女的"丫环",如此把鲁迅写成一个生活腐化的颓废文人。

看了梁实秋的这些文章,除了让人觉得他不够宽容、理性与公正外,最大感受大概就是:梁实秋散文写得不错,可要论论辩文章,他还真不是鲁迅对手。

鲁迅与施蛰存："恶少"的典型性

　　我曾经写过一篇题为《鲁迅骂人》的文章，其中提到鲁迅一生"骂"过许多人，这是不争的事实。我们只要打开《鲁迅全集》就会发现被他指名道姓"骂"过的人，有百人上下。与其论战的重要人物也有二三十人——可谓洋洋大观。在中国现代文坛上也真算得上前无古人，后启来者了。而且这许多被他"骂"的人都不是寻常之辈——用被鲁迅"骂"过的徐志摩的话来说，就是："我们是去过大英国，莎士比亚是英国人，他写英文的，我们懂英文的，在学堂里研究过他的戏……英国留学生难得高兴时讲他的莎士比亚，多体面多够根儿的事，你们没有到过外国看不完全原文的当然不配插嘴，你们就配扁着耳朵悉听……没有我们不成，信不信？"可鲁迅就"不信"，就要骂他个狗血淋头，露出他们麒麟皮下的马脚来。其代价当然是落了个"善骂"的恶名：早在二十世纪三十年代被鲁迅骂过的"绅士"梁实秋就在《不满现状又怎么样呢？》一文中雄赳赳地攻击过鲁迅："有一种人总是一味地不满现状，今天说这里有毛病，明天说那里有毛病，有数不清的毛病，于是也有无穷尽的杂感。""专事嘲骂只图一时口快笔快。"而到了二十世纪末，又有没被鲁迅骂过的"痞子"王朔在《我看鲁迅》一文中气昂昂地指责鲁迅："鲁迅这个人，在太多的人和事情上看不清，自他去了上海，心无宁日，天天气得半死，写文章也常跟小人过不去。愤怒出诗人，你愤怒的对象有多大的格局，你的作品就呈现多大的格局。"

其实,我们只要研究一下鲁迅"骂"的都是些什么人以及他是怎么"骂"他们的,我们也许就会发现他"骂"人并不是一件可怕的事情——或者简直就不叫骂。鲁迅自己就曾说过:"我想,骂人是中国极普通的事,可惜大家只知道骂而没有知道何以该骂,谁该骂,所以不行。现在,我们须得指出其可骂之道,而又继之以骂。那么就很有意思了,于是可以由骂而生出骂以上的事情来吧。"(《集外集拾遗 通讯〈复吕蕴儒〉》)我们不妨来看一看鲁迅骂的都是些什么人:有胡适、林雨堂、徐志摩、陈源、李四光、成仿吾、梁实秋、周作人、顾颉刚、沈从文、施成蛰、朱光潜、徐懋庸等,这些人都是中国现代文化史上可圈可点的名人。至于鲁迅骂人的具体内容与特点,王得后、钱理群在《〈鲁迅杂文全编〉前言》中有过这样的分析:"历史的记载就是这样:人们攻击鲁迅的,是'学匪'、'学棍'、'赤色作家'、'汉奸'、'双重反革命'、'法西斯蒂',明说是同志也还是'右倾'、'危害联合战线''助长恶劣倾向',都是含着杀机,可以遭到通缉,撤职,逮捕,监禁乃至杀头的诬陷和谣言。而鲁迅的反击,给论敌定的大多止于'正人君子''绅士''叭儿狗''资本家的乏走狗''鹰犬''洋场恶少''才子+流氓',无一有生命危险,就是直斥为'帮凶',也分明和他们的主子划出界限。"要说鲁迅骂得最为别致与被骂者最为难忘者,我以为非被骂为"洋场恶少"的青年作家施蛰存莫属——施蛰存在四十年后的 1974 年,还对此事念念不忘:他在这一年开始写的《浮生百咏》的第六十八咏是这么写的:"粉碳切旨残饱世情,况兼疲病损心兵,十年一觉文坛梦,赢得洋场恶少名。"诗后有作者自注:"第三四句乃当年与鲁迅交淬时改杜牧诗感赋愧。自 1928 年至 1937 年,混迹文场,无所得益,所得者惟鲁迅所赐'洋场恶少'一名,足以遗臭万年。至于第一、二句则是后来补上的。以'粉腻脂残'来形容自己如脱籍老妓,拂袖归来,而长年置身文坛,阅历不少,故用一个'饱'字。更为难过的是'又忽患肝胆之疾,堰卧数月'以至'雄心消尽'!"足见他对鲁迅的这一骂词没齿难忘。至于鲁迅自己,对这一骂词也颇为自得——他在1935年8月14日是《五论"文人相轻"——明术》一文中,有这样的说法:"五四时代的所谓'桐城谬种'和'选学妖孽',是指做'载飞载鸣'的文章和抱住《文选》寻字汇的人们的,而某一种人,确也是这一流,形容惬当,所以这名目的流传,也较为永久。除此之外,恐怕也没有什么还留在大家的记忆里了。到现在,和这八字可以匹敌的,或者只好推'洋场恶少'和'革命小贩'了罢。前一联出于古之'京',后一联出于今之'海'。创作难,就是给人起一个称号或诨名也不易。假使有谁能起颠扑不破的诨名的罢,那么,他如作评论,一定也是严肃正确的批评家,倘弄创作,一定也是深刻博大的作者。"那么,鲁迅又是在什么情况下"谥"施蛰存以这一称"号"的呢?

一

在施蛰存与鲁迅发生争执之前,他们并没有什么过节,相反倒是关系挺好的一对编辑与作者。

鲁迅比施蛰存大二十四岁,基本上属于施的上一辈。而且,鲁迅活跃于文坛时,施蛰存还是个未出学堂的少年。因此,早期的施蛰存对鲁迅充满了尊敬。两个人交往的事,有文献记载最早的是1927年,鲁迅四十六岁,施蛰存二十二岁。当时,国民党发动了"四一二"政变,共青团员施蛰存与戴望舒、杜衡三人,赶紧撤离上海,隐藏在松江施蛰存家。1928年,左翼文学人士冯雪峰,也来到松江隐居,与施蛰存等交厚。后来,风声稍微松了一些,施蛰存、戴望舒便到上海,与刘呐鸥一起开"第一线书店"。办半月刊《无轨电车》时,施蛰存等人与冯雪峰商量,决定出版一套马克思主义文艺理论丛书。施蛰存请冯雪峰去征询鲁迅的意见,并想请鲁迅做主编。冯雪峰跟鲁迅谈起此事,鲁迅立即称赞,并表示愿意提供支持,但不能出任主编。于是,在鲁迅的指导下,施蛰存等拟定了十二种丛书,列为《马克思主义文艺论丛》。在这十二种丛书里,鲁迅负责编译四本,由此可知当时鲁迅对施蛰存的支持,以及施蛰存对鲁迅的尊重。1929年5月到1930年6月,这套丛书陆续印出了五种,后来政治形势急剧恶化,《论丛》被禁止发行,以后的几种也没有印出。当时,鲁迅译的卢那卡尔斯基著的《文艺与批评》,即是第五种。《文艺与批评》排印的时候,鲁迅要加入一张卢那卡尔斯基的画像,施蛰存找了一张单色铜版像,鲁迅不满意,还送来一张彩色版的,嘱咐要做三色铜版。施蛰存尊重了鲁迅的意见,但印出的样子仍不能使鲁迅满意,后来送到日本人开的芦则印刷所,才获得鲁迅的首肯,这是当年上海能做出来的最佳三色版。由此可见,两个人当时的关系是非常融洽的。

1932年,"一·二八事变"爆发,日本侵略战争使施蛰存的"东华书店"停业。同年3月,张静庐加入现代书局,在当时白色恐怖的形势下,想办一个不冒政治风险的文艺刊物,邀请施蛰存任主编。施蛰存也决定将《现代》办成一个不偏不颇、百家争鸣的综合性刊物。但是尽管如此,施蛰存的政治思想,还是倾向于左翼的,并不拒绝左翼作家和作品。《现代》刊物先后发表了鲁迅的《论"第三种人"》《关于翻译》《小品文的危机》和鲁迅译的《海娜与革命》等。除鲁迅外,《现代》还刊登了大量其他左翼作家的作品。其后,施蛰存发表了杜衡的《关于"文新"与胡秋圆的文艺论辩》,在文艺界引起了一场关于"第三种人"的论争,文章中对左翼作家有所攻击,将施蛰存也牵扯其中。最后,鲁迅也写了一篇总结性的《论"第三种人"》,并将施蛰存归入"第三种人",不过鲁迅把"第三种人"称为同路人,并没有对施蛰存施以攻击,两人也没有因此次论争伤了和气。1932年11月23日至28日,鲁迅回北平省亲,在北京各大学发表了著名的"北平五讲"。施蛰存想方设法,在12月中旬,找到了有关这次演讲的两张照片和一方剪报。其中,鲁迅在北京师大的演讲题目就是《再论"第三种人"》。施蛰存在《现代》第二卷第四期的《文艺画报》中开辟了一个专栏:"鲁迅在北平",三张图片占一页。谁知这一期《现代》印

陶元庆作《鲁迅像》，炭笔画。这幅鲁迅像，作于1926年。鲁迅认为"画得很好"，后悬挂于北京西三条鲁迅住所南屋。

出后,施蛰存发现《文艺画报》这一版上,多出了一幅鲁迅的漫画像。这幅漫画把鲁迅画成一个倒立的漆刷,很有些讽刺意味。施蛰存很生气,以为这是对鲁迅的不敬,但是木已成舟,已经无法改变。

这其中尤其值得一提的是,1933年2月7日,鲁迅在雨中写下了纪念前年次日遇害的柔石等人的大作《为了忘却的纪念》一文,"这篇文章曾在两个杂志的编辑室搁了好几天,编辑先生不敢用"(引文转自施蛰存《关于鲁迅的一些回忆》,下同)。后来转到了施蛰存手中,"我看了这篇文章之后,也有点踌躇。要不要用?不能不用?自己委决不下。给书局老板张静庐看了,他也沉吟不决,考虑了三天,才决定发表,理由是:(一)舍不得鲁迅这篇异乎寻常的杰作被扼杀,或被别的刊物取得发表的荣誉。(二)经仔细研究,这篇文章没有直接犯禁的语句,在租界里发表,算不上什么大罪名。于是,我把文章编在《现代》第二卷第六期的第一篇,同时写下了我的社中日记"。

可是,好的开头很快为一桩有关是不是该向青年推荐阅读《庄子》《文选》的论争打断,施蛰存也因此头上多了一顶"洋场恶少"的桂冠。

二

这事的起因源于一场推荐书目活动。1933年9月,《大晚报》编辑崔万秋给施蛰存寄了一张表格,要求填注:(一)目下在读什么书,(二)介绍给青年的书。在要介绍给青年的书中,施蛰存填了《庄子》《文选》并附注:"为青年文学修养之助"。施认为,"近数年来,我的生活,从国文教师转到编杂志,与青年人的文章接触的机会实在太多了。我总感觉到这些青年人的文章太拙直,字汇太少",所以推荐这两部书,以"参悟一点做文章的方法","扩大一点字汇"。

鲁迅于1933年10月1日以"丰之余"的笔名写了《感旧》,10月6日发表在《申报·自由谈》。(收入《准风月谈》时题目为《重三感旧——一九三三年忆光绪朝末》)在这篇文章里,施蛰存推荐《庄子》与《文选》仅仅是鲁迅写这篇杂文的一点因由,鲁迅的用意在于"感旧",在于防止年轻人"骸骨的迷恋",在于探讨民族的"立足""生存竞争",在于告诫人们:复古不光是遗老遗少,还有"新党",关注我们的生存,实在比读《庄子》和《文选》重要。文章尤其对有些时下"有些新青年"进行了批评:"有些新青年,境遇正和'老新党'相反,八股毒是丝毫没有染过的,出身又是学校,也并非国学的专家,但是,学起篆字来了,填起词来了,劝人看《庄子》《文选》了,信封也有自刻的印版了,新诗也写成方块了,除掉做新诗的嗜好之外,简直就如光绪初年的雅人一样,所不同者,缺少辫子和有时穿洋服而已。近来有一句常谈,是'旧瓶不能装新酒'。这其实是不确的。旧瓶可以装新酒,新瓶也可以装旧酒,倘若不信,将一瓶五加皮和一瓶白兰地互换起来试试看,五加皮装在白兰地瓶子里,也还是五加皮。这一种简单的试验,不但明示着'五更调''攒十字'的格调,也可以放进新的内容去,且又证实了新式青年的躯壳里,大可以埋伏下'桐城谬种''选学妖孽'的喽啰。并非国学专家,但是学起篆字来了,填起词来了,劝人看《庄子》《文选》了。"

文章没有点施蛰存的名字,应该只是一种对事不对人的泛论。如果施蛰存理解鲁迅"论时事不留面子,砭锢弊常取类型"的杂文笔法的话,对此有则改之无则加勉可矣,犯不着斤斤计较。可年少气盛的施蛰存觉得自己的尊严被冒犯了,必须做出回击。于是,施蛰存写了《〈庄子〉与〈文选〉》一文,发表于10月8日《申报·自由谈》上。文章为自己推荐《庄子》与《文选》作解释,说自己所以推荐这两本书的原因"一是在自己编辑杂志的时候,感觉年轻人的文章'太拙直,字汇太少',二是'只是希望有志于文学的青年读一读这两本书,并非向所有青年推荐。'"这种解释还算就事论事,接下来的话就有些味在咸酸之外了,"这里,我们不妨举鲁迅先生来说,像鲁迅先生那样的新文学家,似乎可以算是十足的新瓶了。但是他的酒呢?纯粹的白兰地吗？我就不能相信。没有经过古文学的修养,鲁迅先生的新文章决不会写到现在那样好。所以,我敢说:在鲁迅先生那样的瓶子里,也免不了有许多五加皮或绍兴老酒的成分。"因为施蛰存跟鲁迅在文章上素有交往,所以他对以署名"丰之余"的《感旧》一文究竟是谁写的,应该心知肚明——施先生晚年在回答记者当年"是否知道'丰之余'是鲁迅?"这一问题时,回答道:"知道,一开始就知道。"(见《中华读书报》2001年3月14日杨迎平《走近施蛰存》一文)因此,他这里"不妨举鲁迅先生来说",实际上就是以子之矛攻子之盾,意思是:你鲁迅所以能写文章,就是因为读了那么多古文学的书,现在你却不想让年轻人读古书,这算怎么回事？末了,他还此地无银三百两地表示:"临了,我希望丰先生那篇文章并不是为我而作的。"

看施蛰存这回避问题实质,有些油腔滑调的文章,鲁迅有些生气,于是又在10月12日以"丰之余"的笔名写了《"感旧"以后》,以上、下两篇分别于10月15日和16日发表在《申报·自由谈》上。鲁迅先声明:"那篇《感旧》,是并非为施先生而作的,然而可以有施先生在里面。……内中所指,是一大队遗少群的风气,并不指定着谁和谁;……现在施先生自说了劝过青年去读《庄子》与《文选》,'为文学修养之助',就自然和我所指摘的有点相关,但以为这文为他而作,却诚然是'神经过敏',我实在并没有这意思。"算是给了对方一个面子。内中所指,"是一大队遗少群的风气"。接着指出:"施先生说我用瓶和酒来比'文学修养'是不对的,但我并未这么比过,我是说有些新青年可以有旧思想,有些旧形式也可以藏新内容。我也以为'新文学'和'旧文学'这中间不能有截然的分界,然而有蜕变,有比较的偏向,而且正因为不能以'何者为分界',所以也没有了'第三种人'。"鲁迅表示不同意用瓶和酒来比喻"文学修养",告诫施蛰存既然考官不能以词取士,当教员和编辑当然也不能以《庄子》和《文选》劝青年。对施蛰存举出"鲁迅先生"的文章与《庄子》的关系做例,"丰之余"认为"我以为这也有点武断","再说得露骨一点,则从这样的书里去找活字汇,简直是糊涂虫,恐怕施先生自己也未必"。最后,鲁迅说,"白话运动是胜利了,有些战士,还因此爬了上去,但也因为爬了上去,就不但不再为白话战斗,并且将它踏在脚下,拿出古字来嘲笑后进的青年了。因为还正在用古书古字来笑人,有些青年便又以看古书为必不可省的工夫,以常用文言的作者为应该模仿的格式,不再从新的道路上去企图发展,打出新的局面来了。"看得出,鲁迅虽然生气,但到这里为止,也还在就事论事,希望施蛰存明白:自己所以反对向青年推荐《庄子》《文选》,就是为了防止附着在这些旧文学上的古旧魂魄借尸还魂卷土重来。

三

可是,对鲁迅虽然生气,但仍不乏客气,依然以与人为善的态度写就的文章,施蛰存并不领情,很快又于10月19日在《大晚报·火炬》上发表《推荐者的立场——〈庄子〉与〈文选〉之论争》。文中,他这么说道:"我在贵报向青年推荐了两部旧书,不幸引起了丰之余先生的训诲,把我派做'遗少中的一肢一节'。自从读了他老人家的《感旧以后》(上)一文后,我就不想再写什么,因为据我想起来,劝新青年看新书自然比劝他们看旧书能够多获得一些群众。丰之余先生毕竟是老当益壮,足为青年人的领导者。……所以我想借贵报一角篇幅,将我在九月二十九日贵报上发表的推荐给青年的书目改一下:我想把《庄子》与《文选》改为鲁迅先生的《华盖集》正续篇及《伪自由书》。""鲁迅先生文章里的确也有一些从《庄子》与《文选》里出来的字眼,譬如'之乎者也'之类。这样,我想对于青年人的效果也是一样的。"进而又以揶揄的语气说,"本来我还想推荐一、二部丰之余先生的著作,可惜坊间只有丰子恺先生的书,而没有丰之余先生的书,说不定他是像鲁迅先生印珂罗版木刻图一样的是私人精印本,属于罕见书之列,我很惭愧我的孤陋寡闻,未能推荐矣。"末了,还表示自己不想再进行这个话题的辩论了,原因是:"两个人在报纸上作文字战,其情形正如弧光灯下的拳击手,而报纸编辑正如那赶来赶去的瘦裁判,读者呢,就是那些在黑暗里的无理智的看客。瘦裁判总希望拳击手一回合又一回合地打下去,直到其中的一个倒了下来,One,Two,Three……站不起来,于是跑到那喘着气的胜者身旁去,举起他的套大皮手套的膀子,高喊着:'Mr. X Win the Champion.'你试想想看,这岂不是太滑稽吗?现在呢,我不幸而自己做了这两个拳击手中间的一个,但是我不想为了瘦裁判和看客而继续扮演这滑稽戏了。"

施蛰存这里显然已是在做昧心之论了:认为鲁迅所以揪住他不放,不是为了什么学术争鸣,而纯粹是因为自己推荐书目中没有推荐他老人家的著作,他是恼羞成怒才这么借题发挥,对自己不依不饶的。于是他颇为阴损道:"我想把《庄子》与《文选》改为鲁迅先生的《华盖集》正续篇及《伪自由书》。"当然,他如果能旗帜鲜明地这么直接攻击鲁迅,则虽然无理,还不失剽悍。然而,他又曲里拐弯地表示自己其实是"不知道""丰之余"就是鲁迅,所以又躲躲闪闪道:"本来我还想推荐一、二部丰之余先生的著作,可惜坊间只有丰子恺先生的书,而没有丰之余先生的书,说不定他是像鲁迅先生印珂罗版木刻图一样的是私人精印本,属于罕见书之列,我很惭愧我的孤陋寡闻,未能推荐矣。"可以说既阴损,又胆小;明火执仗而又遮脸掩面。这种毒毒辣辣而又鬼鬼祟祟的言辞终于彻底激怒了鲁迅,于是他于10月20日写了《扑空》。先揭露"施先生其实并非真没有动手,他在未说退场白之前,早已挥了几拳了。挥了之后,飘然远引,倒是最超脱的拳法",接着指出施蛰存的攻击"有些语无伦次了,好像是说:我之反对推荐《庄子》与《文选》,是因为恨他没有推荐我的书,然而我又并无书,然而恨他不推荐,可笑之至矣"。最后一针见血地指出,"他竟毫不提主张看《庄子》与《文选》的较坚实的理由,毫不指出我那《感旧》与《感旧以后》两篇中间的错误,他只有无端的诬赖,自己的猜测,撒娇,装傻。几部古书的名目一撕下,'遗少'的肢节也就跟着渺渺茫茫,到底是现出本相:明明白白的变了'洋场恶少'了。"

至此,"洋场恶少"一词正式出台。有人为施先生头上这个谥号叫屈:这个"恶少"究竟恶在何处呢?是贩毒放赌、搜刮地皮,还是调戏妇女、盘剥百姓呢?都不是。只不过是推荐了两本必读书,同时又因为捍卫自己的立场顶撞了鲁迅几句而已。当然,如果"恶少"的含义只是"贩毒放赌,搜刮地皮,调戏妇女,盘剥百姓"的话,施蛰存当然不是。可是,如果恶少还包括在论战中不守规则,转移话题,离开论题而恶意揣测对方作文动机,并以此立论——用鲁迅的话来说,就是"只有无端的诬赖,自己的猜测,撒娇,装傻"——的话,那施蛰存还真是个这样的"恶少",从论辩一开始,在施蛰存知道"丰之余"是鲁迅的情况下,他在回答鲁迅的批评文章《〈庄子〉与〈文选〉》中,离开论题,直接将鲁迅挂上靶子:"这里,我们不妨举鲁迅先生来说,像鲁迅先生那样的新文学家,似乎可以算是十足的新瓶了。但是他的酒呢?纯粹的白兰地吗?我就不能相信。没有经过古文学的修养,鲁迅先生的新文章决不会写到现在那样好。所以,我敢说,在鲁迅先生那样的瓶子里,也免不了有许多五加皮或绍兴老酒的成分。"更为恶毒的是,在致崔万秋的信中,他又装模作样地表示自己要改推荐鲁迅的《华盖集》正续篇和《伪自由书》,他这么做显然也离开论辩主题(青年人究竟有没有必要从《庄子》与《文选》中找词汇),而直接把矛头指向鲁迅人格:鲁迅所以批驳自己,不是因为自己错了,而是因为自己没有推荐他老人家的作品!如此动机着眼有罪推论,谓之"恶少"岂不名副其实?

在此后的文章中,他对鲁迅这种不着边际只图痛快的冷嘲热讽还所在多有。如1935年4月出版的《文饭小品》第三期,发表文章《服尔泰》,对鲁迅讽刺道:"虽然鲁迅先生曾经很俏皮地说过,他写他的杂感文是希望人家改好,人家一好,他的文章就失去作用,然而难道凡被鲁迅先生所针砭过的人物竟一个都不会改好,所以他的杂感文还只得'不三不四'地出下去。"同年6月出版的《文饭小品》第五期的《杂文的文艺价值》中,施蛰存还说:"鲁迅先生的杂感文写得的确好。但是,他的杂感文集倘使能再删选一下,似乎可以使异代的读者对于他有更好的印象。这种意见,我承认是我的偏见。我知道鲁迅先生是不会首肯的。因为他是不主张'悔其少作'的,连'集外集'这种零碎文章都肯印出来卖七角大洋。"此外,在以后的文章中,施蛰存还说鲁迅自己看古书,还做过古文,捐资重刻《百喻经》,以示鲁迅于人于己的不同标准。

接下来,《国闻周报》第十二卷第四十三期(1935年11月4日)刊有邓广铭的《评中国文学珍本丛书第一辑》一文,其中指出施蛰存主编的《中国文学珍本丛书》,存在"计划之草率、选本之不当、标点之谬误"等错误。对此指责,施蛰存于1935年11月25日发表《中国文学珍本丛书——我的告白》对此进行辩解:"虽然失败,虽然出丑,幸而并不能算是造了什么大罪过。因为充其量还不过是印出了一些草率的书来,到底并没有出卖了别人的灵魂与血肉来为自己的'养生主',如别的一些文人们也。"书错了就是错了,可施蛰存并不爽快承认,倒是拉出一些不相干的人来为自己掩饰,并含沙射影。对此,鲁迅于1936年1月发表在上海《海燕》月刊第一期的《文人比较学》中再次将其钉死在"恶少"耻辱柱上:"中国的文人有两'些',一些,是'充其量还不过印出了一些草率的书来'的,'别的一些文人们',却是'出卖了别人的灵魂与血肉来为自己的养生主'的,我们只要想一想'别的一些文人们',就知道施先生不但'并不能算是造了什么大罪过',其实还能够算是修了什么'儿孙福'。但一面也活活地画出了'洋场恶少'的嘴脸——不过这也并不是'什么大罪过','如别的一些文人们也。'"而在发表于同一刊物上的《"题未定"草》一文中,鲁迅又写道:"我的《集外集》出版后,施蛰存先生在什么刊物上有过批评,以为这本书不值得付印,最好是选一下。我至今没有看到那刊物;但从施先生推崇的《文选》和手定《晚明二十家小品》

的功业,以及目标'言行一致'的美德推测起来,这也像他的话。"

四

前面说过,鲁迅写文章,其特点是"论时事不留面子,贬锢弊常取类型"。像施蛰存这样在论战中不守规则,转移话题,离开论题而恶意揣测对方作文动机,并以此立论的"恶少"作风,的确是有其典型性的"类型",所以在此后的文坛,仍有表现。

不妨聊举一例。1997年,有"文坛刀客"之称的山西作家韩石山一次上街闲转,在一家叫"尔雅"的书店中发现了两套书,一套是由海天出版社出版、北大教授谢冕和博士孟繁华主编的《中国百年文学经典文库》,另一套则是由北京大学出版社出版、谢冕和北大另一教授钱理群主编的《百年中国文学经典》。这韩石山可不是省油的灯,他马上将这两套几乎同名同姓的"经典"拿来仔细一对,结果发现:"散文部分,北大版收入作家四十二名,海天版收入作家三十三名,两书共收入作家七十五名,重叠者十六名,不重叠者四十三名。比如丰子恺、巴金、梁实秋、冰心等二十六人,北大版收而海天版不收;孙犁、张中行、宗璞、三毛等十七人,海天版收而北大版不收。重叠的十六名作家中,收入作品完全相同者五人,比如杨绛,两部都收入了她的《冒险记幸》。收入作品不完全相同者四名,比如汪曾祺,北大版收入他的《跑警报》《金岳霖先生》,海天版除了这两篇以外还收有他的《葡萄月令》《星斗其文,赤子其人》。收入作品完全不同者七人,比如严文井,北大版收入他的《啊,你盼望的那个原野》,海天版收入他的《一个低音变奏》。小说部分的情形,与散文部分大致相若,北大版收入作家六十七人,海天版分为中篇小说和短篇小说两部分,共收入作家四十一人,共一百零四人,两书作家重叠者二十五人,作家重叠而作品仅部分相同或完全不同者十六人,作家作品完全相同者九人。"于是大发感慨:"你(指谢冕,下同)的一只眼睛看着丰子恺、巴金、冰心、孙犁、梁实秋、张中行、三毛诸人是散文经典作家,你的另一只眼睛看着他们又不是散文经典作家了。这样的作家不是十个八个,而是四十三个。你的一只眼睛看着严文井的经典作品是《啊,你盼望的那个原野》,你的另一只眼睛看着他的经典作品却成了《一个低音变奏》。你的一只眼睛认定汪曾祺的散文《跑警报》《金岳霖先生》是经典,你的另一只眼睛在认定前两篇的同时,又认定他的《葡萄月令》《星斗其文,赤子其人》也是经典。从1949年到1996年,将近五十年间的中国散文,你的两只眼睛同时认定其人其文堪称经典、言不二价者,只有区区五人。谢冕先生,我该为中国当代文学寒心,还是为你寒心?"(见韩石山《谢冕:叫人怎么敢信你》,下同)换言之,韩石山觉得谢冕是在借编"百年文学经典"为名,变着法儿地骗取读者钞票——用韩石山先生的原话来说,就是"想到了眼下的'编选热',我心里多少开了一点窍。这两年,各种'作品选''精品选',充斥着书店的柜台,据说编选者大都捞了一票。是不是你看着眼红了?这可不太好。以北大的威望,以你的声名,本应力挽狂澜,廓清迷尘,给读者一个精良的选本。纵然是一己之见吧,也该确定不移。没想到你反而见景生情,推波助澜,把水搅得更浑。我多少有些同情先前那些编选者了。他们胆小,顶多只敢叫'精品',你地位高,胆子也大,一上来就叫'经典',而且在南北两地,几乎同时推出了两大套,总计十八巨册。容我说句不客气的话,编选热发展到这儿,可谓登峰造极了。"

  这种指责当然很严厉,也很不好听,可因为事实俱在,谢冕或者其他人,也只能就为什么要这样选、这样选不是为了"捞一票"进行辩论——一句话,拿事实说话。可,谢先生的几个学生辈却另辟蹊径,专就对方动机做文章。譬如,徐文海先生(韩石山推测"此人肯定是谢冕的学生",我查徐先生材料知道他在1994年到1996年间在北大中文系做过访问学者)就在《东方文化周刊》上发表一篇题为《你以为你是谁》的文章对韩石山进行反驳,文章除了说韩石山这个来自"黄土高坡"的角色不配对"北京大学中文系当代文学教授、博士生导师"的选本说三道四和韩石山骂谢冕是想靠骂名人出名外,最出彩的是这么一段:"他(指韩石山)自我感觉甚好,以为自己在这'百年'当中无论如何也能'经典'一把,所以急不可耐地从'尔雅书屋'中拿回了两套书,但是翻过来掉过去地看了半夜,字缝里终究没有'韩石山'三个字,所以,他愤怒了,急不择言,只好大骂出口了。真让人寒心,我倒不像韩石山一样'为当代文学寒心',我为当代'批评'中有韩石山这样的人而寒心。"此外,北大另一教授高旭东也在他专著《梁实秋:在古典与浪漫之间》的"后记"中这么写道:"我最早出的两本书是中西比较文化的书,没有人叫我'文化学家'或'比较文化学家',大概是我文化水平不高之故也;可是在我心灰意懒的时候写了几本关于鲁迅的书,被人称之为'鲁迅研究专家'或'鲁学家',为此还受到韩石山之流在《文学自由谈》上的嘲讽,因为忙着写梁实秋,我至今都没有工夫去拜读这位'韩大作家'的文章,不知道这位当年因为谢冕先生没有把他放进二十世纪中国文学经典而对谢冕先生冷嘲热讽的'大作家'对我又有什么指教。"这里,徐、高二位都视韩石山指责谢冕一手选"二典"而典典不同的批评是因为"二典"之中没有选他韩石山的大作——跟当年施蛰存指责鲁迅批评他用古书指导今天青年是因为自己没有用鲁迅的书来指导青年异曲同工,差别仅仅在于施先生说得巧妙俏皮,而徐高二位说得直截了当罢了——当然,所以有这样的差别,主要是因为韩石山不是鲁迅。

韩石山虽然不是鲁迅,可也不是省油的灯,所以很快写出《不管我是谁》和《和徐文海、孟繁华讲讲这理儿》,将徐文海对他的诛心之论夹头盖脑地骂了回去:在前文中,他骂徐文海是自己在偏街僻巷行走时碰到了"牛二一类泼皮";在后文中他写道:"看了这篇文章(指徐文),我的第一感觉是,这年轻人(实际上我并不知道他多少岁,但敢肯定他比我小得多),这是勇敢,是理不是理都说得出口。说我无才无德,这都没什么,谁的才德也不敢说是最多的,少一点便可归之于无。但凭什么就断定你们谢老师是'大人物',然后再派定我是想出名出不了,才来骂这个大人物。'谁的名气大骂谁',这不等于说,在今天文学界、教育界,谢冕的名气是最大的了。"做的还是名气大小的文章,这跟鲁迅抓住对方推测动机大搞诛心之论的软档直截了当地骂对方"只有无端的无赖,自己的猜测,撒娇,装傻……几部古书的名目一撕下,'遗少'的肢节也就跟着渺渺茫茫,到底是现出本相,明明白白的变了'洋场恶少'了"相比较,笔者以为韩先生在论辩的目标选择和打击的力度上,还是欠火候——虽然,韩先生似乎不大看得起鲁迅。

　　问题的要害,还是杜哉随后在《文学报》上登出来的《此风不可长》讲得透彻:"我不知道韩石山。但他那篇批评两部经典的文章却是从《文艺报》上读过的。这只是一家之言,当然不可能句句是真理,当然可以反批评。但是反批评,一要据理,要讲道理;二要据实,据对方的文章之实。而不可离开文章实有思想和文字,凭空推断出:他想出名,但无才无德出不了名,于是骂人,谁的名气大他就骂谁,想借此出名。或者:他满望'经典'选了他的作品,能够'经典一把'了,不料并没有他的名,于是愤怒了,只好大骂出口了。这推断只在肚子里寻思,或三朋四友间说着玩,都无不可。倘把它写入文章,公之于世,岂其可乎?岂其可乎?"

　　一个作家,过了几十上百年,我们还能从他作品里读出现实来——什么是伟大?这就是!

鲁迅与邵洵美：贫富之间

鲁迅应该是文人中的阔佬。学者陈明远根据鲁迅日记里所记的鲁迅工作后(1912年—1936年)的每年所得,得出这样一组数据:鲁迅前期(北京时期)是以公务员职业为主,十四年的收入相当于1995年人民币一百六十四万元、2009年三百二十八万元,平均月收入相当于1995年人民币九千多元、2009年人民币近两万元。中间(厦门、广州时期)一年专任大学教授,年收入相当于1995年人民币十七点五万元、2009年三十五万元,平均月收入相当于1995年人民币一点四万多元、2009年三万元。后期(上海时期)完全是自由撰稿人身份,九年收入相当于1995年人民币二百二十六万元、2009年四百五十二万元以上,平均月收入相当于1995年人民币两万元、2009年四万元左右。若不计入1922年的收入(日记缺失),则二十三年间总收入相当于1995年人民币四百〇八万元、2009年八百一十六万元以上。还有种算法是,银圆的标准重量是二十六点六克左右,经过流通摩擦,也不会低于二十五克。按现在的白银价值,则一个银圆在两百人民币以上,那么,鲁迅在参加工作直至去世的二十四年间,共收入十二万元银圆左右,相当于现在的两千多万人民币,即年均一百万元。这样一笔收入,就是今天在北京、上海、广州,也当是高级白领的收入,的确不算是穷人。也因此鲁迅对自己总的经济状况曾有过明确的表述:"我的生活其实决不算苦。""我不能说穷,但说有钱也不对。""其实以现在生活之艰难,家中历来之生活法,也还

211

要算中上。""中上",显然有些自谦,在那个时代,像鲁迅这样的收入,应该算是阔佬了。

　　但是,鲁迅毕竟跟一般的阔佬不同。这首先是因为他幼时有一段从小康坠入困顿的生活经历。1894年,刚十三岁的鲁迅经历了巨大的人生变故;这一年在京城做官的祖父因科举舞弊案锒铛入狱。随之而来的是父亲长期患病,花光家里积蓄后不治死亡。家境因此败落了下来。不仅卖了房子,还饱受邻里亲戚的白眼。作为家里的长子,上有孤弱的母亲,下有幼小的弟妹,他不得不同母亲一起承担生活的重担。也因此过早地体验到了人生的艰难和世间的冷暖。他自己就曾在文章中描述那时的他如何经常拿着医生为父亲开的药方到药店去取药,拿着东西到当铺去变卖。在家境好的时候,周围人是用一种羡慕的眼光看待他这个小"公子哥儿"的,话语里包含着亲切,眼光里流露着温存。自他家变穷了,周围人的态度就都变了:话语是凉凉的,眼光是冷冷的,好朋友也不和他说话了,脸上带着鄙夷的神情。周围人这种态度的变化,在鲁迅心灵中留下了深刻的印象,对于他幼小的心灵打击很大,这使他感到在当时的中国,人与人之间缺少真诚的同情和爱心。人们是用"势利眼"看人、事、物的。多年以后,鲁迅还非常沉痛地说:"有谁从小康人家而坠入困顿的么,我以为在这途路中,大概可以看见世人的真面目。"(《呐喊》自序)家庭的变故和变故后的人生体验,也使鲁迅从少年时候起就亲近下层人民,他的外祖母家在农村,这使他有机会接触和了解农民的生活。特别是在他祖父入狱的前后,他不得不到农村的亲戚家避难,长时期住在农村。在那里,他与农村的孩子们成了朋友。与他们一起玩耍,一起划船,一起看戏,有时也一起到他们家的地里"偷"豆子煮了吃。在他们之间,没有相互的歧视和仇视,而是相互关心,相互友爱。鲁迅一生都把他与农村小朋友这种朴素真诚的关系当作人与人之间最美好的关系而怀念着,描写着。就是因为这样的变故与经历,使得鲁迅对人世间的贫富有了自己的看法:他不认为穷人就是该被奴役被践踏的,穷人自有穷人的尊严和人格——多年后,他甚至在一篇名为《一件小事》的作品中描写过这样一个情景:在一个贫穷但勇于担当的车夫面前,兜里有大把铜元的"我"感到了"一种威压,甚而至于要榨出皮袍下面藏着的'小'来"。至于富人,有钱也不能证明他们的正派磊落。如果再碰上有谁以富骄穷,仗着自己手中或家里有几个来历不明的臭钱而对他们心目中的穷人指手画脚趾高气扬的话,鲁迅的反应当是毫不客气地将其挑落下马,并且痛打落水狗,绝不讲什么费厄泼赖!鲁迅对其实并没有什么交往的邵洵美所以那么穷追猛打,可以说,就是因为这个缘故。

一

跟鲁迅这样靠自己的才华与努力发奋而成为文人中的阔佬相比,邵洵美应该是不折不扣的真正阔佬。

邵洵美(1906—1968),祖籍浙江余姚,出生于上海,官宦世家。他的祖父邵友濂,同治年间举人,官至一品,曾以头等参赞身份出使俄国,后任湖南巡抚、台湾巡抚。外祖父盛宣怀(亦即邵妻盛佩玉的祖父)更是有钱,乃洋务运动的中坚人物,中国近代第一代大实业家,富甲一方。又因邵洵美过继给伯父邵颐的关系,按谱系,大官僚李鸿章当是他的叔外祖父。自家有钱,老婆家有钱,亲戚家还是有钱,他不想成为阔佬都难。而且,他自小喜欢文艺,五六岁时即入家塾读《诗经》,背唐诗。读完家塾便进圣约翰中学。这所教会学校所授课程除国文外,都用英文教材,教师不少为洋人。后又留学英国,入剑桥大学攻读英国文学。有钱还通文,回国后很快成为文坛上多财善沽、长袖善舞、呼风唤雨的角色。从剑桥回到上海后,在三四十年代上海滩文艺界多元格局并存的情况下,邵洵美拥有一大批左、中、右的朋友:胡适、叶公超、潘光旦、罗隆基、曹聚仁、林语堂、沈从文、方令孺、闻一多、夏衍、邹韬奋、徐悲鸿、刘海粟、张光宇、丁悚、鲁少飞,以及张道藩、谢寿康、刘纪文等。真是高朋满座、好友如云。

郁达夫说得有趣:邵洵美家里经常是"座上客常满,樽中酒不空"。画家鲁少飞曾戏谑地画了幅《文坛茶话图》(载《六艺》月刊),称邵洵美是"孟尝君"。

关于他的钱多,不妨看看他的朋友张若谷、陆小曼的回忆:当时邵洵美的私人书房里放着估价五千金以上的希腊女诗人沙弗像真迹,用二十万英镑从伦敦拍来的史文朋的手稿,用羊皮纸装订的波德莱尔《恶之花》的第一版,结拜大哥徐悲鸿送给邵洵美的巴黎酒吧"红磨坊"即景的帆布油画。这些陈设足见邵家强大的财力和人际网络。除了收藏自己深爱的艺术品外,邵洵美利用他家的万贯家财投资出版。1928年,邵洵美在主持《狮吼》杂志出版的同时,创办了金屋书店和《金屋》月刊,在此后的二十年间,邵洵美马不停蹄地创办上海时代图书公司、第一出版社,名下出版了《时代画报》《时代漫画》《时代电影》《文学时代》《万象》月刊、《论语》半月刊、《十日谈》旬刊、《人言》周刊、《声色画报》等杂志,多达十二种,涉及文学、诗歌、漫画、电影、时事、评论等各个领域。其间和徐志摩等人合作出版《新月》月刊、《诗刊》等杂志。事业鼎盛时期,邵洵美名下同时出版的刊物有七种,每隔五天便至少会有两种期刊面世,这在中国出版界,无人能出其右。而且,他还爱画画,爱藏书,爱文学,在自家豪宅里办文学沙龙,来往的人川流不息。他爱写诗,而且要在没有格子的白纸上写,落笔字迹秀丽,行列清晰,匀称洁净,甚至可以直接付印。他的英式诗风,追求唯美,有人评价是"柔美的迷人的春三月的天气,艳丽如一个应该赞美的艳丽的女人"。

因为都是文艺中人,又都在上海,所以,不修边幅,"破毡遮颜过闹市",常常被人视为鸦片烟鬼的鲁迅,就难免跟这个唇红齿白浊世之翩翩佳公子的"孟尝君"碰头了。他们见面就不同寻常,其媒介居然是声名赫赫的世界文豪萧伯纳!

那是1933年2月17日,斯时,七十七岁的英国著名作家、诺贝尔文学奖得主萧伯纳偕夫人乘"皇后"号轮漫游世界,在由香港抵达上海时，他想见见国母宋庆龄——这一年宋庆龄四十岁。《宋庆龄年谱》记载："是日，做环游世界旅行的英国著名作家萧伯纳偕夫人乘英轮皇后号于晨6时抵吴淞口。晨5时，宋庆龄偕杨杏佛等乘海关小轮前往吴淞口欢迎，并上英轮皇后号访萧伯纳，相见甚欢。后应萧伯纳的邀请，宋庆龄与其在餐厅共进早餐。"10时30分，宋庆龄陪同萧伯纳下船登岸。当宋庆龄一行陪同萧伯纳离开码头，前往理查（一作礼查）饭店会见来沪各游历团团员时，有一辆小车正驶向虹口鲁迅家。那是蔡元培派人去接鲁迅的车，让他赶紧到"孙夫人的家里吃午饭"——当然，主要是与萧伯纳共进午餐。鲁迅最初是从日本友人内山完造那里得知萧伯纳要来上海的。而宋庆龄偕萧伯纳离开理查饭店后，即驱车前往亚尔培路（今陕西南路）中央研究院访蔡元培，待他们一起到宋庆龄寓所，已是中午12时。而鲁迅乘车来到这里，也正在这时，午宴刚刚开始。鲁迅入席，看到萧伯纳坐在圆桌上首，宋庆龄、蔡元培、杨杏佛、林语堂、伊罗生、史沫特莱等围桌而坐。吃的是中式菜肴。宋庆龄后来回忆说："当时林语堂和他（萧伯纳）滔滔不绝地谈话，致使鲁迅等没有机会同萧伯纳谈话。"饭后大家到寓所花园草坪拍照留念。后来人们看到的宋庆龄、蔡元培、鲁迅等人与萧伯纳的合影，便是这天饭后所摄。

拍过合影，稍事休息，蔡元培、杨杏佛、林语堂等陪同萧伯纳欲前往坐落在福开森路（今武康路）上的世界学院，出席与世界笔会中国支会会员们的见面会。当"白发，白须，高鼻子，粗眉毛，小眼睛"的萧伯纳刚走出宋庆龄寓所，等候在门口的记者们一齐围了上来。担任临时翻译的洪深请大家3点钟派六名代表再来，说萧伯纳先生已答应接见记者。然后萧伯纳便乘上宋子文的小汽车，驱车去世界学院。那天在世界学院精致的小厅，除了蔡元培、鲁迅、林语堂、杨杏佛外，还有梅兰芳、叶恭绰、张歆海、谢寿康、邵洵美等人。这样，鲁迅跟邵洵美就有了碰面的机会。

对这次见面，鲁迅在该年2月23日应日本《改造》月刊约稿创作的《看萧和"看萧的人们"记》中是这么写的:"两点光景,笔会有欢迎。也趁了摩托车一同去看时,原来是在叫作'世界学院'的大洋房里。走到楼上,早有为文艺的文艺家,民族主义文学家,交际明星,伶界大王等大约五十个人在那里了……此后是将赠品送给萧的仪式,这是由有着美男子之誉的邵洵美君拿上去的,是泥做的戏子的脸谱的小模型,收在一个盒子里。还有一种,听说是演戏用的衣裳,但因为是用纸包好了的,所以没有见。"关于这赠品究竟是什么,当时在场的张若谷在《五十分钟和伯纳萧在一起》中有详细介绍:"轮到送纪念礼物的时候了。笔会的同人,派希腊鼻子的邵洵美做代表,捧了一只大的玻璃框子,里面装了十几个北平土产的泥制优伶脸谱,红面孔的关云长,白面孔的曹操,长胡子的老生,扎包头的花旦,五颜六色,煞是好看。"(见1933年2月18日《大晚报》)这儿,鲁迅称邵洵美为"有美男子之誉",有调侃意味,但算不上刻薄。

　　至于邵洵美方面,据贾植芳在《我的狱友邵洵美》一文中介绍,上世纪六十年代初,正是"自然灾害"时期,他跟邵洵美一块坐牢。有次"他跟我说:'贾兄,你比我年轻,你还可能出去,我不行了,等不到出去了。'他郑重交代我,将来出来的话,有机会要为他写篇文章,帮他澄清两件事。"这其中第一件事跟他与鲁迅这次见面有关,他的说法是:"1933年英国作家萧伯纳来上海,是以中国笔会的名义邀请的。邵洵美是世界笔会中国分会的秘书,萧伯纳不吃荤,吃素,他就在南京路上的'功德林'摆了一桌素菜,花了四十六块银圆,是邵洵美自己出的钱。因为世界笔会只是个名义,并没有经费。但是后来,大小报纸报道,说萧伯纳来上海,吃饭的有蔡元培、宋庆龄、鲁迅、林语堂……就是没有写他。他说:'你得帮我补写声明一下。'"这里,他想表示两层意思:一层意思是他参加了当年欢迎萧伯纳的宴会,可是当时的"大小报纸报道"却没有提到这件事(的确,当时新闻提及的只是吃完饭后驱车去世界学院,在那儿才见到有邵洵美,并且让他向萧伯纳送了礼物);其次,则是他不仅参加了这次宴会,

比亚兹莱《沙乐美》

　　奥布里·比亚兹莱,英国版画家1894年为奥斯卡·王尔德的剧本《沙乐美》作插图,取得了极大的声誉。他的作品受到了鲁迅的极大青睐。

而且宴会所需的饭菜钱四十六元,还是他掏的。当然,这事看来有些不靠谱——这不仅因为当时的"大小报纸报道,说萧伯纳来上海,吃饭的有蔡元培、宋庆龄、鲁迅、林语堂……就是没有写他",还因为按当时的新闻报道,萧伯纳他们吃饭的地方并不是"南京路上的'功德林'",而是在宋庆龄寓所之中——很明显,这是一次家宴。既然如此,又何劳"孟尝君"出此饭资?难道宋庆龄连一次家宴的钱都出不起?再来看看当事人鲁迅这天的日记:"午后汽车赍蔡先生信来,即乘车赴宋庆龄夫人宅午餐,同席为萧伯纳、伊、斯沫特列女士、杨杏佛、林语堂、蔡先生、孙夫人,共七人。饭毕照相二枚。同萧、蔡、林、杨往笔社,约二十分后复回孙宅。给介木村毅君于萧。傍晚归。"日记中的"伊",是指美国记者哈罗德·伊萨克斯,他的中文名叫伊罗生;斯沫特列后通译史沫特莱,是美国著名女记者;木村毅是日本《改造》月刊记者,是内山完造介绍给鲁迅,要鲁迅带他见萧伯纳,参加采访的。从鲁迅日记可见,吃饭的共八人,其中没有邵洵美。

据1996年6月27日刊载在《北京青年报》上一篇题为《遭鲁迅〈拿来主义〉讽刺,邵洵美后人要求还公正》的文章介绍,邵洵美的女儿邵绡红"据她母亲盛佩玉回忆,当天(指萧伯纳到达上海那天)邵洵美傍晚回家时,曾把白天的经过讲给佩玉听,他说,这次是他第一次见到鲁迅先生。活动结束后下起了雨,天很冷,他见鲁迅站在屋檐下,像是在等车,冻得脸都发青了,于是他还主动上前邀请他上自己的汽车送他回去"。

二

应该说,鲁迅跟邵洵美这第一次见面,并没有什么大的不和谐——鲁迅也就顶多略带嘲意地讲了句"美男子"。而如果依邵太太跟她女儿的说法,则他们还有很好的互动——当鲁迅在路旁冷得"脸色发青"之际,装备有小车的阔佬邵洵美"还主动上前邀请他上自己的汽车送他回去"。岂但无仇,简直可以说关系良好。可问题是,为什么很快他们这友谊的小船说翻就翻,而且恶语相向?

　　是不是因为鲁迅仇富,看到人家有钱坐小车,心里不高兴,就变着法子写文章骂人家? 这应该不是。鲁迅虽然对贫富之别,有自己的看法,但倒不是无原则无条件地仇富——相反,因为有那么一段"从小康而坠入困顿"的生活,他对金钱倒有了比较平实的看法,这就是金钱不是万能的但是没有金钱万万不能。这一点,在他的公开演讲中有清楚的表示——1923年,鲁迅在《娜拉走后怎样》的演讲中说:"钱这个字很难听,或者要被高尚的君子们所非笑,但我总觉得人们的议论是不但昨天和今天,即使饭前和饭后,也往往有些差别。凡承认饭需钱买,而以说钱为卑鄙者,倘能按一按他的胃,那里面怕总还有鱼肉没有消化完。须得饿他一天之后,再来听他发议论。""除了觉醒的心以外……她还须更富有,提包里有准备,直白地说,就是要有钱。""钱——高雅地说吧,就是经济,是最要紧的了。自由固不是钱所能买到的,但能够为钱而卖掉。人类有一个大缺点,就是常常要饥饿。为补救这缺点起见,为准备不做傀儡起见,在目下的社会里,经济权就见得最要紧了。"1927年,鲁迅在《革命时代的文学》的演讲中说,"有人说'文学是穷苦的时候做的',其实未必,穷苦的时候必定没有文学作品的,我在北京时,一穷,就到处借钱,不写一个字,到薪俸发放时,才坐下来做文章。忙的时候也必定没有文学作品,挑担的人必要放下担子,才能做文章;拉车的人也必要把车子放下,才能做文章。"也因此,他对青年朋友的劝告常常是这样:"我想赠你一句话:专管自己吃饭,不要对人发感慨。并且积下几个钱来。"需要强调的是:鲁迅之所这么重视金钱,除了因为金钱跟肚子有关外,更因为金钱与自由相连。他曾在致章廷谦的信中直言:"无论什么,总和经济有关,居今之世,手头略有余裕,便或出或处,自由得多,而此种款项,则需豫先积下耳。"在致日本友人增田涉的信中又说过:"我为了反抗政府,确实贮了一些钱,以备万一,使我即

219

使被迫害,什么都不能做了,还能有饭吃。……许多人毫无准备,一受压迫,大都不外屈服。"大概,就是因为有这样的金钱观,加上自己的才华与地位,鲁迅才能成为那个时代"文人中的阔佬"吧。

不过,鲁迅对金钱不是无条件的尊崇。这条件有二:其一,这金钱来路要正,最好是靠自己辛勤劳动而来;其二,也是更重要的是,有了钱最好能用这钱来帮助那些需要帮助的人,而不能以钱骄人,更不能因此蔑视与嘲弄那些因为种种不是自己原因而深陷穷困的人们。必须指出的是,这两条,鲁迅就做得很过硬。第一条,不用说,鲁迅的钱都是他自己爬办公桌、爬格子、爬讲台而来,没有任何不劳而获。他在给曹靖华的信中说:"现在的生活,真像拉车一样,卖文为活,亦大不易。"在另一封信中又说:"别的琐事又多,会客,看稿子,绍介稿子,还得做些短文,真弄得一点闲工夫也没有,要到半夜里,才可以叹口气,睡觉。"在致韦素园的信中表示:"我近来总是忙着看来稿,翻译,校对,见客,一天都被零碎事花去了。"致章廷谦的信中道:"老实说罢,我实在很吃力,笔和舌,没有停时,想休息一下也做不到,恐怕要算是很苦的了。"这种情形,一直持续到晚年,那时他身体不好,时常生病,但为了生计,他还得去写作和翻译。在致何白涛的信中就写道:"近来因为生病,又为生活计,须译著卖钱,许多事情都顾不转了。"致增田涉信中说:"上海大热,昨天室内已达(华氏)九十五度,流着汗译《死魂灵》,痱子发痒,脑子发胀。"而在此前致萧军的信中更是说:"今年也热,我们也都生痱子。我的房里不能装电扇,即能装也无用,因为会把纸吹动,弄得不能写字,所以我译书的时候,如果有风,还得关起窗户来,这怎能不生痱子。"致曹聚仁信中说:"又在咳嗽,消化不良。我的一个坏脾气是有病不等医好,便即起床。近来又为了吃饭问题,在选一部小说,日日在读名著及非名著,忙而苦痛。"总之,鲁迅的钱,都是这样不论严寒和酷暑,也不顾劳累和生病,勤勤恳恳挣来的。

但是,有钱后他却并不以此自傲骄人,摆出有钱人的臭架子,倒是尽己所能帮助那些仍在与穷困甚至是死亡做斗争的人们。鲁迅致雕刻家曹白的信中曾说过:"凡是为中国大众工作的,倘我力所及,我的希望(并非为了个人)能够略有帮助。"他是这么说的,也是这么做的:青年作家叶紫,一次写信给鲁迅,说他"已经挨饿了",请鲁迅帮助问问他投稿的稿酬如何。鲁迅回信说,"已放十五元在(内山)书店,请持附上之笺,前去一取为盼"。青年木刻家何白涛从上海新华艺专毕业后即失业,他要回广东老家,但苦于没有路费,写信向鲁迅借钱。鲁迅回信说:"先生要我设法旅费,我是可以的,但我手头没有现钱。所以附上一函,请于十五日自己拿至内山书店,我当先期将款办好放在那里,托他们转交。"作家萧军、萧红手头紧,向鲁迅求救,鲁迅回信说:"我这一月以来,手头很窘,因为只有一点零星收入,数目较多的稿费,不是不付,就是支票,所以要到二十五日,才有到期可取的稿费。不知您能等到这时候否?但这之前,会有意外的付我的稿费,也料不定。那时再通知。"事后,萧军、萧红觉得这么用了鲁迅的钱,有些"刺痛",鲁迅还回信安慰他们:"这是不必要的。我固然不收一个俄国的卢布,日本的金圆,但因出版上的资格关系,稿费总比青年作家来的容易,里面并没有青年作家稿费那样的汗水的——用用毫不要紧。"在邮局工作的孙用,将自己的译稿《勇敢的约翰》寄给鲁迅,以求得帮助。鲁迅代其联系出版,垫付了230元的制版费,当书店付还一部分制版费时,他又用这些钱预支了译者的版税。上海英商汽车公司售票员阿累在书店里捧读《毁灭》爱不释手,鲁迅得知他的钱不够,问他:"一块钱你有没有?这本只要一块钱本钱,我那一本,是送给你的。"阿累从内衣的口袋里掏出那块带着体温的银圆,放到鲁迅的手里……

邵洵美这方面可就不怎么样了。首先,他的钱基本上不是来源于自己的勤奋工作,而是——用鲁迅的话来说——"做了女婿换来的",当然,鲁迅这么说是有些偏颇,因为邵家自己也有钱——前面提到那篇《遭鲁迅〈拿来主义〉讽刺,邵洵美后人要求还公正》的文章中介绍,邵洵美的女儿邵绡红说:"这样的评语,对爸爸来说是很不公平的。"理由是:"首先,邵氏家族在上海也是一个大家。我的太爷爷(即邵洵美的爷爷)邵友濂官至一品,曾任湖南巡抚、台湾巡抚。爸爸从小被过继给大伯邵颐,而邵颐的夫人李氏是李鸿章视为己出的侄女,当年以中堂大人的千金之名嫁到邵家,从谱系上讲,李鸿章也是爸爸的外祖父。其次,很多人不了解的是,爸爸和妈妈是姑表亲。爸爸的生母是盛宣怀的四女儿,爸爸不仅是盛宣怀的孙女婿,其实更是他的亲外孙。"但无论如何,邵洵美的钱不是靠自己努力工作而来,却是靠了自己"爷爷""外祖父"和"老丈人",这点是辩不掉的。当然,如果仅仅是这个,鲁迅大概还不至于对邵洵美那么不满意——那年头,富二代官三代多了,也不见鲁迅口诛笔伐。最关键的还在于,这个靠了血缘与裙带而腰缠万贯的阔人,以此自骄不说,还用以骄人,看不起其他清寒作家,写文章对其挖苦讽刺,自鸣得意。这就不能不让也曾贫穷,也曾因此被冷眼嘲笑的鲁迅勃然大怒、锋芒所向了。

三

邵洵美惹怒鲁迅的文章叫《无人无行》,发表于他与鲁迅第一次见面后半年的1933年8月,发表在他自己办的第一出版社出版的《十日谈》第二期上。这篇文章让鲁迅发怒的主要是这么几段:"其所以为文人之故,总是因为没有饭吃,或是有了饭吃不饱。因为做文人不比做官或是做生意,究竟用不到多少本钱。一枝笔,一些墨,几张稿纸,便是你所要预备的一切。无本生意,人人想做,所以便多了。此乃是没有职业才做文人的事实。"意思自然是文人都是些无业游民,是一些靠着"一枝笔,一些墨,几张稿纸"混饭吃的可怜虫。作者作为有钱人的傲慢与自得,一目了然。接着又说,"谁知既为文人矣。便将被目为文人;既被目为文人矣,便再没有职业可得,这般东西便永远在文坛里胡闹。"意思当然是这些贫寒的文人不仅现在穷,而且会永远穷,永远没有职业(文人不是一种职业),因而这般不配做人的"东西""便永远在文坛里胡闹。"然后又津津有味道:"大学教授,下职官员,当局欠薪,家有儿女老少,于是在公余之暇,只得把平时借以消遣的外国小说,译一两篇来换些稿费。"也不知是不是出于半年前没有享受到与萧伯纳共进午餐待遇的原因,在这儿,邵洵美已经有明白向当初参加了这午宴的"穷文人"鲁迅进行不点名攻击的嫌疑了。这不仅因为鲁迅做过"大学教授""下职官员",更重要的是,他也遭受过"欠薪"(为此,他还写过一篇题为《记"发薪"》的文章),而且,鲁迅也时常有因此而"把平时借以消遣的外国小说,译一两篇来换些稿费"的做法!

既然邵洵美如此以有钱人自居,毫不客气地对那些靠写作为生的穷文人进行嘲弄攻击,且有打上门来叫阵的嫌疑,鲁迅于是很生气了——鲁迅很生气,后果很严重。8月26日,鲁迅以"洛文"署名在《申报》副刊《自由谈》发表《各种捐班》一文,开头就说:"清朝的中叶,要做官可以捐,叫做'捐班'。"指出现在则连做"文人学士"和"文学家"也可以"捐班"。"开宗明义第一章,自然是要有钱。"怎样才能捐做"文学家"呢?"只要开一只书店,拉几个作家,雇一些帮闲,出一种小报,'今天天气好'是也须会说的,就写了出来,印了上去,交给报贩,不消一年半载,包管成功。"这其实就是讲,像邵洵美这样的"作家",其实就是靠了手中的几个钱,"开一只书店,拉几个作家,雇一些帮闲,出一种小报"自我打造来的——谁说做文人是"无本钱生意"?以子之矛陷子之盾,可谓老辣深刻!接着,9月1日,鲁迅又以"苇索"署名在《自由谈》发表《登龙术拾遗》,其中由章克标出版的《文坛登龙术》一书中有所谓"登龙是可以当作乘龙解的""平常乘龙就是女婿的意思"等等说辞,借题发挥,讥讽靠做了女婿阔上加阔而又欲称霸文坛的邵洵美:"要登文坛,须阔太太,遗产必需,官司莫怕。穷小子想爬上文坛去,有时虽然会侥幸,终究是很费力气的;做些随笔或茶话之类,或者也能够捞几文钱,但究竟随人俯仰。最好是有富岳家,有阔太太,用陪嫁钱,作文学资本,笑骂随他笑骂,恶作我自印之。'作品'一出,头衔自来,赘婿虽能被妇家所轻,但一登文坛,即升价十倍,太太也就高兴,不至于自打麻将,连眼梢也一动不动了,这就是'交相为用'。""在文坛里胡闹"的,有岂止是"饭吃不饱"的"这般东西"？不连阔气如邵洵美者,也靠这些狗屁不通的文章闹得热火朝天么？此外,在《花边文学·漫骂》中说"诗人没有捐班,富翁只会计较,因为事实是这样的,所以是真话,即使称之为漫骂,诗人也还是捐不来,这是幻想碰在现实上的小钉子";《花边文学·中秋二愿》中又说"给富翁当赘婿,阔了起来的,不过这不能算是体面的事情";《且介亭杂文·序言》有"自称'诗人'邵洵美……之流",《且介亭杂文二集·序言》中则有"我宁可如邵洵美辈的《人言》之所说:'意气多于议论,捏造多于实证'"之言。在《且介亭杂文二集·六论"文人相轻"二卖》中,鲁迅甚至把自己嘲笑攻击邵洵美的言论,移花接木地转嫁给无名氏的"有人":"有的卖富,说卖稿的文人的作品,都是要不得的;有人指出了他的诗思不过在太太的奁资中,就有帮闲的来说这人是因为得不到这样的太太,恰如狐狸吃不到葡萄,所以只好说葡萄酸。"这些都算是将其打落下水后的痛打。

  以邵洵美在《文人无行》中展示出来的文才文笔,要跟绍兴师爷鲁迅过招,显然力不从心。所以,他对鲁迅咄咄逼人的明枪暗箭既无招架之功,更无还手之力,只是在1935年6月22日《人言》周刊二卷十五期上发表了一篇题为《劝鲁迅先生》的文章,其中写道:"鲁迅先生似乎批评我的文章不好,但是始终没有说出不好在什么地方。假使我的文章不值得谈,那么,为什么总又谈着我的钱呢？鲁迅先生在文学刊物上不谈文章而谈人家的钱,是一种什么作用呢？"这辩解无的放矢:实际上,鲁迅批评的重点,并不在他文章好不好（当然,也的确不好）,而在于他仗着有钱,在文坛上颐指气使得意忘形！至于"假使我的文章不值得谈,那么,为什么总又谈着我的钱呢？鲁迅先生在文学刊物上不谈文章而谈人家的钱,是一种什么作用呢？"就更是可笑了:是谁先把文章跟金钱拉在一块儿说事的?不是邵洵美先讲文人都是些做"无本钱生意"的穷光蛋无业游民,才引来鲁迅这番枪林弹雨的么?怎么倒责怪起鲁迅"为什么总又谈着我的钱呢"?

鲁迅逝世后,邵洵美曾给周作人写过一信,信中有云:"鲁迅死后,上海热闹非凡,但战后文坛却将冷静不少!一般青年出路又要成问题了。我对鲁迅极佩服,可惜他死也没有明白。弟才力薄,著作少,偶有写述,赞我者仅志摩,骂我者仅鲁迅;现在二位均归道山,我将来恐更无心涂抹了。中国散文,上有知堂,下有鲁迅,文章若不与人并论,鲁迅的无聊文字应有不朽之价值,亦未可厚非也。"其中"才力薄,著作少"算是悟道之言,至于"鲁迅的无聊文字应有不朽之价值,亦未可厚非也"倒不尽然:将文人视为毫无本钱的无业游民这样的文字的确"无聊",但鲁迅谈论这样无聊的文字却不无聊,因为从中我们可以看出鲁迅的贫富观与正义感。

最后讲一下邵洵美二十世纪六十年代初在牢中拜托贾植芳有机会为他澄清的第二件事:"还有一个事,就是鲁迅先生听信谣言,说我有钱,我的文章都不是我写的,像清朝花钱买官一样'捐班',是我雇人写的。我的文章虽然写得不好,但不是叫人代写的,是我自己写的。"其实,我们读鲁迅所有抨击他的文章,都没有讲到他的文章是"叫人代写的",在鲁迅看来是些"今天天气好"的文字或直接称之为"恶作"的东西,根本就不需要"雇人代笔"——自己操笔乱写一气就成。他显然是误会鲁迅所谓"捐班"一词的含义了:鲁迅本来的意思是,邵洵美这样的"文学家",就像满清时那些靠"捐班"(也就是用钱买官的人)一样,是靠了自己出钱而打造(打造方式主要是办杂志办书店,登自己文章、出自己的书)来的,根本就没有讲到他的文章是"雇人代写"的!

邵洵美在解放后经历坎坷。1949年,胡适曾拜访过他,并为其定了两张赴台机票。邵以不忍离开家人、工厂无法处理为由婉谢。叶公超得悉,说服海军用军舰带邵家的人与机器一道迁台,邵也谢绝了。据说,他所以如此,是因为此前好友罗隆基已约见过邵洵美,并与他作了一席深谈。罗向他细述了中共对待知识分子的政策,使邵洵美感到释然。他相信自己以前的所作所为是有目共睹的,共产党来了,他也会有出路的,因此他静等上海解放。到1958年,因为邵洵美在历史上的人际关系复杂:与杜月笙有往来;与国民党元老吴稚晖、李石曾有过从;与陈立夫、陈果夫以及张道藩、刘纪文等有交情,他还有个一直在通信的美国情人项美丽,于是乎被打成"历史反革命",关入大牢。1962年4月,邵洵美被释放。可是,他已没有自己的家了,只能住在已离婚的大儿子家。四年的无妄之灾已使昔日的"美男子"身心受到严重摧残:一头白发,极其瘦削。他患上了肺源性心脏病,唇、脸紫得发黑,牙齿也掉了几颗,一动就喘,整日坐在床上,用两床厚被垫在身后……家人问他狱中情况,邵洵美只字不提,只说"我是无罪释放的"。"文革"一来,生计亦成了问题。不得已,他只好将祖父邵友濂的日记、翁同龢作批注的李鸿章、曾纪泽、盛宣怀给邵友濂的两大本手札,全部廉价卖掉。这一时期,他与妻子盛佩玉分住在沪、宁两地,由儿子、女儿分别赡养。1968年5月5日,邵洵美病逝,留下了一堆麻烦和债务:欠医院四百多元医疗费,欠房管处一年半的房租六百多元,还欠私人和乡下人民公社五六百元……

鲁迅与顾颉刚：厌恶中的节制

生于1881年9月25日的鲁迅与生于1893年5月8日的顾颉刚，一为浙江绍兴人，一为江苏苏州人；一个曾留学日本，一个终生未出国门；一个弄文学，是新文学创始人，一个弄史学，是古史辨学派创始人……照说二水中分白鹭洲，没有什么交集。当然，因缘际会，1927年，林语堂就职厦大文科主任时，积极筹备厦大国学研究院，从北京将鲁迅、孙伏园与顾颉刚诸先生罗致过来。于是二人同来厦大任教，关系似乎还不错——顾的女儿顾潮就在她著的《历劫终叫志不灰——我的父亲顾颉刚》一书中这么回忆："当时，父亲与鲁迅之间还是很客气。父亲所编《辨伪丛刊》之一的宋濂《诸子辨》出版后，曾赠鲁迅一册（见鲁迅日记，1926年9月8日）；那时胡适来信嘱父亲撰《封神榜》序，父亲在复信中说：'《封神榜》的序，接信后即从事搜集材料，并将本书看了一遍。只因到厦门后参考书太少，尚未下笔。鲁迅先生已为我函日本友人，嘱将内阁书库所藏明本之序文抄出，因看书目上有"明许仲琳编"字样，序文必甚重要。两星期后，必可得到复书。'"为了给顾写序，鲁迅不惜"函日本友人，嘱将内阁书库所藏明本之序文抄出"，也真有些俯首甘为孺子牛的意味了。

可是，很快，"友谊的小船说翻就翻"，鲁迅与顾颉刚成了一对生死冤家，彼此之间一提到对方，就忍不住笔露锋芒，骂他个鲜血淋漓——尤其是鲁迅，甚至不惜在历史小说《理水》中塑造了一个很可笑的"鸟头先生"来影射讥讽顾颉刚。比如书中有这样一段:"'这些都是废话'又一个学者吃吃地说,立刻把鼻尖涨得通红。'你们受了谣言的骗的,其实并没有所谓禹,"禹"是一条虫,虫虫会治水吗?'"为什么这样影射呢?原因是顾颉刚根据文字学将"禹"解为"蜥蜴",从而得出"夏禹是一条虫"的结论;而鲁迅以其人之道还治其人之身,根据文字学将"顾"(繁体字为"顧")字解为"雇"(本义为"鸟")与"页"(本义为"头")。所以,不少人说鲁迅这是在利用小说进行"人身攻击"——因为这让人想起《水浒传》中的骂人话"鸟人"。而在鲁迅的私人通信里,则直接将顾颉刚称为"鼻公""鼻"或"红鼻":比如在1927年5月15日致章廷谦的信中,鲁迅就写道:"傅斯年我初见,先前竟想不到是这样的人,当红鼻到此时,我便走了;而傅大写其信给我,说他已有补救发,即使鼻赴京买书,不在校……"再比如同年8月17日鲁迅致章廷谦的信中又有:"遥想一月以前,一个獐头鼠目而赤鼻之'学者',奔波于'西子湖'而发挥咱们之'不好',一面又想起起诉之'无聊之极思'来。湖光山色,辜负已尽,念及辄为失笑。禹是虫,故无其人;而据我最近之研究:迅盖禽也,亦无其人,鼻当可以自慰欤?……近偶见《古史辨》,惊悉上面乃有自序一百多版。查汉朝钦犯司马迁,因割掉卵子而发牢骚,附之于偌大之《史记》之后,文尚甚短,今该学者不过鼻子红而已矣,而乃浩浩洋洋至此,殆真所谓文豪也哉,禹而尚在,也只能忍气吞声,自认为并无其人而已。"为什么这样称呼呢?原因就是顾颉刚长了一个红红的酒糟鼻——这当然也是很不厚道的人身攻击。所以有人认为这是鲁迅拿人家生理缺陷做文章的"失德之举"。

一

可,现在的问题是,鲁迅为什么这么刻毒地挖苦顾颉刚的"生理缺陷"?照说,鲁迅不是这样的人——因为和鲁迅发生争执的人多了,用聂绀弩的话来说就是"有文皆从人着想,无时不与战为缘",可无论争论的人有多少,也不管争论得如何激烈,我们都没有看到过鲁迅公开或私下里拿对方生理缺陷做文章。不特此也:1922年,当俄国盲诗人爱罗先珂来北京时,因为写文章批评了北京学生上演的戏剧,结果惹怒了这群天之骄子,立即就有北大学生魏建功写出一篇《不敢盲从》以为回敬。文中,作者故意在"看""观""盲从"等字上大做文章,大搞人身攻击,而这引起了鲁迅的强烈反感,他马上写出了《看魏建功君〈不敢盲从〉以后的几句声明》。在文中,鲁迅怒斥这种利用别人生理缺陷对其进行攻击的人是"生长在旧的道德和新的不道德里,借了新艺术的名而发挥其本来的旧的不道德的少年"。在1919年3月26日,为《孔乙己》做"附记"时,鲁迅也曾明确反对用小说进行人身攻击,使小说成为一种泼秽水的器具。既然如此,那他为什么对顾颉刚有这样的"失德之举"?顾颉刚到底什么地方开罪了鲁迅,使他这样不顾自己原则地对其生理缺陷一再实施在旁人看来甚是过分的攻击?而且,这种怨恨一直持续到鲁迅晚年,比如在1934年7月6日鲁迅致郑振铎的信中提到顾颉刚时仍然这么刻薄地写道:"三根(指顾颉刚,因为在中国古代相面语中,"三根"即指鼻梁——笔者)是必显神通的,但此公遍身谋略,凡与接触者,定必麻烦,倘与周旋,本亦不足惧,然别人那有如许闲工夫。嘴亦本来不吃,其呐呐者,即因岁谈话时,亦在运用阴谋之故。在厦大时,即逢迎校长以驱除异己,异己既尽,而此公亦为校长所鄙,遂至广州,我连忙逃走,不知其又何以不安于粤也。现在所发之狗性,盖于在厦大时相同。最好不要与相涉,否则钩心斗角之事,层出不穷,真使人不胜其扰。其实,他是有破坏而无建设的,只要看他的《古史辨》已将古史'辨'得没有,自己也不再有路可走,只好又用老手段了。"这又是为了什么?

对此,有很多解释,有人(比如唐振常先生)轻描淡写,认为这不过是"开玩笑":"谑而不虐,这个玩笑开得颇有童心,近乎天真。"这显然不对——因为没有人会拿原则开玩笑。而有人(比如陈漱渝先生)则根据鲁迅与许广平和章廷谦的通信内容认为鲁迅不满顾颉刚主要是因为"顾颉刚自称只佩服胡适、陈源两人,而胡适在二十年代却多次给封建军阀出谋献策,幻想由他们来'裁军''制宪'、实行'联省自治',甚至反对驱逐废帝溥仪出宫。陈源则是众所周知的鲁迅论敌"。这种说法有一定道理,但还不能完全解释鲁迅为什么对顾颉刚这么"刻骨"仇恨——因为即使对胡适和陈源,鲁迅在论争时,也没有违背自己为文原则而对他们进行人身攻击,更没有在小说中对他们进行影射。对"阎王"这么"宽大"的主儿会对"佩服"他们的"小鬼"那么严厉?这从道理上讲不过去——因为鲁迅不是这样欺软怕硬的角色。

当事人顾颉刚对此似乎也有些莫名其妙:在《顾颉刚年谱》中有他1973年、1975年补记的两节日记对他与鲁迅在厦大的冲突有这样的说辞:"林语堂来信嘱换聘书改为史学研究教授。'予骇问其故,则谓自《古史辨》出版后,学术地位突高,故称谓亦须改变。'然此时引起潘家洵的嫉妒,'渠与我同住十年,且谈话最多,我之所作所言,无所不知,厦大本只请我,而他……未得延聘也,瞰我何日上海上船,即束装以俱登。我性不绝人,到厦后即为向……林语堂介绍,林氏以为其为素识,乃照北大例给以讲师头衔'。'这一来就使得他火高三丈,与我争名夺利起来,称我曰"天才"又曰"超人",逢人就揭我的短(我一生未做过良心上过不去的事,但仗着他的能言善道,好事也就变成坏事)。值鲁迅来,渠本不乐我,闻潘言,以为彼与我同为苏州人,尚且对我如此不满,则我必为一阴谋家,惯于翻云覆雨者,又有伏园川岛等从旁挑剔,于是厌我愈深,骂我愈甚矣。'"也就是说,他以为鲁迅不满他是因为潘某的攻击与伏园川岛的挑拨,但实际上鲁迅对他的不满并非这个原因——这点,在顾颉刚后来给胡适的信中,他自己也有所察觉,所以他才在信中这么感慨:"我真不知前世做了什么孽,到今世来受几个绍兴小人的播弄。"(1927年4月28日《致胡适信》)

二

在这诸多的解释中，胡文辉先生提到的一种特别让人感兴趣，他在《鸟头与红鼻》一文中说："鲁迅与顾颉刚交恶是现代文化界上的一大公案，据说起因是顾颉刚曾误信陈源之说，以为鲁迅的《中国小说史略》抄袭了日本人盐谷温的著作。鲁迅自然耿耿于怀，从此就'盯'上了顾颉刚。"我之所以对这种说法感兴趣，是因为鲁迅对别人造谣说他呕心沥血之作《中国小说史略》是抄袭别人著作的人的确深恶痛绝。1926年陈源公开在报上说鲁迅："他常常挖苦人家抄袭。有一个学生抄了沫若几句诗，他老先生骂到刻骨镂心的痛快，可他自己的《中国小说史略》，却是根据日本人盐谷温的《支那文学概论讲话》里面的'小说'一部分。拿人家的著述做你自己的蓝本，本可以原谅，只要你在书中有那样的声明，可鲁迅先生就没有那样的声明。在我们看来，你自己做了不正当的事情也就罢了，何苦再去挖苦一个可怜的学生，可是他还尽量把人家刻薄。'窃钩者诛，窃国者为诸侯'，本来是自古已有的道理。"（见1926年1月30日《晨报副刊·致志摩》）为这个缘故，鲁迅不仅当时把陈源骂了个狗血淋头，慌得陈源的好朋友徐志摩为助朋友一臂之力而出面要求双方"带住"；而且在十年后的1936年，鲁迅在做《且介亭杂文二集》的"后记"时，还恨犹未释地提及此事："当1926年，陈源即西滢教授曾在北京公开对于我的人身攻击，说我的一部著作是窃取盐谷温教授的《支那文学概论讲话》里面'小说'一部分的。《闲话》里的所谓'整大本的剽窃'，指的也是我。现在盐谷温教授的书早有了中译，我的书也有了日译，两国的读者有目共见，有谁指出我的'剽窃'来呢？呜呼，'男盗女娼'，是人间大可耻事，我负了十年'剽窃'的恶名，现在总算可以卸下，并将'谎狗'的旗子，回敬自称'正人君子'的陈源教授，倘他无法洗刷，就只好插着生活，一直带进坟墓里去了。"可见鲁迅对此事的怨恨之深。如果顾颉刚的确是在这事上"做了什么孽"，那鲁迅对他恨之入骨也就容易理解了——毕竟"'男盗女娼',是人间大可耻事"!可此说也有几处难惬人意:首先,说"顾颉刚误信陈源之说,以为鲁迅的《中国小说史略》抄袭了日本人盐谷温的著作",这从二人的知识背景上说不过去:陈源乃留英博士,他的文化背景以西学为主——换句话说,他对国学或东洋(日本)学问不太在行,这点,我们可以从他的文章中看出。所以,不太可能知道鲁迅的《中国小说史略》与日本人盐谷温的《支那文学概论讲话》有何关系,进而"造谣"说"抄袭"——这情形,正如鲁迅在《不是信》中对陈源造谣说自己骂个学生抄袭了郭沫若的几句诗时所言:"但我还要对于'一个学生钞了沫若的几句诗'这事说几句话:'骂得刻骨镂心的痛快'的似乎并不是我,因为我于诗向不留心,所以也没有看过'沫若的诗',因此更不知道别人的是否抄袭。陈源教授的那些话,说得坏一点,就是'捏造事实',故意挑拨别人对我的恶感,真可以说发挥着他的真本领。"而这方面,专弄国学的顾颉刚显然比他在行也更有资格。其次,如果是"顾颉刚误信陈源之说",那鲁迅骂陈源当比骂顾颉刚厉害——造谣者当然比受谣者可恶——但实际上,正如上文所言:鲁迅骂陈源虽然厉害,可并没有像骂顾颉刚那样进行人身攻击。从中我们可以看出,其实鲁迅恨顾颉刚比恨陈源厉害。为什么?理由只有一个:谣言的制造者比谣言的传播者更可恨!所以,我们不妨先推出这样一个结论:说鲁迅的名著《中国小说史略》"抄袭"了日本人盐谷温的《支那文学概论讲话》的传播者虽然是陈源,可制造者却是顾颉刚;不是"顾颉刚误信陈源之说,以为鲁迅的《中国小说史略》抄袭了日本人盐谷温的著作",而是"陈源误信了顾颉刚之说,以为鲁迅的《中国小说史略》抄袭了日本人盐谷温的著作"。那么,这个结论除了逻辑上的理由外,有没有直接证据呢?

当然有的,这证据就出于顾颉刚的女儿顾潮写的回忆录《历劫终叫志不灰——我的父亲顾颉刚》一书。在书中,提到鲁迅《中国小说史略》的所谓"抄袭"一事时,顾潮这么写道:"鲁迅作《中国小说史略》,以日本盐谷温《支那文学概论讲话》为参考书,有的内容就是根据此书大意所作,然而并未加以注明。当时有人认为此种做法有抄袭之嫌,父亲即持此观点,并与陈源谈及,1926年初陈氏便在报刊上将此事公布出来。随后鲁迅在《不是信》中说道:'盐谷氏的书,的确是我的参考书之一,我的《小说史略》二十八篇的第二篇,是根据它的,还有论《红楼梦》的几点和一张'贾氏系图',也是根据它的,但不过是大意,次序和意见就很不同。'为这一件事,鲁迅自然与父亲亦结了怨。"也就是说,在污蔑鲁迅的《中国小说史略》是抄袭日本人盐谷温的《支那文学概论讲话》一事上,出面传播谣言的虽然是陈源,而制造者却是顾颉刚!

当然,更直接的证据来源于顾颉刚自己的日记。在顾颉刚1927年3月1日的日记中就赫然写道:"鲁迅对于我排挤如此,推其原因,约有数端:一、揭出《小说史略》之抄袭盐谷氏书。二、我为适之先生之学生。三、与他同为厦大研究教授,以后辈与前辈抗行。四、我不说空话,他无可攻击,且相形之下,他以空话提倡科学者自然见绌。"而在此前不久的2月11日的日记中,他又写道:"鲁迅对我的怨恨,由于我告陈通伯(即陈西滢),《中国小说史略》剿袭盐谷温《支那文学讲话》。他自己抄了人家,反以别人指出其剿袭为不应该,其卑怯骄妄可想。此等人竟会成群众偶像,诚青年之不幸。他虽恨我,但没法骂我,只能造我种种谣言而已。"其实,顾颉刚私下说鲁迅抄袭一事,在当时学界知道的也不限于陈源。譬如,1949年7月11日,所谓"国宝级教授"刘文典应云南大学文史系的邀请,在学校泽清堂做《关于鲁迅》的演讲中,曾列举鲁迅诸多"罪状",其中第八条就是"鲁迅的《中国小说史略》抄了日本盐谷温的一部分著作,但鲁迅不会这样傻的,大概是参考吧"。刘文典认为顾颉刚说了鲁迅这件事,鲁迅就和顾颉刚闹得不可开交,这足见鲁迅气量的不够。可见,顾颉刚在私下四处张扬鲁迅《中国小说史略》抄袭日本人著作一事,乃是铁板钉钉不容狡辩的。

三

这样，我们也就明白了为什么鲁迅对顾颉刚如此愤恨以至于不惜在信件和小说中对其进行"人身攻击"的原因了：其一，"'男盗女娼'，是人间大可耻事"！对于一个学者来说，被别人判为抄袭者几乎就意味着他学术生命的完结。所以，鲁迅对造他抄袭谣的顾颉刚深恶痛绝而对其酒糟鼻进行没完没了的攻击，对传播这个谣言的陈源也谓之"谎狗"！其二，鲁迅所以特别恨顾颉刚，还因为他是一个"阴谋家"：自己造谣不公开，却叫陈源在报上叽叽喳喳——这特别让人感到愤恨（因为他造谣）而无奈（因为他没公开）。也就是因为这个原因，鲁迅才在《且介亭杂文二集》的"后记"中提及："当1926年，陈源即西滢教授曾在北京公开对于我的人身攻击，说我的一部著作是窃取盐谷温教授的《支那文学概论讲话》里面'小说'一部分的。"这里说陈源是"公开"了这谣言，说明这谣言早已存在；而且在这篇文章中，鲁迅还写道："呜呼，'男盗女娼'，是人间大可耻事，我负了十年'剽窃'的恶名，现在总算可以卸下，并将'谎狗'的旗子，回敬自称'正人君子'的陈源教授，倘他无法洗刷，就只好插着生活，一直带进坟墓里去了。"这里，他似乎希望陈源能为自己"洗刷"以避免插着"谎狗"的旗子生活并"一直带进坟墓里去了"——怎么洗刷呢？当然就是供出这个谣言的真正制造者顾颉刚，这样，鲁迅也就可以直截了当地和这位《古史辨》主打交道。可陈源充好汉，一直不肯供出自己这流言的来路，当然也就只好插着"谎狗"的旗子生活，并"一直带进坟墓里去了"。有意思的是，陈源在后来编辑自己文章时，对自己这段与鲁迅争论的文字，他一篇也没编进自己的文集——也许，他也多少对此感到了委屈：本来不是自己造的谣，却要自己插着"谎狗"的旗子生活，并"一直带进坟墓里去了"，能不委屈么？可又不能出卖朋友，当然就只好来个眼不见心不烦的鸵鸟政策。倒是陈源与顾颉刚的共同朋友胡适曾出面为陈源洗刷过：在1936年底，胡适在写给苏雪林后来又公开发表的一封信中说："通伯先生（即陈源——引者）当时误信一个小人张凤举之言，说鲁迅之小说史是抄袭盐谷温的，就使鲁迅终生不忘此仇恨！现今盐谷温的文学史已由孙俍工译出，其书是未见我和鲁迅之小说研究以前的作品，其考据部分浅陋可笑。说鲁迅抄盐谷温，真是万分的冤枉。盐谷一案，我们应该为鲁迅洗刷明白。"在这封信中，胡适承认了说鲁迅抄袭是"冤枉"，并承认这样造谣的人是"小人"，这是胡适的正直处；不过，他这样说还是主要为了替陈源洗刷（他没造谣，只是"误信"——"谎狗"的旗子应该张凤举去插），还掩护了顾颉刚（那"小人"不是顾颉刚，而是张凤举）。可谓用心良苦。

　　鲁迅虽然对顾颉刚恨之入骨，一见到顾颉刚的名字就生气，就愤怒，就要骂人，甚至连不是他自己责任的"红鼻头"都不放过。但他也不是毫无节制的——这节制就表现在他都是在私下或者小说中骂或映射，而且，也没有像骂传播这谣言的陈源那样直截了当地把"谎狗"的旗子插在他身上，还说"倘他无法洗刷，就只好插着生活，一直带进坟墓里去了"。为什么会这样？原因很简单，就是因为陈源是白纸黑字在报纸上讲鲁迅的《中国小说史略》"是窃取盐谷温教授的《支那文学概论讲话》里面'小说'一部分的"，甚至是"整大本的剽窃"！事实清楚，证据确凿，自不妨指名道姓地给他骂回去。可顾颉刚不一样，他只是在私下叽叽咕咕讲鲁迅坏话，虽然也坏，你却拿不出证据举不出例子，如果也骂他谎狗什么的，难免有捕风捉影泼妇骂街之嫌，所以鲁迅也只能闷一肚子气地转骂顾颉刚的另一个人皆见之的"事实"——他的酒糟鼻子！可以想见，此时的鲁迅心中是多么的窝囊愤怒，然而，为了言必有据的论辩原则，鲁迅还是对自己的愤怒进行节制，宁肯背"人身攻击"之嫌，也不为一时痛快而破坏基本论辩原则。

四

1929年5月,鲁迅到北京省亲,25日往孔德学校看旧书,顾颉刚恰巧也去这学校(顾颉刚曾在这所学校任教)。鲁迅在给许广平的信中这么描述这次相遇:"叩门而入,见我即踟蹰不前,目光如鼠,终即退去,状极可笑也。"(见《两地书》)顾颉刚见了不期而遇的鲁迅所以会"踟蹰不前,目光如鼠,终即退去,状极可笑",大概多少有点造谣者的心虚愧疚吧?而顾颉刚同日则是这样记载的:"今日到孔德,竟与鲁迅撞见,不巧甚。"(《日记》第二卷)"竟与鲁迅撞见,不巧甚"无意中透露出他的尴尬与狼狈。

值得一提的是,晚年的顾颉刚多次补记自己与鲁迅交恶的看法,其中以1973年7月11日在其1926年12月31日的日记空白处补写的内容叙述最为详尽,此段甚长,也最堪回味,不妨摘录如下:

> 孙伏园去广州,此厦大风潮之导火线也。先是鲁迅在北洋军阀政府教育部中任佥事,自民元蔡元培任部长时所委任,教育为当时闲散部门,尽有闲暇,遂参加北大教授所编之《新青年》,作《狂人日记》等短篇小说,颇负时誉。自后遂兼北大及女高师课。许广平是时肄业女高师,常至鲁迅家,两人发生恋爱,此本常事。鲁迅所娶徐氏(按:原文如此。当作"朱氏",下同),向无感情,是时益厌倦,留以侍母,而别建新屋于阜成门内,居之。许毕业后回粤,任中学教师。及张作霖入关,通缉新文化名人,鲁迅在黑名单内,不得不走。会厦大设国学研究院,文科主任林玉堂延沈兼士主其事,沈因介鲁迅、张星烺为研究教授,而林以予出《古史辨》突负盛名,亦厕予于中,我乃与沈、鲁、张同室办公,同桌进食,惟卧室不在一处耳。予以鲁迅长我十二岁,尊位前辈,而彼以予为《现在评论》派,今乃同坐一条凳,踧踖不安。闽、粤路近,遂遣其旧徒孙伏园到广州,是时中山大学

组校务委员会,委员为顾孟余、郭沫若、李汉俊、周佛海等。孙到校访各委员,具道鲁迅愿至粤意,彼等示欢迎,且言"我校既欲请鲁迅先生,亦欲请顾颉刚先生",以聘书两份交之。渠返厦门,与鲁迅商,毁我聘书,不令我与他人知有此事。厦大校长林文庆者,校董陈嘉庚之好友,然其人娴英文而不识汉文,往来文牍皆秘书刘楚青(树杞)读与彼听,决定可否,请其签名。渠居然练得"林文庆"三字草书,不知者固不识其不娴汉文,然其书年月日字,便歪斜如小学生所写者矣。鲁迅既得粤校聘书,便急切欲离厦校,而苦于无名,乃专骂林文庆与顾颉刚,谓厦大中胡适派攻击鲁迅派,使鲁迅不安于位,又谓校长克扣经费,使沈兼士无法负研究院责任,逼使回京云云,于是我与林遂为鲁派(旧徒孙伏园、章廷谦,新生谢玉生等)攻击之对象,不徒流言蜚语时时传播,又贴出大字报,为全校及厦门人士所周知,我与林遂均成反革命分子矣。是时林欲拉拢予合作,抵抗风潮,一日宴全校教员,予既至,便邀入一小室谈话,予与彼本无共同语言,渠乃拉杂说琐细事以拖延时间,约一刻钟乃开门同出,使其他座客疑为会谈机密,而鲁派之攻击予乃益甚,谓是勾结校长以排挤鲁迅也。某夕,文科教职员开会欢送鲁迅,予未出席,而陈万里在会上云:"鲁迅先生此行,不但为了中山大学规模大,可以发展长才,亦以为有爱情对象在彼,可得情感上之满足也。"于是鲁迅以陈万里揭穿渠与许广平之间关系出于我之授意,恨予益深。是年陈嘉庚在新加坡经营之橡皮歉收,校中经费不足,而国学研究院之设立消费孔多,厦门富商不少拥巨资者,林校长宴之,期其有所捐赠,席间起立,谓:"诸公如愿厦门高等教育发展,不论捐多少,即一角一仙(分),亦所感谢。"富商尚未答,鲁迅即从怀中取出两角,云:"我捐二十仙"。席中人相顾骇愕,林亦无法下场,曰:"先生,请你收起了罢!"于是众客尽散,捐款之事不复谈矣。林到新加坡,与陈嘉庚谈决停办国学院,以研究教授改任文科教授,而鲁迅之离校为对林文庆与顾颉刚之革命行为,更振振有辞矣。

然中山大学之当局对鲁迅固有关系,而对予则关系更深,顾孟余,予肄业北大时之教务主任也,傅斯年,予十余年之密友也,校中既同时聘鲁迅与予,乃鲁迅至而予不至,遂函电交驰,促予赴粤。予视时间至重,知每易一地即有半年左右之不安定生活,不克从事读书写作,故厦门环境虽不合理想,亦不愿未及一年而即去,且鲁迅已到粤,彼既视我为大敌,我亦不欲重投此矛盾重重之漩涡,故去函辞谢。鲁迅在彼,闻彼等议论,即谓"顾某与林文庆交情好,他是不肯来的",一面又使章廷谦在厦大内宣传:"鲁迅是主张党同伐异的,看顾颉刚去得成去不成。"如此,我当然更不想去。可是傅斯年常来信督促,且说:"兄如果不来,分明是站在林文庆一边了,将何以答对千秋万世人的谴责?"两面夹攻,实使我走投无路,不得已去厦就广。鲁迅知我将去,又说:"他没有聘书,怎么来?"朱家骅(是时任副校长)、傅斯年(文学院长)都对他说:"我们是发给他聘书的,有档案可查。"及我到粤,校中照旧样发给我一张。偏偏我不晓事,把孙伏园扣发及现今补发的事对鲁迅请去的江绍原(新潮社员、语丝社员)说了,于是鲁迅偕许寿裳(亦彼所邀)、江绍原一块辞职。学生挽留,贴出大字报,傅斯年亦贴出大字报,云:"如不让顾某入校,我亦辞职。"两方均为校中重要负责人,鲁为教育主任兼中文系主任,傅为文学院长,学生汹汹,停课数天。朱家骅出作调人,一方面许鲁迅等请假离校,一方面派我到江浙一带为校中图书馆购书。以此我与鲁迅竟未在中大见面。自鲁迅到粤,即聘许广平为中文系助教,离校后正式同居矣。

是时北伐军东破沪、宁,西破武汉,国民党内部分裂,蒋介石在宁组织"国民政府",即杀共产党员及左倾分子,号为"清党"。汪精卫在武汉亦组织"国民政府",标榜"容共"。孙伏园任武汉《中央日报》副刊编辑。鲁迅离校后寄予一函,云:"我真想不到,那个反对民党使兼士愤愤的顾颉刚也到这里作教授了。天下老鸦一般黑,我只得走开了!"其徒谢玉生亦与函,同是对我破口大骂,而伏园加以按语,增其力量。此信于四月某日刊出,如我在武汉者(武汉中山大学亦曾聘我),凭此一纸副刊,已足制我死命。

我诚不知我如何"反对民党"?亦不知我如何使兼士为我愤愤?血口喷人,至此而极,览此大愤,适于杭州道遇江绍原,询得鲁迅粤市居址,即去一函,欲与彼在法庭相见,质此曲直。秋间予到广州,闻人言,鲁迅接信后颇为恐慌,迁居别地,其后挈眷迁沪,亦甚秘其踪迹。自此之后,即无大学请其任教,盖惧其以学校为闹风潮之凭借也。惟蔡元培笃于旧谊,畀以中央研究院特别编辑员之名义,月薪三百元。

鲁迅居沪,十年而卒。予每闻人言,鲁迅所最恨之人,非胡适与陈源,亦非杨荫榆与章士钊,乃是顾颉刚一人耳。予每自诧讶,我有何罪而使彼痛恨至于此极?年来读《鲁迅全集》,乃知彼之所以恨我,其故有在彼者,亦有在我者。彼与徐氏结婚,出于父母之命,远在清末,尚无反抗之觉悟,仅为无感情之同居而已。然性欲者,人类与一切生物所同,感情者,人类之所以异于其他生物。既两不相协,名为同居而实无衾枕之好,其痛苦何如?闻孙伏园言,鲁迅晨起未理床,徐氏为之叠被,彼乃取而投诸地,其感情恶化如此,故绝未生育。鲁迅作文诋杨荫榆,谓其独身生活使之陷于猜疑、暴躁之心理状态,故以残酷手段施诸学生,虽非寡妇而有寡妇之实,故名之曰"准寡妇"。以此语观鲁迅,则虽非鳏夫而有鳏夫之实,名之曰"准鳏夫"可也。何以明之?鲁迅虽任教北大,且为《新青年》作文,而与北大诸教授不相往来,不赴宴会,虽曰高傲,而心理之沉郁可知。当孙伏园发起《语丝》,征文于鲁迅,乃首写一《假杨树达的袭来》,载于第二期。当时予颇疑之，以为如此私人间小事，安有大张旗鼓以耸动读者之理。其后知此人为北师大学生，神经不正常，欲见鲁迅而虑其拒绝，乃托于杨树达之名以入其家，说话离奇，鲁迅遂疑其为侦探，为刺客，而暴露之于报刊，当作一回政治迫害事件，此正其"准鳏夫"心理之表现也。及其与许广平同居，生子海婴，有正常之家庭生活，乃能安心研究马克思列宁主义，以辩证法观察社会现象，得到毛主席之高度评价，而《假杨树达》一文遂为编全集者所删去。猜其在闽、粤时对我之百般挑剔，亦犹此类，故其致伏园詈我之函亦不收于此集。此其故在彼者也。至在我之故，首发见于一九二一年冬之《阿Q正传》，渠谓"阿Q"之名为"桂"为"贵"，只有待于"胡适之先生之门人们"的考定，按是年春胡适始作《红楼梦考证》，而我为之搜罗曹雪芹家庭事实及高鹗之登第岁月，此等事亦彼在《中国小说史略》中所不废，足证此类考据亦适合于彼之需要，而彼所以致此讥讽者，只因五四运动后，胡适以提倡白话文得名过骤，为北大浙江派所深忌，而我为之辅佐，觅得许多文字资料，助长其气焰，故于小说中下一刺笔，自后数年，我发表之古史、故事、歌谣、风俗论文日多，渠虽未加贬斥，亦暗地眼中出火，故于初到粤时便说"顾颉刚是胡适的书记"，当时傅斯年驳之，谓"外国大学者中尽多是由作人书记起家，何况颉刚只做北大助教，并非胡适私人书记"，彼于此驳不能答也。总之，我助胡适作文，只此搜集《红楼梦》资料一事，而彼之妒我忌我则即由此一事而来。加上他反对杨荫榆而陈源驳之，陈源与我为友而孙伏园又加以挑拨，于是彼之恨我乃益深。我虽纯搞学术，不参加政治活动，而彼竟诬我为参加反动政治之一员，用心险恶，良可慨叹。

今日鲁迅已为文化界之圣人，其著作普及全世界，研究之者日益多，对于彼我之纠纷必将成为研究者之一问题。倘我不在此册空页上揭露，后人必将无从探索，故勉强于垂尽之年略作系统之叙述,知我罪我,听之于人,予惟自誓不说一谎话而已。

所以照录全文乃是想说明:在他晚年回忆中,谈及跟鲁迅关系紧张的缘故时,不再敢提当年在日记中言之确确的"揭出《小说史略》之抄袭盐谷氏书"一事了,这其中除了因为他在此时表示自己"予惟自誓不说一谎话而已"(因为他那种说法本来就是扯谎)的缘故外,是不是也有对鲁迅当年虽然知道谎言的源头就在他那里,却因为遵守论辩原则愤怒中保持节制这一大家风度的愧疚呢?

| 第五辑 猛人 |

鲁迅设计的《一个人的受难》(木刻连环图画故事)封面

鲁迅与章士钊：对巧宦者的鄙夷

鲁迅与章士钊，渊源不浅。他们都出生于1881年（章士钊比鲁迅大半岁）。至于籍贯则一为浙江绍兴，一为湖南善化。小时候也都受过不错的传统文化教育，鲁迅不用说，章士钊也不简单，小时候在私塾念书时，就非常勤奋，十三岁时在长沙买到一部《柳宗元文集》，从此攻读柳文。后来能在万马齐喑的"文革"中一枝独秀地出版《柳文指要》也算是其来有自。此外，他们还都有在日本留学的经历：鲁迅于1902年1月从矿路学堂毕业后，3月，公费赴日本留学，六年后的1909年8月归国。而章士钊则因长沙起义失败被捕，关押四十多天后获释，于1905年流亡日本，入东京正则学校习英语。章回顾过去，认为自己"才短力脆"，连累了同事，感到内疚，一改革命救国为求学救国，乃发愤力学。1905年8月，同盟会在日本东京成立，但坚不入盟，后来亦未入其他政党。于1907年赴英学习，1911年武昌起义胜利，章士钊携家眷从英国回国。

不过，自此以后，两人经历大相径庭：鲁迅从此服务于教育界，先是在家乡教书做校长，而后应蔡元培之邀，到教育部任公务员，官至佥事（相当于科长）。后弃职在厦门大学、中山大学任教授，不久回上海做自由撰稿人，算是一辈子没有离开学界文坛，以学术创作为生，可以说是纯粹的文化人。章士钊则不同，他在学界、新闻界乃至政界长袖善舞多财善贾，玩出了许多花样，也留下了无穷话柄。他早年鼓吹革命，担任《苏报》主编，与章太炎、张继、邹容结为异姓兄弟，但是他却逃过了"《苏报》案"的牢狱之灾。他是孙中山、段祺瑞、蒋介石、毛泽东的座上客。孙文的名字变成孙中山就是章士钊把"孙"与孙文的化名"中山樵"合二为一的，从此名满天下。中山先生说他"行严矫矫如云中之鹤，苍苍如山上之松，革命得此人，可谓万山皆响"，可谓评价极高。他担任过段祺瑞政府的司法总长兼教育总长，在文化上他坚持反对新文化运动，创办《甲寅》杂志，宣传其思想，做事一意孤行，被称为"老虎总长"。他主张"农业立国"，反对蒋介石的"以党治国"，却被蒋介石尊礼，并聘请其担任和谈代表。1919 年毛泽东到北京勤工俭学，住在杨昌济家中，得见章士钊。毛泽东为留法学生筹款，冒昧向章士钊借款，章士钊慷慨解囊，资助巨款大洋二万。故解放后毛泽东每年用自己的稿费资助章士钊两千元，直至章士钊去世，名曰"还债"。"文革"中毛泽东破例批准出版章士钊的研究成果《柳文指要》。晚年章士钊多次到香港约见老朋友，为和平统一奔走，直至九十二岁在香港去世。所以台湾当局称之为"反共老人变成投共老人"！可谓八面玲珑、左右逢源，跟个抹了油的玻璃珠一样滋润圆滑，人莫予毒。也因此，跟傲骨嶙峋我行我素的鲁迅有了不小的冲突。

一

1924 年，段祺瑞上台。章士钊主张毁弃约法及国会之主张正合段的心意，因此段邀章北上。四十四岁的章士钊投入北洋军阀集团。段从章建议，以"临时执政"之名兼任总统与总理之职，委章为司法总长。因为气味相投，1925 年 4 月，段祺瑞再派章士钊兼教育总长。章受命后，即宣称要整顿学风，宣布大学统一考试，合并北京八所大学，引起教育界进步人士及青年学生的反对。4 月 9 日，各校学生聚会请愿罢免章士钊。章遂辞职赴沪，后经段祺瑞挽劝，乃复任司法总长之职。7 月发行《甲寅》周刊，反对新文化运动。7 月底段又派章出任教育总长，要他继续"整顿"学风。章不顾人们的反对撤换了一批反对他的大学校长。8月1日他又派出武装警察护送北京女子师范大学校长杨荫榆到校就职,后又下令解散"女师大",镇压爱国学生运动。因章的《甲寅》杂志作为整顿学风的言论阵地,而《甲寅》封面绘有一虎,当时人们称之为"老虎总长"。1926年"三一八"惨案时,章任段政府秘书长。后被国民军驱逐下台,章出走天津,继续在日租界出版《甲寅》周刊。章利用该刊强调反对新文学运动、新文化运动,反对白话文,反对"欧化",引得骂声一片,但章我行我素。鲁迅著文痛骂段祺瑞、章士钊为"落水狗",由是恶名远播。

鲁迅跟章士钊的梁子就此结下:先是因为对新文化运动的态度水火难容,发生论战;接着又因为"女师大事件"而怒目相向,继之以撤职迫害与行政诉讼。

不妨先来看看他们围绕新文化运动产生的争执。章士钊对新文化运动的反感,可以说源远流长。早在1919年9月,新文化运动进入高潮,章士钊就对这个运动心怀不满,担心运动一起,传统文化将土崩瓦解。他在《新时代之青年》一文中表示:"今人讲新文学,颇采报端之见,挥斥一切旧者,欲从文学上划出一新纪元,号之曰新。愚谓所见太狭,且亦决不可能。……今之社会道德,旧者破坏,新者未立,颇呈青黄不接之观……人心世道之忧。莫切于此。"因此,他认为,"新机不可滞,旧德亦不可忘,挹彼注此,逐渐改善,新旧相衔,斯成调和。"本来强调横向宽容的调和,转而注重纵向新旧融合。随后,反对新文化运动的态度更趋坚决。1921年10月,章士钊连新旧融合也不讲了,直截了当地断言:"所谓文明野蛮,不过循环蝉递。""新旧并无一定之界限,何者为新,何者为旧,很难于断定……新旧是循环的,昔日以为新者,今日或视为旧,甲地以为旧者,乙地或反视为新。""故思想之进化,亦是循环的,并无新旧之不同。"于是,新文化运动全都是无事生非,有害无益。白话文在他看来更是"文词鄙俚,国家未灭,文字先亡"!简直是奇灾大祸。他认为其恶果是:"躁妄者悍然莫明其非,谨厚者蓄然丧其所守,父无以教子,兄无以

247

诏弟,以言教化,乃全陷于青黄不接、辕辙背驰之一大恐慌也。"

这种抱残守缺的态度当然引起了鲁迅不满。不过,他的批驳很有意思,不是从理论入手而是从细节着眼。章士钊1923年在上海《新闻报》上发表《评新文化运动》一文中,借"二桃杀三士"的典故,竭力鼓吹文言文,攻击白话文道:"夫语以耳辨。徒资口谈。文以目辨。更贵成诵。则其取音之繁简连截。有其自然。不可强混。如园有桃。笔之于书。词义俱完。今曰此于语未合也。必曰园里有桃子树。二桃杀三士。谱之于诗。节奏甚美。今曰此于白话无当也。必曰两个桃子杀了三个读书人。是亦不可以已乎。"鲁迅抓住这个细节,撰文《再来一次》指出这个号称对古文化十分了解也十分热爱的"古桐先生"在这里犯了个低级错误:那就是这儿的"士"不是指"读书人",而是指"武士"。因为文言图简练节省,所以无论文士与武士它都通称为"士"。这一简省不要紧,可使章士钊这附庸风雅的"雅人"丢了大脸了:这个自称好古之士的雅人其实对古文化是门外汉——居然连《晏子春秋》这样的古代基本文献都没读过或者没读懂过。鲁迅还这么刻薄地道:"旧文化也实在难解,古典也诚然太难记,而那两个旧桃子也未免太作怪:不但使那时三个读书人因此送命,到现在还使一个读书人因此出丑。'是亦不可以已乎'!"末了,还嘲弄,"弄错一点,又何伤乎? 即使不知道晏子,不知道齐国,于中国也无损。农民谁懂得《梁父吟》呢,农业也仍然可以救国的。但我以为攻击白话的豪举,可也大可以不必了;将白话来代文言,即使有点不妥,反正也不过是小事情。我虽然未曾在'孤桐先生'门下钻,没有看见满桌满床满地的什么德文书的荣幸,但偶然见到他所发表的'文言',知道他于法律的不可恃,道德习惯的并非一成不变,文字语言的必有变迁,其实倒是懂得的。懂得而照直说出来的,便成为改革者;懂得而不说,反要利用以欺瞒别人的,便成为'孤桐先生'及其'之流'。他的保护文言,内骨子也不过是这样。"嬉笑怒骂,淋漓尽致,便是自称辩才无碍的大律师的章士钊,也只有啼笑皆非的份！

而在《华盖集》《答KS君》一文中，鲁迅又这么写道："《甲寅》第一次出版时，我想，大约章士钊还不过熟读了几十篇唐宋八大家文，所以模仿吞剥，看去还近于清通。至于这一回，却大大地退步了，关于内容的事且不说，即以文章论，就比先前不通得多，连成语也用不清楚，如'每下愈况'之类。尤其害事的是他似乎后来又念了几篇骈文，没有融化，而急于捋捋，所以弄得文字庞杂，有如泥浆混着沙砾一样。即如他那《停办北京女子师范大学呈文》中有云，'钊念儿女乃家家所有良用痛心为政而人人悦之亦无是理'，旁加密圈，想是得意之笔。但比起何栻《齐姜醉遣晋公子赋》的'公子固翩翩绝世未免有情少年而碌碌因人安能成事'来，就显得字句和声调都怎样陋弱可哂。何栻比他高明得多，尚且不能入作者之林，章士钊的文章更于何处讨生活呢？"对章士钊的"文言"水平，再次进行了伤筋动骨的怀疑。

那么，鲁迅这种评价是不是实事求是呢？我们不妨来看看差不多五十年后的1972年，另一位文学大家钱钟书对当时唯"二能出"的章士钊的文史著作（另一部为郭沫若的《李白与杜甫》）《柳文指要》的评价，在《钱钟书手稿集》中，他对这部章士钊晚年集大成的著作评价却不高，除了在文笔上有诸如"承接不通""杂乱不成句""文理不通，语无伦次""不通文理，不识义理，强作解人"外，对作者的人品、文德还有直截了当的指斥。比如，在评论章士钊书中"举世有大政潮起，一反一正，领域犁然，其卒也，反面灭绝，而正面长存，均视此"时，钱钟书这么写道："媚世之言，初不知其乖谬也。信如此言，则古文灭绝矣，何劳为柳文作指要哉？"而在章书中恭维上山下乡处"不得今时院校师生、文员部伍，争相上山下乡之大跃进，将见子厚所挟打通四民蔽障、大开民路之崇高标路，永远无从达到，辄不禁慷慨而重言之如上"，钱先生更是愤然曰："媚毛之上山下乡摧残知识分子有如此者。"在总评部分，钱先生这么写道："为柳之佞臣已殊可

249

笑,因而不恤为韩之逸人,则可笑且可厌矣,于韩之文、之人及一语尊韩者,莫不丑诋,盖恶讼师('**大律师章士钊**')面目而未具恶讼师唇舌,仅以大声叫嚣、大言恫吓了事而已。理路茅塞,词笔芜秽老革胡言作乔坐衙态,高谈文事,所谓不以溺自鉴也。"这种评价跟鲁迅所谓"即以文章论,就比先前不通得多,连成语也用不清楚,如'每下愈况'之类。尤其害事的是他似乎后来又念了几篇骈文,没有融化,而急于捋捋,所以弄得文字庞杂,有如泥浆混着沙砾一样",几乎如出一辙!

二

除了挑战章士钊的文才外,鲁迅对有英国阿伯丁大学政治经济兼逻辑学学历,回国做过大律师又做过司法总长的章士钊的法学水平、逻辑能力也发起过挑战——这就是跟他进行的那次有名的官司。

这场官司源于那次著名的"女师大事件"。事件的经过,在《鲁迅与胡适:可以接近无法亲近》一文中已有介绍,此处不赘。需要指出的是,事件发生之后,身为教育总长的章士钊一味偏袒女师大校长杨荫榆,不仅以教育部名义下令停办北京女子师范大学,在原址另建女子大学,而且派出军警,雇用流氓多次开进女师大殴打学生,最后将她们押出学校。鲁迅因为在女师大兼课,又跟斯时在女师大就读的许广平往来频繁,因此也深度介入了这事件,不仅先后写下了《忽然想到(七)》《"碰壁"之后》《并非闲话》《我的"籍"和"系"》等声援学生文章在报刊上发表,还两次代学生草拟呈文为学生鸣冤叫屈。并且与其他六名女师大教师联名反对改组女师大,宣布成立"女子师范大学校务维持委员会",义务为那些给强拉出校门的学生上课。鲁迅出任校务维持委员会委员兼总务主任。这一下,作为鲁迅顶头上司的教育总长章士钊毛了:你还是我的部属么?这样跟给你发工资的老板对着干,还想不想要手中的饭碗?据说,开始章士钊还不想一下子就撕破脸,还是给在自己部里任小科长的浙江人周树人留足了面子,派人去私下勾兑,劝说鲁迅:"你不要跟他们混在一起闹,将来给你做校长。"鲁迅说校长哪是能收买的?断然拒绝。

于是,敬酒没敬出去的章总长火了,端出罚酒:1925年8月12日具文呈请临时执政段祺瑞,免去鲁迅在教育部的佥事一职。其呈文云:"兹有本部佥事周树人,兼任国立女子师范大学教员,于本部下令停办该校以后,结合党徒,附合女生,倡设校务维持会,充任委员。似此违法抗令,殊属不合,应请明令免去本职,以示惩戒(*并请补交高等文官惩戒委员会核议,以完法律手续*)。"第二天执政段祺瑞明令照准,8月14日免职令发表。照说,鲁迅这次跟上司对着干,说他"违抗法令"也不算过分——在给友人的信中,鲁迅自己也承认:"这次章士钊的举动,我倒并不为奇,其实我也太不像官,本该早被免职的了。"而且,以一总长出面呈文罢免一科长,已算是给足你"面子"了。可鲁迅不服,他就要挑战一下这个号称大律师又做过司法总长的庞然大物的法律水准,所以,在那封信中又说:"至于就法律方面讲,自然非控诉不可,昨天已经在平政院投了诉状了。"

那么,鲁迅是如何在法律上挑战章士钊的呢?鲁迅抓住章士钊呈文中最末那句"以示惩戒"之后括弧里的内容"并请补交高等文官惩戒委员会核议,以完法律手续"大做文章。因为根据当时的有关法律法规如《文官惩戒条例》《文官保障法草案》等,像鲁迅所任的佥事一职,属于"荐任官"(在官阶中列为第三至五等),如果要惩戒,须由主管上级备文申述事由,经高等文官惩戒委员会核议审查后始得实行;章士钊自然明白这样的程序,但他太急于打击鲁迅了,想于事后再补办这一手续,而这实际上已经构成违法。对于自己的行为是不是不当,该不该被开除,鲁迅避而不谈。他牢牢抓住"补办"这两个字大做文章,他在8月22日向专管行政诉讼的平政院所投诉状中声称:查文官免职系属惩戒处分之一,依《文官惩戒条例》第十八条之规定须先交付惩戒,始能依法执行;乃竟滥用职权,擅自处分,无

毕斯凯莱夫《铁流》

　　毕斯凯莱夫是苏联版画家,1931年鲁迅以"三闲书屋"名义印行曹靖华翻译的《铁流》时,通过当时在苏联的曹靖华搜求到毕斯凯莱夫的《铁流》插图。在《引玉集》中,鲁迅也收入了他的九幅作品。

故将树人免职,显违《文官惩戒条例》第一条及《文官保障法草案》第二条之规定。此种违法处分,实难自甘缄默。换言之,鲁迅对于自己的行为是不是不当,该不该被开除,避而不谈。而只牢牢抓住"补办"这两个字大做文章,指控教育部"程序违法",在他看来,"补办"违反了《文官惩戒条例》的法定程序,未经法定程序就免他的职是对《文官保障法草案》的亵渎!

这是个问题。平政院收到鲁迅的诉状后,也挠开了头皮。只得依当时行政诉讼的程序,将原告诉状副本咨送被告官署,限令被告答辩;复将被告答辩书副本发交原告,令原告、被告以书状进行第二轮答辩,然后加以裁决。我们来看看经鲁迅保存的章士钊以教育部名义进行的答辩:

> 查周树人免职理由,本部上执政呈文业经声叙明白,兹更为贵院述之:本年八月十日,本部遵照执政训令停办国立女子师范大学,当委部员刘百昭等前往接收,不意本部佥事周树人,原系社会司第一科科长,地位职务均极重要,乃于本部执行令准停办该校,正属行政严重之时,竟敢勾结该校教员、捣乱分子及少数不良学生,谬托校务维持会名义,妄自主张,公然与所服务之官署悍然立于反抗地位。据接收委员会报告,入校办公时亲见该员盘踞校舍,集众开会,确有种种不合之行为。又该伪校务维持会,擅举该员为委员,该员又不声明否认,显系有意抗阻本部行政,既情理之所难容,亦法律之所不许。查《官吏服务令》第一条:凡官吏应竭尽忠勤,服从法律命令以行职务。第二条:长官就其范围以内所发命令,属员有服从之义务。第四条:属官对于长官所发命令如有意见,得随时陈述。第二十九条:凡官吏有违上开各条者,该管长官依其情节,分别训告,或付惩戒。规定至为明切。今周树人既未将意见陈述,复以本部属员不服从本部长官命令,实已违反《文官服务令》第一第二第四各

条之规定。本部原拟循例呈请交付惩戒,乃其时女师大风潮最剧,形势严重,若不即时采取行政处分,一任周树人以部员公然反抗本部行政,深恐群相效尤,此项风潮愈演愈烈,难以平息,不得已于八月十二日呈请执政将周树人免职。十三日由执政明令照准,此周树人免职经过之实在情形也。查原诉状内有无故免职等语,系欲以无故二字遮掩其与女师大教习学生集会违令各行为,希图脱免,至追加理由所称本部呈请执政将周树人免职稿件倒填日月一节,实因此项免职事件情出非常,本部总长系于十二日面呈执政,即日明令发表,随后再将呈稿补发存案。即日补发,无所谓倒填,情势急迫,本部总长应有权执行此非常处分,周树人不得引为口实。兹特详叙事实答辩如右。

章士钊答辩中强调周树人违抗教育部关于停办女师大的部令,违反了《官吏服务令》;至于程序违法问题,他的解释是:"乃其时女师大风潮最剧,形势严重,若不及时采取行政处分,一任周树人以部员公然反抗本部行政,深恐群相效尤,此项风潮愈演愈烈,难以平息,不得已于八月十二日呈请执政将周树人免职。十三日由执政明令照准……实因此项免职事件情出非常,本部总长系于十二日面呈执政,即日明令发表,随后再将呈稿补发存案。即日补发,无所谓倒填,情势急迫,本部总长应有权执行此非常处分。"这样的答辩软弱无力——法律不是橡皮筋,可以根据所谓"形势"任意收缩。鲁迅在10月13日收到平政院送来的章士钊答辩书副本后,抓住这点以及其中所谓"又该伪校务维持会,擅举该员为委员,该员又不声明否认,显系有意抗阻本部行政,既情理之所难容,亦法律之所不许"在时间上的漏洞,在10月16日进行互辩。

鲁迅在互辩中除了申明自己在教育局工作勤勉,并未违背《官吏服务令》外,还专门指出:"答辩又称:该伪校务维持会擅举该员为委员,该员又不声明否认,显系有意抗阻本部行政'。查校务维持会公举树人(按:此为"树人"二字,下同)为委员,系在8月13日,而该总长呈请免职,据称在12日。岂预知将举树人为委员而先为免职之罪名耶?况他人公举树人何能为树人之罪?"毫不客气地指出章士钊的这处指责是事后找补于事无补,对于章答辩中对自己程序违法的辩解,更进行了穷追猛打——"该答辩谓'本部原拟循例呈请惩戒,乃其时女师大风潮最剧,形势严重,若不即时采取行政处分,一任周树人以部员公然反抗本部行政,深恐群相效尤,此项风潮愈演愈恶,难以平息,不得已呈请免职'。查以教长权力整顿一女校,何至形势严重?依法免部员职,何至迫不及待?风潮难平,事系学界,何至用非常处分。此等饰词,殊属可笑。且所谓行政处分原以合法为范围。凡违法令之行政处分当然无效。此《官吏服务令》所明白规定者。今章士钊不依法惩戒,殊属身为长官,弁髦法令。"

至此,"大律师"在"绍兴师爷"的穷追猛打下溃不成军:平政院据此正式进行了裁决,参加裁决的是第一庭庭长、评事邵章,评事员吴煦、贺俞、延鸿、周贞亮,书记官孙祖渔。1926年2月23日,鲁迅在诉讼中取得完全胜利。3月17日,鲁迅亲往平政院交裁决书送达费。3月23日,裁决书下达,主文是"教育部之处分取消之",理由是:

> 依据前述事实,被告停办国立女师大学,原告兼任该校教员,是否确有反抗部令情事,被告未能证明。纵使属实,涉及《文官惩戒条例》规定范围,自应交付惩戒,由该委员会依法议决处分,方为合法。被告遽行呈请免职,确与现行法令规定程序不符,至被告答辩内称原拟循例交付惩戒,其时形势严重,若不采用行政处分,深恐群相效尤等语,不知原告果有反抗部令嫌疑,先行将原告停职或依法交付惩戒已足示儆,何患群相效尤?又何至迫不及待必须采用非常处分?答辩各节并无理由,据此论断,所有被告呈请免职之处分系属违法,应予取消。兹

依《行政诉讼法》第二十三条之规定裁决如主文。

平政院裁决结束,最后一道法律程序是呈请最高当局批令主管官署执行。1926年3月31日,国务总理贾德耀签署了给教育总长的训令(临时执政训令第十三号)。令文是:

据平政院院长汪大燮呈,审理前教育部佥事周树人陈诉不服教育部呈请免职之处分,指为违法,提起行政诉讼一案,依法裁决教育部之处分应予取消等语,著交教育部查照执行。

此令

国务总理贾德耀
教育总长
中华民国十五年三月三十一日

根据临时执政训令第十三号,教育部颁布了鲁迅的复职令。至此,这场诉讼以段祺瑞、章士钊的惨败与鲁迅的全胜宣告结束。

鲁迅用自己的司法实践证明了章士钊这所谓大律师、司法总长在法律上也是经不起真正高手挑战的!

不妨再看看钱钟书对章士钊这位"大律师"在论断逻辑水平上的评价。在《管锥编》第一册三百九十四页有这样一段话:"偶睹《逻辑指要》,二四二页略云:'萧《选》中宾主问答各篇,答语辄冠以"唯唯否否"四字,正反并用。盖篇中所问,遂以一面之词作答,大抵不易罄意。"唯唯否否"亦谓是者"唯"之,非者"否"之。从而区以别焉尔。唯吾文有之,大可宝贵。'立说甚巧,而失据不根;面墙向壁,二者兼病。四字始出《史记》,《文选》'问答各篇'并无此语,不知作者何见。《史记》明是反意,绝非'正反并用',观'不然'可知。英语常以'亦唯亦否'为'综合答问',或有约成一字,则真'正反并用',足为'奥伏赫变'示例者。岂得曰'惟吾文有之'哉?况'吾文'初未'有之'乎!"这里，钱钟书首先指出章士钊所谓萧《选》中宾主问答各篇，答语辄冠以'唯唯否否'四字"是无中生有(跟鲁迅在互辩中指出章士钊所谓鲁迅是因为被推举为"校务维持会"委员而被免职是无中生有相映成趣)。其次，钱钟书还举出实例证明这种"正反并用"的语言现象并非"唯吾文有之"，起码在英语与德语中就不乏其例。对章士钊学问与逻辑思维的挖苦，可以说一点也不下于鲁迅！

三

鲁迅与章士钊屡屡过招，其原因除了具体的思想分歧外，还有更重要的一点，那就是鲁迅看不起章士钊这种四方讨好、八面玲珑，什么亏都不吃，什么好都讨的巧宦人格。在给许广平的信中谈及章士钊时，鲁迅的说法是"至于今之教育当局，则我不知其人。但看他(指章士钊)挽孙中山对联中之自夸(按：此联云'景行有二十余年，著录纪兴中，掩迹郑洪题字大；立义以三五为号，平生无党籍，追怀蜀洛泪痕多')与完全'道不同'之段祺瑞之密切，为人亦可想而知。所闻的历来举止，盖是大言不实，欺善怕恶之流而已。要之，能在这昏浊的政局中，居然出为高官，清流大约无这种手段。"(见《两地书·十五》)从章士钊一生的行状来看，他的确是一个在什么样的"昏浊的政局"中都能做大官走大运的"豪杰"。

你看，他原来跟国民党走得很近：1903年在就读的南京陆师学堂发生退学风潮，章士钊与林力山率退学学生到上海加入蔡元培等组织的爱国学社学习并参加军训。旋任《苏报》主编，高举反清义旗，倡言革命。因刊发邹容之《革命军》，又重刊章太炎《驳康有为论革命书》中骂"载湉小丑"那一段名文，举国震动。清廷查禁《苏报》，邹容、章太炎下狱，章士钊逃脱。复与张继、陈独秀创办《国民日报》；编译《大革命家孙逸仙》一书，称孙为"近今谈革命之初祖"，"谈兴中国者，不可脱离孙逸仙三字"。冬，与黄兴等创立华兴会于长沙，章负责长江流域组织联络工作。1903年，可谓章氏投身反清革命的开端之年。翌年春,章氏与杨守仁等在上海创设爱国协会,作为华兴会外围组织,章任副会长,并邀蔡元培、陈独秀、蔡锷入会,以暴力反清为宗旨。及至万福华刺杀广西巡抚王之春,章氏与黄兴、张继被捕入狱,经蔡锷营救出狱。1905年流亡日本。杨度牵手,孙中山与黄兴会晤商谈合作,章氏当时在场。同盟会成立,虽经张继等多人劝说,章氏亦未入会;谢绝孙、黄邀任《民报》主编之聘,亦不著文赞革命驳保皇。章氏到日后,思想渐变,自认革命非己所长,渐离孙中山、黄兴,不与交往,变"废学救国"而为"苦学救国"。两年后又赴英国留学。1911年武昌起义成功,适孙中山途经英国,在孙鼓励下,章氏放弃即将得到的硕士学位,携家眷返国。

后来又与北洋军阀打得火热:1920年秋,孙中山迫岑春煊下台,章亦被开除非常国会议员资格。1924年,段祺瑞上台,邀章赴京。章建言段以"执政"名义出掌北京政府,大捧段氏。段委章任司法总长兼教育总长,章欣然受命,步入北洋军阀集团。北京学生举行"五七"国耻纪念集会,章令警察禁止,学生愤而捣毁章宅。"三一八"惨案发生时,章为执政府秘书长。章未下令向学生开枪,但事后执政府所发通缉令则出自章手。后人问章何以紧跟段祺瑞,章士钊的回答是"人是要吃饭的"。民众声讨段、章,章被逐下台后到天津日租界续办《甲寅》周刊,自承从政失败。政亡而为文,又不忘情于政坛;"人在江湖,心存魏阙",此之谓乎?1928年,国民革命军占领京津,章被通缉,遂出国赴欧。两年后,他又成为张学良座上客,赴沈阳任东北大学教授。东大教授月薪三百元,独章月酬八百元,足见少帅待章之厚。"九一八"事变后,在东北混不下去,他摇身一变,又成为"海上闻人"杜月笙的至爱亲朋,杜不仅聘他为法律顾问,还另外每月给他三百元生活费。两人过从甚密,吃喝玩乐,吸鸦片,听京戏,日夜厮混。"七七"事变后,上海维新伪政府开场,邀章入伙被拒。章转道香港赴重庆,出席国民参政会,受到蒋介石接见。蒋称赞其逻辑学,嘱其到中央训练团和中央警校讲课。章六十岁寿辰,蒋及国民党政要皆送礼祝贺。其他陪都党政军财界要员如何应钦、唐生智、张群、顾祝同、上官云相、余汉谋、贺耀祖、陈布雷、戴笠等都跟他推杯换盏，且每用餐入席皆请"章先生上座"。

他跟共产党的关系更是源远流长。他跟共产党创始人陈独秀、李大钊的关系都不是一般的好，这且不说，他跟毛泽东的关系更是杠杠的：1920年，赴法勤工俭学运动形成高潮，毛泽东、蔡和森持杨昌济（章士钊北大同人）手书到上海拜见章氏，请其资助湖南青年赴法留学。章氏手中恰有湖南军阀赵恒惕赠款，立即以两万元付毛、蔡。毛以一部分资助学生赴法，一部分携归湖南充作革命经费。1945年，毛泽东到重庆与蒋介石会谈，章氏见毛。毛征求章对形势看法。章认为蒋介石无和平诚意，渝州非久留之地，在手上书"走"字，耳语"三十六计，走为上策"。旧政协代表，蒋介石先允章充任；CC派建言章必袒共，遂以主办《申报》为由，令章赴沪。1949年，李宗仁出任代总统，与中共"和平谈判"。章氏两次被李任为会谈代表，到北京参加谈判。谈判破裂后，即留京。遵毛泽东嘱，策动程潜、陈明仁在湖南起义。又策动杜月笙来归，未成。建国初期章以饱满热情亲苏，学习俄语。历任全国政协委员、人大代表、政务院法制委员会委员、中央文史馆馆长。三年困难时期，全国人民饿肚子，章士钊用度亦窘，毛泽东于是以奉还1920年捐助两万元巨款为名，每年送两千元给他开销！文革中章士钊凭他跟毛泽东交情，用了三号仿宋字十六开特型本出版其煌煌大作《柳文指要》，并将其作为国宝介绍给来华访问的美国总统！

与章士钊同时代人梁漱溟对他有这样的评价："行严先生在学术界才思敏捷，冠绝一时，在时局政治上自具个性，却非有远见深谋。论人品不可菲薄，但多才多艺亦复多欲。细行不检，赌博、吸鸦片、嫖妓、蓄妾媵……非能束身自好者。每月用度不赀，率由其时其地秉政者供给之（如蒋介石、宋哲元、毛主席先后均曾供给）。"而跟他交往匪浅的史学大师陈寅恪更是在自己诗中对章士钊的巧宦善变给予了尖锐的讽刺——比如在《文章》中有"八股文章试帖诗,宗朱颂圣有成规;白头宫女哈哈笑,眉样文章又入时"。而在《男旦》中又谓:"改男造女态全新,鞠部精华旧绝伦;太息风流衰歇后,传薪翻是读书人。"(参见谢泳《陈寅恪诗笺证·关于章士钊》一文)这些都可以作为鲁迅对章士钊人格认定的旁证。

　　章士钊的女儿章含之在其《跨过厚厚的大红门》一书中提及,父亲晚年,跟她谈到鲁迅与他之间的"芥蒂"时,"很风趣地说,'哪里有这么多文章好做哟!鲁迅要是活到解放,我和他很可能是朋友呢!'他笑着说:'我和鲁迅硬是有缘!'他说自五十年代初起,他同许广平先生都是历届人民代表,每次开人大会议又都是主席团成员,后来又都是常委会委员。'章'和'许'两个姓氏笔画相同,因此每次上主席台,父亲同许广平先生都是毗邻而坐。父亲说,'我们很客气嘛,谁都不提几十年前的事了'。有一次服务员上茶先送许广平先生,许先生把茶让给父亲说:'您是我的师长,您先用。'父亲说:'我和鲁迅的夫人都和解了,坐在一起开会,鲁迅如果活着,当然也无事了。'"这显然是在插科打诨了:章士钊跟鲁迅之间的分歧,不仅是思想观念上的分歧,更是人格品质上的分歧,如果鲁迅真的"活到解放"看到这旧社会就是达官贵人活得十分滋润,到了新社会还是活得这么滋润,而且又是什么"主席团成员",大概只会摇头叹息"清流大约无这种手段"罢?

鲁迅与周扬：沉默是最高的轻蔑

在正常情况下，鲁迅跟周扬大概不会发生什么交集。1908年生于湖南省益阳县的周扬小了鲁迅足足二十七岁，他们根本不是一辈人，鲁迅在1918年发表自己轰动文坛的处女作《狂人日记》时，周扬还不过是个十岁小孩，大概连《狂人日记》都看不懂。周扬在1927年加入中共，次年，大学毕业的他，因为与党组织失去联系，也曾去日本留学。虽然在日本期间，他也研读了大量的亚、欧、南美等外国文艺方面的著述，但更主要的是在研习马克思主义著作以及俄国、苏联文学。这期间，他还热衷政治，参加了中国留学生组织的"中国青年艺术联盟"，并与日本左翼文化人士有过来往。当时日本左翼文化运动正处兴盛时期，普罗文学影响极大。其间，周扬还因参加左翼运动曾被日方警察逮捕，后被人保释出狱，1930年回国。从他的这段阅历不难看出，这个小了鲁迅一辈的年轻人，当时更热衷的是政治，对中国社会与民众是隔膜的，在文学上也谈不上什么造诣，脑袋里多的是理论、教条。这样一个热衷政治而又满脑子教条主义的青年跟深谙文艺与政治歧途对中国社会有深刻领悟的文学大师，大概是很难有什么共鸣的。那么，是什么因素把他们结合在一起的？鲁迅对这个年轻人最后又有什么样的看法呢？

一

把鲁迅跟周扬结合在一起的是一个叫"中国左翼作家联盟"的

机构。这个机构简称左联,是中国共产党于二十世纪三十年代在上海领导创建的一个文学组织,目的是与中国国民党争夺宣传阵地。鲁迅为什么会加入这个机构呢?

其实,原因也不复杂,很多时候,敌人的敌人,我们就会把他视为朋友,二十世纪三十年代,刚取得全国政权的国民党翻脸维稳,对原先开放的舆论收紧,鲁迅的许多作品不能发表,或者虽然可以发表,却给删得面目全非,自然,他对执政的国民党当局有了强烈的不满,也自然跟与国民党为敌进行殊死抗争的其他政党社团有了好感与希望。此外,他身边当时还有一批年轻的左翼知识分子。鲁迅通过对身边这些以柔石、冯雪峰等为代表的左翼知识分子的实际接触和了解,加上当时西方社会矛盾尖锐,政治经济形势动荡,而苏联正在进行人类历史上前所未有的试验……这一切,使得一贯悲观的鲁迅产生了一点期待。另一方面,左联的发起人也对斯时鲁迅的文坛地位与社会影响力有清楚的认识。双方一拍即合,同意以创造社和太阳社的左翼作家和鲁迅周围的一批青年作家为核心,组织这么一个进步文学团体。

1930年2月16日,鲁迅、郑伯奇、蒋光赤、冯乃超、彭康、冯雪峰、夏衍(沈端先)、钱杏邨(阿英)、柔石、洪灵菲、阳翰笙等十二人集会。关于新团体名字,鲁迅提议在"联盟"前冠以"左翼"两字,"使之旗帜更加鲜明"。这便是"中国左翼作家联盟"全称的来由。半个月后的3月2日下午,中国左翼作家联盟在上海多伦路201弄2号(原窦乐安路233号)中华艺术大学的教室里成立。会上通过了理论纲领和行动纲领,到会的有冯乃超、华汉、潘汉年、洪灵菲、钱杏邨(阿英)、鲁迅、画室、郑伯奇、田汉、蒋光慈、郁达夫等五十余人。大会推定鲁迅、夏衍(沈端先)、钱杏邨(阿英)三人为主席团成员。会议通过了"左联"行动总纲领。冯乃超、潘汉年、郑伯奇和鲁迅四人发言。鲁迅的发言经过冯雪峰整理后,加进平时鲁迅常讲的一些内容,最后经鲁迅本人审定,以《对于左翼作家联盟的意见》为题发表在"左联"盟刊《萌芽》杂志上。值得注意的是,无论是筹备期间,还是正式成立之时,都找不到到周扬的名字。为什么呢?因为此时周扬还在日本。

左联成立不久,周扬即从日本回到上海,加入中国左翼戏剧家联盟,稍后,又加入中国左翼作家联盟。同年,他在《摩登月刊》上发表《约翰李特俱乐部之组织(*美国无产文坛进讯*)》和《美国无产作家论》。回国之初,他马上在文坛上展现他作为马列主义文艺理论家的峥嵘头角,在与"自由人"和"第三种人"的批判中,周扬先后发表《到底是谁不要真理,不要文艺?》《自由人文学理论检讨》和《文学的真实性》等文章,以马克思主义文艺理论的立场,阐明了文学的阶级性。倡导无产阶级文艺运动,批评"自由人"和"第三种人"。他说:"只有站在历史发展的最前线的阶级,才能最大限度地反映和认识客观的真理,换句话,就是才能最大限度地发挥文学的真实性。"显然,在这位文艺理论家心目中,立场一对,佳作自出,万事大吉。读他的文章,确如学者孙郁所言:"周扬的文本始终有种高傲的气息,似乎是真理的化身,在替人布道。那篇《到底是谁不要真理,不要文艺》,以及《现阶段的文学》等,自信之余还有冲荡的气韵,那些文章是创造社的才子们也自叹弗如的。"因为"理论上有一套",加上立场坚定,1932年9月,周扬接替原由姚蓬子主编的"左联"机关刊物《文学月报》。1933年,丁玲被捕,周扬又接任"左联"党团书记职务,后来周扬升任文委书记,才由戴平万接任左联党团书记。从此,周扬一直直接领导"左联",直到"左联"解散。身份如此,加入了左联并被推举为盟主的鲁迅自然难免跟这个年轻人有了来往,也因此有了他晚年那么一段极不愉快的经历。

事实上,"左联"虽然以鲁迅为领袖,但实际权力掌握在历任党团书记手中。自从筹建开始,就形成了"除非鲁迅必须亲自参加不可的活动"外,其余"左联"的活动则通过联络员向鲁迅作汇报的规矩,胡风曾经是联络员(这也就是后来周扬主编埋怨胡风在"挑拨离间"的说辞根据）。也因此，"左联"成立后，每个成员都编入小组，每十天左右开小组会，而鲁迅却未被编入小组活动。鲁迅日记中记录他参加"左联"全体活动也仅一次，即1930年5月20日左联第二次全体大会。鲁迅在"左联"中的领袖地位主要是通过汇报员的汇报维系的。鲁迅不主张"左联"参加游行、贴标语等易于暴露目标的公开活动，但对于因这些活动而牺牲的青年作家却寄予深情，抗议"左联"五烈士李伟森、殷夫、柔石、冯铿及胡也频等被害，此外还在金钱上尽可能支持"左联"的活动。

关系虽然不是那么密切，但加入"左联"的确成了鲁迅晚年一块挥之不去的心病。这一点，我们完全可以从他的文章中看出来，比如在他逝世前一年的1935年，在《病后杂谈》一文中他这么"拜托"朋友："将来我死掉之后，千万不要给我开追悼会或出什么纪念册，因为这不过是活人的讲演或挽联的斗法场。"那么，在鲁迅生命之树将要枯死之际，鲁迅到底怕谁"谬托知己"？又比如在次年的《半夏小集》中又有："明言着轻蔑什么人，并不是十足的轻蔑。唯沉默是最高的轻蔑。——我在这里说，也是多余的。"为什么他要这样轻蔑人？他要轻蔑的又究竟是什么人？如果说，在公开发表的文章中，因为要顾全大局，很多话还不能那么畅所欲言的话，那在私人通信里，鲁迅就更直截了当地将周扬及其一伙称为"黑奴工头""奴隶总管""鞭打奴隶""元帅"了。当然，这不仅是对周扬个人的不满，还是对当时把握了左联大权，自以为真理在手、马列在握，唯我独尊的一群所谓革命青年的不满。事实上，跟鲁迅杂文"论时事不留面子，贬锢弊常取类型"一样，这儿的"周扬"虽然字面上是一个人，但其所指乃是一个群体，是鲁迅形象化刻绘的"类型"，是"周扬等人"的某些共性特征。鲁迅批评的种种现象确实为周扬所有，但并非是周扬所独有。周扬能够纠结起"等人"，"等人"愿意集聚在周扬那里，正说明了左翼年轻人的诸多共性特征。也就是说，在1930年代的左联时期，政党化的价值观念、左翼青年的激进情绪、排异心理以及由此衍生出来的与鲁迅思想情感的对立倾向,并非单纯体现在周扬一人身上,而是相当普遍的一种群体性现象,是中国早期革命文艺运动的突出特征。左联与鲁迅的矛盾对立,可以有多种解释,可以理解为政治与文学、1930年代左翼文化思想与五四文化思想之间的矛盾对立,也可以理解为叛逆幼稚的青年与思想独立的中老年、激进简单的情绪与敏感多思的个性之间的纠葛。鲁迅一生中都对那种依仗某种势力、某种理论,就觉得自己高高在上,拥有了可以随意指责他人甚至奴役他人、在他人头上鸣鞭的人物深恶痛绝,比如他和当时的自由主义知识分子关系紧张,那是因为他看到了他们"在和官僚们一鼻孔出气",看到了陈西滢们的"正人君子"状的虚伪无耻。现在,他又在趾高气扬、跃马扬鞭的周扬等人身上嗅出了另一种让他生厌的气味,他能默默忍受而不拍案而起么?

二

鲁迅开始并不想跟周扬做对头,他还是希望能跟对方进行理性交流——毕竟,都是"联"中人嘛。然而,这一希望很快落了空。

这事得从周扬1932年9月接编左翼刊物《文学月报》说起。当时周扬不到三十岁,可谓少年得志,于是在他主编的杂志上,就出现了些"独具特色"的作品。其中第一卷第四期发表署名"芸生"的一首诗《汉奸的供状》便显得十分生猛火爆,这首诗中有这样的警句:"穿着江北苦力的衣裳——倒也像,只是皮肤白一点……你这汉奸——真是混账——当心,你的脑袋一下就会变做剖开的西瓜……""芸生"的真实姓名叫邱九如,宁波人,当时任共青团的一名干部。看他这样的"诗"就明白这人没什么诗才,啰里啰唆却火气十足。不过,因为符合周扬本人文艺为政治服务的理念,所以很得周扬欣赏。鲁迅读了之后,觉得这种毫无诗意、却只是充满威吓与辱骂的流氓文字,不应该在左联刊物上流行——掉价,砸牌子!于是写了一篇《辱骂和恐吓决不是战斗》的文章发表。文章中有云:"无产者的革命，乃是为了自己的解放和消灭阶级，并非因为要杀人，即使是正面的敌人，倘不死于战场，就有大众的裁判，决不是一个诗人所能提笔判定生死的……自然，中国历来的文坛上，常见的是诬陷，造谣，恐吓，辱骂，翻一翻大部的历史，就往往可以遇见这样的文章，直到现在，还在应用，而且更加厉害。但我想，这一份遗产，还是都让叭儿狗文艺家去承受罢，我们的作者倘不竭力的抛弃了它，是会和他们成为'一丘之貉'的。"很显然，鲁迅所以写这篇文章，是出于爱人以德的好心，希望作为左翼刊物的《文学月报》品位高一点。也因此，鲁迅还在文中这么语重心长地指出："现在有些作品，往往并非必要，而偏要在对话里写上许多骂语去，好像以为非此便不是无产者作品似的。……至于骂一句爹娘，扬长而去，还自以为胜利，那简直是'阿Q'的战法了……战斗的作者应该注重于'论争'。……使敌人因此受伤或致死，而自己并无卑劣的行为，观者也不以为污秽，这才是战斗的作者的本领。"

无论是作为文坛前辈，还是左翼联盟的盟主，鲁迅都有资格也有责任向发表了这么一篇不负责任、没有水准、让人瞧不起的"诗"的主编提出这样的意见。然而，在以马列主义理论权威自居、唯我独尊的周扬心中，鲁迅虽然号为盟主，实际不过是左联的一个客卿，根本就没有权利对这本刊物说三道四！所以，虽然他也把鲁迅这封信发表在1932年12月15日《文学月刊》第一卷第五、六期的合刊里，也在鲁迅这篇文章后面加上了这样的"按语"：鲁迅先生的这封信指示了对于敌人的一切逆袭，我们应该在"论争"上给以决定的打击，单是加以"辱骂"和"恐吓"，是不能"使敌人受伤或致死"的，我以为这是尊贵的指示，我们应该很深刻地来理解的。

我们不难从字里行间看出，这按语写得极为勉强，其中不乏敷衍与反语。果然，很快就在1933年2月3日"左联"机关刊物《现代文化》上出现了名为《对鲁迅先生的〈恐吓和侮辱绝不是战斗〉有言》的反驳文章，文章不仅完全否定鲁迅的观点，还说"鲁迅先生为要纠正'切西瓜'之类的'恐吓'时,却带上了极浓厚的右倾机会主义的色彩",有着"戴手套革命论"的错误。文章还以"用刀枪扫除文坛妖孽""以尖锐词锋揭破穿着漂亮外衣的奸细"为理由,认为"一时愤恨之余的斥骂,也并不怎样就成为问题"。文中还讽刺鲁迅"无形中已对敌人陪笑脸三鞠躬"。这篇文章虽然署名是"首甲、方萌、郭冰若、丘东平",但不难猜到真正的后台老板是谁。周扬对鲁迅《辱骂和恐吓决不是战斗》公开的"按语"说是"尊贵的指示",但背后指使人写的文章却指责鲁迅的文章全盘有错,于是周扬这种阳奉阴违、笑里藏刀,"喜弄权术、心术不正,气量又狭窄得很像白衣秀士王伦式的人"的形象,也从此在鲁迅心中定位,双方的关系也因此急剧恶化。

接着在1934年6月间,左联盟员廖沫沙以林默的笔名在《大晚报·火炬》上发表攻击鲁迅的《倒提》一文,其文言:"渗有毒汁,散布了妖言",是一种"花边体"或"花边文学","雍容闲适,缜密整齐,看外形似乎是'杂感',但又像'格言',内容却不痛不痒,毫无着落","有买办意识"。8月31日,跟周扬关系密切的田汉又在《大晚报·火炬》上发表了一篇《调和——读〈社会月报〉八月号》的文章,说《社会月报》八月号上先有鲁迅的给曹聚仁的信打开场锣鼓,最后有杨邨人的《赤区归来记(续)》作为"压轴子",暗示鲁迅与他曾骂过的"革命小贩"杨邨人乃是一丘之貉。鲁迅于是知道,自己得罪了周扬,就得罪了一个团体,也就成为了众矢之的——1935年鲁迅对萧军和萧红说:"敌人不足惧,最令人寒心而且灰心的,是友军中的从背后来的暗箭;受伤之后,同一营垒中的快意的笑脸。"1935年鲁迅在给萧军的信中又写道:"那个杂志(即《文学月报》)的文章难作得很,我先前也曾从公意作过文章,但同道中人,却用假名夹杂着真名,印出公开信来骂我……我真好像见鬼,怕了。"此信中的"同道中人"显然就是指"左联"的领导周扬等人。鲁迅在《答〈戏〉周刊编者》一文中还写道:"倘若有同一营垒中人,化了装从背后给我一刀,则我对他们的憎恶和鄙视,是明显在敌人之上的。"

不仅因为观点上的分歧,鲁迅就被对方冷嘲热讽,骂作"买办"甚至定为"右倾",而且周扬他们还直接出面干涉鲁迅交往。这主要体现在他们对鲁迅与胡风的离间上。

当时,鲁迅虽然戴了盟主的桂冠,却处于被架空的状态,在"左联"中相当孤独。就在这个时候,胡风从日本回来,走到了鲁迅身边。他性格倔强,却对鲁迅非常尊重。胡风很快成了鲁迅信赖的朋友和得力助手。而且,鲁迅对胡风也表现出非同一般的信任。无论人们如何污蔑、攻击和诽谤,鲁迅对胡风都绝不怀疑,而且在关键时刻亲自站出来为胡风说话。这不仅使周扬等人大惑不解,就连茅盾在生命的最后几年也非常纳闷:"我真不理解,胡风何以有这样的魅力,竟使鲁迅听不进一句讲胡风可疑的话。"于是在1934年10月的一天,便有了这样一出(根据鲁迅的记叙):"胡风我先前并不熟识,去年的一天,一位名人约我谈话了,到得那里,却见驶来一辆汽车,从中跳出四条汉子:田汉,周起应,还有两个(是夏衍和阳翰笙)。一律洋服,态度轩昂,说是特来通知我:胡风乃是内奸,官方派来的。我问凭据,则说得自转向以后的穆木天口中(穆木天曾登报声明脱离共产党),这真使我口呆目瞪。再经几度问答之后,我的回答是:证据薄弱之极,我不相信!当时自然不欢而散。因此,我倒明白了,胡风耿直,容易招怨,是可接近的,而对于周起应之类轻易诬人的青年,反而怀疑以至憎恶了。"在鲁迅笔下,周扬他们的形象与做派是"名人约我谈话""驶来一辆汽车""跳出四条汉子""一律洋服,态度轩昂""说是特来通知我"。

"四条汉子"之一的夏衍,到了晚年仍对鲁迅这一描述十分不满——1979年底,他在一篇题为《一些早该忘却而未能忘却的往事》的文章中,首先纠正了鲁迅在时间上的错误,将1934年的事情误写为1935年了。其后又对鲁迅"却见驶来了一辆汽车,从中跳出四条汉子……一律洋服,态度轩昂"作了辩解,夏衍称:"到过旧上海的人都知道,内山书店所在地北四川路底,是所谓'越界筑路'区域,那里既有工部局巡捕,又有国民党警探。在当时那种政治情况下,我们四个人在内山书店门口下车,会引人注意,所以我们的车子过了横浜桥在日本小学前停下来,然后四人分头步行到内山书店,而此时鲁迅是在书店门市部里间等着我们,不可能'却见驶来了一辆汽车,从中跳出……'的。'一律洋服'也不是事实,其他三人穿什么我记不起来了,而我自己却穿着一件深灰色骆驼绒袍子。因为一进内山的日本式会客室,在席子上坐很不方便,就把袍子脱了,所以我还能记得。至于'态度轩昂',那时我们都是三十上下的人,年纪最大的田汉三十六岁,身体也没病,所以'轩昂'了一点可能是真的。这是干部向领导人汇报工作,是战友间的会见,既不是觐见,也不是拜谒,那么不自觉地'轩昂'了一点,也不致犯了什么不敬罪吧。"夏衍这是在就事论事,但鲁迅这里并不是写实,而是用诗的方式刻画这些人(主要是周扬)的神韵。

  周扬还有一些小动作。比如当时左联有一份内部刊物《文学生活》,每期都要寄给鲁迅、茅盾等左联领导人。但其中有一期未寄,鲁迅听说后托人找来这期刊物,发现这一期内容是总结1934年工作的,其中对左联工作中的缺点提得比较尖锐。鲁迅吃惊的是总结左联全年工作的报告这样一件大事,他竟然一点都不知道。周扬此举,连茅盾也觉不妥:"左联一年工作的报告,却事先不同左联的'盟主'鲁迅商量,甚至连一个招呼也没有打(当然,也没有同我商量),这就太不尊重鲁迅了。即使是党内的工作总结,也应该向党外人士的鲁迅请教,听取他的意见,因为左联究竟还是个群众团体。"当事人鲁迅当时的感受如何也就可想而知了。

三

  随着与周扬冲突的加剧,鲁迅越来越清楚地感觉到周扬正在将"左联"演变为一个内部有着完整权力结构的团体,这个团体不允许异端的存在。而周扬作为这个团体的老大,对文艺理论与实现,必须说一不二,其权威是不容挑战的——用鲁迅的话来说,就是他志在做"文坛皇帝"。换言之,这个号称是建立在同志之上的一种新的阶级关系的联盟,实际上却还是一种压迫和被压迫关系的团体。鲁迅的这种感受,在接下来的"左联"解散与"两个口号之争"的冲突中,更加清晰了。

1935年11月,作为莫斯科"国际革命作家联盟"代表的萧三,在王明指示写信给左联的,要求解散左联,理由是左联的"关门主义"与"宗派主义",影响了反帝反封建联合战线的形成。因而要"取消左联,发宣言解散它,另外发起、组织一个广大的文学团体"。鲁迅虽然对把持左联的周扬有很多不满,但对仓促解散这样一个组织,还是不情愿的。他的理由是:首先,"左联"是革命文学青年们用鲜血和生命战斗来的,解散"左联"意味着要抹杀血的记忆,放弃先前的战斗原则。其次,由"左联"的外部力量或上级而不是"左联"的成员决定它的存亡,本身是不能接受的。最后,"左联"的作家们还很幼稚,同资产阶级作家讲统一战线,有丧失独立性的危险。在得知"左联"不得不解散后,鲁迅又提出发表一篇解散"左联"的对外宣言,声明"左联"的解散是在新的形势之下组织抗日统一战线的需要,以避免外界的各种猜测。然而,他的所有这些反对和建议,都没起什么作用,左联很快解散,而且是悄无声息没有宣言地解散。当年左联成立,鲁迅被他们拉入联中,成为盟主;后来被架空被攻击,这且不说,现在"咕隆"一声,他做盟主的这个组织又一下子在他的意见没得到任何尊重的情况下没了踪影,鲁迅的感觉如何?恐怕也只能是感觉自己不过是这个团体中一个召之即来挥之即去的傀儡。所以,1936年2月18日,当鲁迅得知"左联"已解散时的表现是"脸色一沉,不发一言"。而两个月后,日本改造社社长山本在上海采访鲁迅问及左联情况时,鲁迅说:"我本来也是左联的一员,但是这个团体的下落我现在也不知道了。"这其中对把持左联的周扬们的愤怒,呼之欲出。

鲁迅因此认为,在整个"左联"的成立、运作与解散过程中,周扬是一个热衷于权力和滥用权力的人物。他利用手中的权力,极力设法建立个人权威。鲁迅说他"以指导家自居",而鲁迅本人明显是厌恶"指导"的,讽刺创造派人物"第一是自己活着,能永远做指导,因为没有指导,革命便不成功了"。至于周扬的言论,在鲁迅看来,"但大抵是唱高调"。鲁迅认为,"唱高调就是官僚主义"。由于致力于权力的营造,所以会有"丢开了当面的紧要的敌人,却专一要讨论枪的亮与不亮"这样近于"打岔"的行为。鲁迅指出,像这样的人是志在统一文坛,做"文坛皇帝"的。在"左联"内部,作为领导,自己不做事,却专责以别人不做事,役使别人,监督别人的行为;对于不听指挥者,则动辄加以罪名。鲁迅说:"我憎恶那些拿了鞭子专门鞭扑别人的人们。""以我自己而论,总觉得缚了一条铁索,有一个工头在背后用鞭子打我,无论我怎样起劲的做,也是打,而我回头去问自己的错处时,他却拱手客气地说,我做得好极了,他和我感情好极了,今天天气哈哈哈……真常常令我手足无措。""有些手执皮鞭,乱打苦工的背脊,自以为在革命的大人物,我深恶之,他其实是取了工头的立场而已。"

随后,周扬等人又准备以"国防文学"口号统一文坛,继续做其文坛"总管"的角色。鲁迅与胡风、冯雪峰等人提出了"民族革命战争的大众文学"的口号,与之抗衡。周扬等人感到自己权威受到了挑战,于是不遗余力地对其进行了猛烈攻击,他们对胡风和冯雪峰的攻击尤为猛烈,用意是趁机扫除异己。当冯雪峰站出来说口号是他提的时,周扬便声称:"我还以为是鲁迅提出来的,反对时有所顾忌,现在既知是你提出来的,那我就要大反特反。"

人世沧桑,在左联解散二十周年,也是鲁迅逝世二十周年的1956年,中共中央为鲁迅举行国葬。当年真正的抬棺人已风流云散,周文已死,黎烈文和孟十去了台湾,鹿地亘回了日本,胡风在牢里,只剩下巴金和靳以。在有关部门的安排下,当时军政和文化界领导如宋庆龄、柯庆施、茅盾、金仲华、加上巴金和靳以,这其中就还有因为主张文艺为政治服务而深受毛泽东赏识的意识形态总管周扬,一起为鲁迅扶柩。又是二十年过去了,日历翻到1976年,鲁迅的真正弟子胡风此时尚在牢中,仍然为此事耿耿于怀,公开指斥周扬:"抬棺必须是鲁迅生前接近或没攻击鲁迅的人!"

周扬在"文革"中的遭遇让人同情,被整、无数次被抄家、批斗、辱骂和殴打,然后是八年的冤狱。1975年7月,当他从秦城监狱出来的时候,已是满头白发,面容憔悴,脸色苍白,说话走路都很吃力,在这痛苦转型中,他大概多少理解为什么当年鲁迅对"那些拿了鞭子专门鞭扑别人"的总管那么憎恨吧? 也许,也就是因为这点理解,于是,周扬在1983年3月7日纪念马克思逝世一百周年的学术报告会上做报告时,说了这样的话:"那个时候,人性、人道主义,往往作为批判的对象,而不能作为科学研究和讨论的对象。在一个很长的时间内,我们一直把人道主义一概当作修正主义批判,认为人道主义与马克思主义绝对不相容。这种批判有很大片面性,有些甚至是错误的。我过去发表的有关这方面的文章和讲话,有些观点是不正确或者不完全正确的。'文化大革命'中,林彪、'四人帮'一伙人把对人性论、人道主义的错误批判,发展到了登峰造极的地步,为他们推行灭绝人性、惨无人道的封建法西斯主义制造舆论根据。过去对人性论、人道主义的错误批判,在理论上和实践上,都带来了严重后果。"1984年,周杨因病入院,1989年7月病逝。